Kristin Gisbert

Lernen lernen

Diese Publikation wurde gefördert durch das Bundesministerium für Bildung und Forschung sowie das Bayerische Staatsministerium für Arbeit und Sozialordnung, Familie und Frauen.

Beiträge zur Bildungsqualität

Herausgegeben von Prof. Dr. Wassilios E. Fthenakis,
Direktor des Staatsinstituts für Frühpädagogik in München und
Professor für Erziehungswissenschaft an der Freien Universität Bozen

Kristin Gisbert

Lernen lernen

Lernmethodische Kompetenzen von Kindern in Tageseinrichtungen fördern

Beltz Verlag · Weinheim und Basel

Ihre Wünsche, Kritiken und Fragen richten Sie bitte an:
Verlagsgruppe Beltz, Verlagsbereich Frühpädagogik
Werderstraße 10, 69469 Weinheim.

ISBN 3-407-56242-X

Alle Rechte vorbehalten

© 2004 Beltz Verlag · Weinheim und Basel
1. Auflage 2004

06 07 08   5 4 3 2

Verlagsbereichsleitung: Ulrike Bazlen, Weinheim
Lektorat: Sigrid Weber, Freiburg i. Br.
Herstellung: Anja Kuhne, Weinheim
Satz: Markus Schmitz, Büro für typographische Dienstleistungen, Münster
Druck und Bindung: Druckhaus „Thomas Müntzer", Bad Langensalza
Umschlaggestaltung: glas ag, Seeheim-Jugenheim
Titelfotografie: Bilderberg, Hamburg
Printed in Germany

Weitere Informationen finden Sie im Internet unter http://www.beltz.de

Inhalt

Vorwort 9

1 Einführung 15

2 Lernmethodische Kompetenz in der aktuellen
  Bildungsdiskussion 21
  2.1 Die Bedeutung der PISA-Studie 22
  2.2 Reformvorschläge des Forum Bildung 24
  2.3 Die Delphistudien des BMBF und zukunftsfähiges Lernen . 27
  2.4 Schlüsselqualifikationen und lebenslanges Lernen 32
  2.5 Die bundesdeutsche Fachdiskussion über Bildung im
      Elementarbereich 37
  2.5.1 Bildung als „Selbstbildung" 38
  2.5.2 „Das Weltwissen der Siebenjährigen" 44
  2.5.3 Der Situationsansatz 46

  2.6 Internationale Aspekte 50
  2.6.1 Die OECD-Studie „Starting Strong" 50
  2.6.2 Qualität in der Kindertagesbetreuung 53
      Die Erzieherin-Kind-Interaktion 56
      Sensitivität und Responsivität 56
      Interesse und Engagement der Erzieherin 57
      Ermutigung zum sprachlichen Austausch 58
      Reziproke statt direktive und restriktive Interaktion 58
      Wertschätzung und Berücksichtigung kultureller
      Differenz 58
      Entwicklungsangemessene und anregungsreiche
      Erfahrungswelten 59
      Stabilität in der Betreuung durch die Erzieherin 60
      Beteiligung der Eltern 61
  2.6.3 Die internationale Curriculumdiskussion 61
      Entwicklungsangemessene Praxis 62
      Der pädagogische Prozess 66

3 Theoretische Grundlagen zur lernmethodischen Kompetenz **71**

3.1 Konstruktivismus in Entwicklungspsychologie und Pädagogik 72
3.1.1 Der radikale Konstruktivismus 72
3.1.2 Der Sozialkonstruktivismus 73
3.1.3 Konstruktivismus in pädagogischen Anwendungskontexten 75
3.1.4 Relevanz für die Frühpädagogik 81

3.2 Die konstruktivistische Entwicklungspsychologie Piagets .. 83
3.2.1 Die sensumotorische Phase des Kleinkindes 85
3.2.2 Die präoperationale Phase des Vorschulkindes 86
3.2.3 Die konkret-operationale Phase des Schulkindes 89
3.2.4 Piagets Erziehungskonzept 90

3.3 Eine Revision der Theorie Piagets 91
3.3.1 Untersuchungen zum Säuglings- und Kleinkindalter 91
Imitation 91
Objektpermanenz 93
Der A-nicht-B-Fehler 95
3.3.2 Untersuchungen zum Vorschulalter 96
Animistisches Denken 96
Perspektivenübernahme 98
Theory of Mind – Theorien des Denkens 100
Symbolisierung 102
Der Erhalt von Mengen 104
Klasseninklusion 106
3.3.3 Theoretische Schlussfolgerungen 106
3.3.4 Konsequenzen für die Praxis 108

3.4 Die soziokulturelle Theorie Wygotskis 109
3.4.1 Grundprinzipien von Lernen und Entwicklung 110
3.4.2 Konsequenzen für die Praxis 115

4 Lernvoraussetzungen von Kindern im Vorschulalter ... **117**

4.1 Intuitive Theorien in privilegierten Wissensdomänen 121
4.1.1 Physikalische Konzepte 121
4.1.2 Biologie und die belebte Welt 123
4.1.3 Psychologie und das Denken des Anderen 126
4.1.4 Mathematik und Zahlenkonzepte 128
4.1.5 Sprache 133

4.2   Nicht-privilegierte Wissensdomänen   137
4.2.1 Zum Begriff der Metakognition   137
4.2.2 Frühe Formen der Metakognition   139
      Metagedächtnis und Selbstkorrektur   139
      Spontaner Strategieeinsatz   141
      Private Speech als selbstregulatorische Fähigkeit   143
      Scaffolding als Förderung der Selbstregulation   146
      Spielen als Vorläufer der Metakognition   149
4.2.3 Resümee   153

5. Die praktische Vermittlung lernmethodischer
   Kompetenz im Elementarbereich   155

5.1   Der metakognitive Ansatz nach Ingrid Pramling   156

5.2   Metakognition als pädagogischer Ansatz   157

5.3   Kindliche Konzepte des Lernens   160

5.4   Die Beeinflussung der Lernkonzepte durch die
      Lernumwelt   165

5.5   Prinzipien zur Förderung metakognitiver und selbst-
      regulatorischer Kompetenzen   170
5.5.1 Kompetenzen auf Seiten der Erzieherin   172
5.5.2 Der Inhaltsaspekt   173
5.5.3 Der Strukturaspekt   173
5.5.4 Die Aspekte des Lernprozesses   174
5.5.5 Evaluation des metakognitiven Ansatzes   175

5.6   Untersuchungen zur metakognitiven Methode   178
5.6.1 Curriculum und Implementierung   178
5.6.2 Das erweiterte metakognitive Curriculum   179
      Intuitive Theorien des Lernens   179
      Lesen und Schreiben   180
      Zahlen, Zählen und Rechnen   183
      Naturwissenschaften   185
      Soziale Aspekte und die Gesellschaft   185
5.6.3 Evaluation des erweiterten metakognitiven Curriculums . .   186
      Veränderungen der Lernkonzepte   186
      Veränderungen im Bereich „Lesen und Schreiben"   188
      Veränderungen im Bereich „Zahlen, Zählen und Rechnen"   188
      Veränderungen im Bereich „Soziale Aspekte und die
      Gesellschaft"   189

Veränderungen im Bereich „Naturwissenschaften"   189
Resümee   190

5.7   Implikationen des metakognitiven Ansatzes für die Praxis .   190
5.7.1 Der Inhalt oder das Thema   190
5.7.2 Das Ziel des Projekts   192
5.7.3 Die Struktur des Projekts   194
5.7.4 Die Reflexionsphase   197
5.7.5 Die Erzieherin-Kind-Interaktion   197

6. Resümee und Ausblick **201**

Literatur   205

Im Folgenden wird aus Einfachheitsgründen von der Berufsgruppe der Erzieherinnen gesprochen; selbstverständlich sind die männlichen Kollegen immer mitgedacht.

Vorwort

Bereits seit Beginn der neunziger Jahre findet auf internationaler Ebene eine Neubewertung der Bedeutung früher Lernprozesse statt. Motiviert durch ein Positionsstatement der American Association for the Education of Young Children setzte 1987 eine Diskussion darüber ein, wie weit durch das vorhandene Förderangebot Kinder unter sechs Jahren in den Tageseinrichtungen tatsächlich entwicklungsangemessen gefördert werden. Diese Debatte weitete sich auf den angelsächsischen Raum aus und führte zu einer grundsätzlichen Reflexion über die Qualität von Bildungsplänen im vorschulischen Bereich sowie den Stellenwert der Tageseinrichtungen im Bildungsverlauf.

Parallel dazu sind Veränderungen in der theoretischen Fundierung der Curricula für diesen Bildungsbereich zu beobachten. Zum einen fand eine kritische Rezeption der Positionen von Piaget statt, zum anderen eine Abkehr von klassischen konstruktivistischen Ansätzen zugunsten von sozialkonstruktivistisch orientierten Konzepten. Beide Entwicklungen eröffneten einen neuen theoretischen Rahmen für ein verändertes Verständnis der Qualität von Bildungsplänen.

Man begann nun verstärkt, die Dimensionen kulturelle Diversität, soziale Komplexität und den immer rasanteren gesellschaftlichen Wandel mit seinen Auswirkungen auf der individuellen, familialen und kontextuellen Ebene zu reflektieren. Dies legte auch ein anderes Verständnis von Bildung nahe. Zu überwinden war die bislang als unerschütterlich betrachtete Auffassung, die Bildung als einen individuumzentrierten Prozess begreift, der durch die Eigenaktivität des Kindes ausgelöst und gesteuert wird und lediglich eine lernanregende und die kindliche Entwicklung stimulierende Umgebung benötigt. Aufzugeben war also eine Vorstellung von Bildung als Selbstbildung, die die kontextuellen Rahmenbedingungen vernachlässigt und diese primär als einen im Kind stattfindenden Prozess versteht, der sich dem direkten Einfluss von Pädagogen und Eltern entzieht.

Hier ist nicht der Ort, um näher auf diese Problematik einzugehen. Es sei lediglich darauf hingewiesen, dass in keinem der neueren Bildungskonzepte diese Auffassung mehr vertreten wird. Stattdessen wird Bildung als soziale Ko-Konstruktion definiert, d. h. als sozialer Prozess, der im Kontext stattfindet und an dem Kinder, Eltern, Fachkräfte und andere Erwachsene aktiv beteiligt sind, und dies bereits ab der Geburt des Kindes. Bildung in diesem Sinne ist Sinnkonstruktion und bedarf der Verinnerlichung durch das Kind.

Die Neudefinition von Bildung, die Neubewertung der Bedeutung früher Lernprozesse und das Bemühen um mehr Effizienz in den Bildungssystemen führte in den letzten zehn Jahren dazu, dass Bildung und Erziehung in Tageseinrichtungen auf internationaler Ebene zu einem Thema höchster Priorität auf der politischen Agenda wurde. Zugleich versuchte man, die vorhandene fachliche Beliebigkeit dadurch zu überwinden, dass neue Steuerungsmechanismen in das System eingeführt wurden, darunter auch die Entwicklung von neuen Bildungsplänen.

Betrachtet man diese Prozesse, so lassen sich interessante Tendenzen beobachten, die auf die Entstehung einer neuen Generation von Bildungsplänen hinweisen. Zentral liegt diesen Plänen der Anspruch zugrunde, entwicklungsangemessen lernmethodische Kompetenz zu stärken und die Entwicklung kindlicher Kompetenzen von Anfang an zu fördern. Diese Pläne werden mit einem hohen Maß an Verbindlichkeit eingeführt und ihre Umsetzung wird evaluiert. Unabhängig davon, ob es sich dabei um den norwegischen, englischen, schwedischen, finnischen oder neuseeländischen Bildungsplan handelt, allen liegen ähnliche Grundsätze und Prinzipien zugrunde, die auf dem neuen Verständnis von Bildung als sozialem Prozess aufbauen.

Diese Entwicklung habe ich im Staatsinstitut für Frühpädagogik in München bereits 1998, d.h. gleich nach Erscheinen der beiden Delphi-Berichte und kurz nach Veröffentlichung ausländischer Bildungspläne eingeleitet. Ich hatte angeregt, die sich international abzeichnende Trendwende aufzunehmen und über Konsequenzen in den Tageseinrichtungen in Deutschland nachzudenken, d.h. die Frage nach dem Bildungsauftrag aufzuwerfen und das Konzept zu modernisieren. Da zu diesem Zeitpunkt die Planung für die Einrichtung der Nationalen Qualitätsinitiativen bereits konkrete Formen angenommen hatte, war man nicht bereit, der Entwicklung von Bildungsplänen die ihnen eigentlich gebührende Aufmerksamkeit zu widmen – ein strategischer Fehler, wie es sich aus heutiger Sicht erweist.

Es ist der Aufgeschlossenheit des Bundesministeriums für Bildung und Forschung sowie der Befürwortung durch die Spitzenverbände und einzelner Bundesländer zu verdanken, dass das Projekt „Konzeptionelle Neubestimmung von Bildungsqualität in Tageseinrichtungen für Kinder mit Blick auf den Übergang in die Grundschule (BQ)", dessen Ziel es war, sich mit der Frage nach einer Neudefinition des Bildungsauftrags der Tageseinrichtungen zu befassen, überhaupt zustande kam (wenn auch letztlich nur in reduzierter Form). Die Zielsetzung bestand darin, für die drei Schwerpunkte Lernmethodische Kompetenz, Resilienz und Transitionen den gegenwärtigen

Forschungstand so aufzubereiten, dass Grundlagen für curriculare Entwicklungen im frühpädagogischen Bereich bereitgestellt werden konnten.

Am Projekt haben während seiner zweijährigen Dauer viele mitgewirkt, an erster Stelle vier Kommissionen in Bayern, Niedersachsen, Nordrhein-Westfalen und Bremen. Beteiligt waren Fachkräfte aus Krippe, Kindergarten, Hort und Schule, Eltern, Fachberater und Fachberaterinnen, sowie Mitarbeiter und Mitarbeiterinnen des Staatsinstituts für Frühpädagogik. Hinzu kam eine Reihe von externen Mitarbeitern, die auf meine Vorarbeiten zurückgreifen konnten und während ihrer Tätigkeit auch angeleitet wurden. Ein Fachbeirat begleitete dieses Projekt.

In der Zwischenzeit konnte der Bayerische Bildungs- und Erziehungsplan vorgelegt werden, der nunmehr in die Implementierungsphase übergeht. Er ist primär auf die Vermittlung lernmethodischer Kompetenz, die Stärkung von Widerstandsfähigkeit und die Vermittlung von Transitionskompetenz ausgerichtet. Für die konkrete pädagogische Arbeit vor Ort bietet dieser Plan den verbindlichen Rahmen, für seine Umsetzung werden jedoch weitere Grundlagen und Begleitmaterialien benötigt. Zusammen mit dem Bildungsplan werden drei Monographien präsentiert: „Lernen lernen. Lernmethodische Kompetenzen von Kindern in Tageseinrichtungen fördern", „Resilienz. Widerstandsfähigkeit von Kindern in Tageseinrichtungen fördern" und „Transitionen. Fähigkeit von Kindern in Tageseinrichtungen fördern, Veränderungen erfolgreich zu bewältigen". Diese Monografien leiten eine Veröffentlichungsreihe ein, in denen der jeweilige Forschungsstand so wiedergegeben wird, dass darauf aufbauend Handlungskonzepte für die pädagogische Praxis entwickelt werden können.

Mein Dank gilt allen, die zum Gelingen dieses Projektes beigetragen haben, an erster Stelle den beiden Ministerien, die dieses Projekt finanziell gefördert haben, dem Bundesministerium für Bildung und Forschung, und persönlich Frau Ministerialrätin Dr. Stoltenberg und ihrer Mitarbeiterin, Frau Simon, für das Verständnis und die konstruktive Zusammenarbeit, und dem Bayerischen Staatsministerium für Arbeit und Sozialordnung, Familie und Frauen für die finanzielle Unterstützung und die Aufgeschlossenheit diesem Projekt gegenüber.

Besonders danken möchte ich den Mitarbeiterinnen und Mitarbeitern, die am Projekt mitgewirkt haben. Die Anfänge und die Vorbereitung dieses Projekts leitete ich mit Herrn Dipl.-Psych. Wilfried Griebel, Frau Dipl.-Psych. Renate Niesel und Herrn Dipl.-Päd. Arndt Ladwig ein. Wir entwickelten gemeinsam die Idee für dieses Projekt und brachten die Vorarbeiten soweit, dass der Antrag zur Finanzierung des Projektes vorgelegt werden konnte. Die Mitarbeiter Herr Arndt Ladwig und Herr Dipl.-Psych. Thomas Wörz waren in der Anfangsphase des Projektes aktiv beteiligt. Ihre Gedanken und ihre Beiträge wurden in die drei nunmehr vorliegenden Berichte aufgenommen und bildeten z. T. die Grundlage für die weitere Arbeit im Projekt.

Den Projektmitarbeitern und Mitarbeiterinnen, Frau Dr. Beate Minsel, Frau Dr. Kristin Gisbert und Frau Dipl.-Päd. Corina Wustmann sowie Frau Renate Niesel und Herrn Wilfried Griebel danke ich für wertvolle Beiträge. Frau Dr. Uta Meiser hat das Projekt eine kurze Zeit begleitet und wichtige Anregungen beigesteuert. In die drei nunmehr vorliegenden Monographien fließen, unabhängig von der jeweiligen Autorenschaft, die Gedanken der weiteren Projektmitarbeiter und selbstverständlich auch meine eigenen Gedanken ein. Frau Almut Reidelhuber hat die Kommissionen begleitet und deren Anregungen in die Projektarbeit eingebracht. Die praktischen Beispiele haben Frau Dipl.-Päd. Elisabeth Brandmayr und Frau Dipl.-Psych. Renate Kropp dokumentiert und für die drei Monographien aufbereitet. Auch ihnen spreche ich meinen Dank aus.

Mein Dank gilt dem Beltz Verlag für seine Bereitschaft, diese Reihe in sein Programm aufzunehmen, und Frau Sigrid Weber für das Lektorat dieser Monographien. Herr Dipl.-Psych. Hans-Rainer Kunze sowie Frau Dipl.-Päd. Magdalena Hellfritsch haben einen letzten kritischen Blick auf die Druckmanuskripte geworfen.

Last but not least verdient Frau Dr. Kristin Gisbert eine besondere Hervorhebung, was die hier vorliegende Monographie zur lernmethodischen Kompetenz betrifft. Sie hat mit großem Einsatz und mit der sie kennzeichnenden hohen Fachkompetenz diese Arbeit angefertigt. Ich bin überzeugt, dass sie einen wichtigen Beitrag zum Diskurs über frühkindliche Bildung leistet und dass sie die gebührende Aufmerksamkeit erfahren wird.

Da unser Bildungsverständnis dem Prinzip von Ko-Konstruktion verpflichtet ist, versteht es sich von selbst, dass wir mit dieser und den weiteren Monographien lediglich eine Debatte unterstützen und begleiten möchten, die sicherlich zusammen mit anderen geführt werden muss. Wenn uns alle das gemeinsame Bemühen leitet, der kommenden Generation eine zeitgemäße Bildung und Erziehung in diesem Land bereitzustellen und gemeinsam mit ihr zu konstruieren, haben wir die selbstverständliche Pflicht, den Diskurs so zu gestalten, dass er die Prinzipien von Ko-Konstruktion nicht verletzt, sondern in hohem Maße verwirklicht.

Professor Dr. Dr. Dr. Wassilios E. Fthenakis
München im März 2004

1

Einführung

Lernmethodische Kompetenzen gehören heute zu den Schlüsselqualifikationen und sind zum Erwerb des sich immer schneller wandelnden Wissens unabdingbar. Mit dem Übergang der industriellen Gesellschaften in so genannte Wissensgesellschaften ist Wissen zur zentralen Ressource geworden, die maßgeblich zum Wertschöpfungsprozess unserer Gesellschaft beiträgt. Wissen ist mehr als Information. Wissen ist Information, die sich der Einzelne persönlich angeeignet hat und die er zur Problemlösung konstruktiv und flexibel einsetzen kann. Insofern gehen die gesellschaftlichen Wandlungen, die Miegel (2001) als „gesellschaftliche Revolution" beschreibt, auch für jeden Einzelnen mit einem Prozess des Umlernens und Umdenkens einher. Um zukünftig mit den beschleunigten Veränderungsprozessen Schritt halten zu können, ist jeder Einzelne gefordert, sich Wissen immer wieder neu anzueignen. Kompetenzen zur Wissensaneignung und zum eigenständigen, selbstgesteuerten Lernen werden damit zu einer notwendigen Voraussetzung, um sinnvoll und produktiv am sozialen Leben teilhaben zu können.

Von diesen Veränderungen sind bereits jetzt Erwachsene, die im Erwerbsleben stehen, betroffen. Doch wie die Prognosen der Delphistudien des Bundesministeriums für Bildung und Forschung (BMBF, 1998a, 1998b) zeigen, ist es insbesondere die nachwachsende Generation, die die Fähigkeit zur Wissensaneignung in Zukunft in erhöhtem Maße aufbringen muss. Damit ist auch das Bildungssystem gefordert, diese immer relevanter werdende Kompetenz zu vermitteln. Nach Einschätzung der Bildungsexperten der Delphistudien gelingt ihm dies bisher nur unzureichend, so dass dringender Reformbedarf besteht. Reformbedarf sehen die Experten aber nicht nur im Bereich des Schul- und Hochschulwesens, sondern bereits in den Tageseinrichtungen für Kinder. Diese müssen in verstärktem Maße ihrem Bildungsauftrag nachkommen, um die Kinder auf die zukünftigen Anforderungen angemessen vorzubereiten. Die Befunde der Delphistudien geben Hinweise darauf, welche Basisfähigkeiten und Schlüsselqualifikationen angesichts der gesellschaftlichen Wandlungsprozesse besonders förderbedürftig sind.

Dass die bundesrepublikanischen Jugendlichen Basiskompetenzen nur defizitär ausgebildet haben, hat die PISA-Studie eindrücklich belegt. PISA hat nicht nur deutlich gemacht, dass die Altersgruppe der 15-Jährigen in den Bereichen Lesen, Mathematik und Naturwissenschaften im internationalen Vergleich schlecht abschneidet. Die Studie zeigt darüber hinaus, dass die Kompetenz der Schüler, ihre Kenntnisse flexibel einzusetzen und sie in einem selbstgesteuerten Lernprozess zu erwerben, äußerst begrenzt ist. Damit attestiert PISA dem deutschen Bildungssystem, lernmethodische Kompetenzen bisher nicht in ausreichendem Maße zu fördern. Auch in dieser Hinsicht hat die Studie die bundesdeutsche Bildungsdiskussion wie keine andere zuvor stimuliert.

Die fast zeitgleich mit der PISA-Studie im Dezember 2001 veröffentlichten Empfehlungen des Forum Bildung konstatieren ebenfalls Reformbedarf im Bildungssystem. An die erste Stelle von insgesamt 12 Punkten setzen die Experten dieses Gremiums Tageseinrichtungen für Kinder. Sie sollen in Zukunft bereits den Jüngsten lernmethodische Kompetenzen vermitteln. Zusätzlich fordern die Experten die Verknüpfung jener Methoden, mit denen Kinder das Lernen lernen, mit angemessenen Inhalten. Für die Elementarerziehung folgt daraus, dass sie sich neben den Methoden des vorschulischen Lernens auch mit den Inhalten befassen muss, die für Kinder dieses Alters als geeignet und vermittelnswert erscheinen. Dabei sind sich internationale Curriculumexperten jedoch einig, dass die Früherziehung die Aufgaben der Schule nicht in vorgezogener Weise übernehmen sollte (vgl. Oberhuemer, 2002), insofern ist eine Übernahme schulischer curricularer Inhalte wenig wünschenswert. Sinnvoll ist vielmehr eine an Sachgebieten orientierte Abgleichung zwischen den im Kindergarten vermittelten und später relevant werdenden Themen. Die Eingrenzung der Inhalte ist eine Aufgabe, die sich einerseits am prognostizierten Bedarf von Grundwissen orientiert und andererseits an den Befunden über die kindliche Wissensentwicklung. In der aktuellen Entwicklungspsychologie sind es zwei Strömungen, die die kindliche Wissensentwicklung erhellen. Zum einen ist ein Forschungszweig entstanden, der so genannte privilegierte Wissensdomänen identifiziert hat, für die Kinder eine Lernbereitschaft mitbringen und in denen sie „intuitive Theorien" aufbauen, die ihr Denken und den Wissenserwerb strukturieren. Zum anderen wurden entwicklungspsychologische Theorien entworfen, die kindliches Lernen und Wissenserwerb als soziale Prozesse betrachten, die durch kulturelle Einflüsse und Kulturtechniken geprägt werden.

In den folgenden Kapiteln sollen diese Aspekte miteinander verknüpft werden. Zunächst wird die bundesdeutsche Bildungsdiskussion im Allgemeinen und für den Elementarbereich im Besonderen vorgestellt. Dazu gehören die wesentlichen Befunde der PISA-Studie, die Reformvorschläge des Forum Bildung und die Ergebnisse der Delphistudien; außerdem wird auf den Begriff der Schlüsselqualifikation eingegangen. Im Anschluss geht es um die Relevanz verschiedener Ansätze zur Neukonzeptualisierung von Bildungsqualität in Tageseinrichtungen. Die bundesdeutsche Fachdiskussion wird im Wesentlichen durch drei Richtungen geprägt: das Konzept der Bildung als Selbstbildung, das Buch „Weltwissen der Siebenjährigen" von Donata Elschenbroich und den Situationsansatz, der das am stärksten verbreitete aktuelle Erziehungskonzept im Vorschulbereich darstellt. Ein vierter Diskussionsstrang ist in der aktuellen Qualitätsdiskussion zu sehen, die auch aus internationaler Perspektive beleuchtet wird. Ebenfalls aus internationaler Perspektive wird die aktuelle Curriculumdiskussion behandelt, wobei der Schwerpunkt auf der so genannten entwicklungsangemessenen Praxis liegt. Neuere curriculare Konzepte, die über die Forderung nach Entwicklungsangemessenheit hinausgehen, werden in dem von Fthenakis und Oberhuemer herausgegebenen Band „Curriculum international – Bildungsqualität im Blickpunkt" dargestellt und hier nicht eigens referiert.

Die skizzierten Debatten und Studien heben nachdrücklich die Bedeutung lernmethodischer Kompetenzen für den Vorschulbereich hervor. Für die Entwicklung und praktische Umsetzung von Konzepten unterbreiten sie allerdings keine Vorschläge. Unabdingbare Voraussetzung hierfür sind die entwicklungspsychologischen Grundlagen des kindlichen Lernens. Diese werden zunächst in ihren (sozial-)konstruktivistischen Ausprägungen vorgestellt. Dass der Konstruktivismus zur vorrangigen Richtung in der Entwicklungspsychologie werden konnte, geht maßgeblich auf die Schriften von Jean Piaget zurück. Seine Auffassung von Lernen hat die Entwicklungspsychologie seit den 60er Jahren geprägt, obgleich mittlerweile viele seiner Annahmen revidiert wurden. Neben den theoretischen Überlegungen Piagets wird auch dessen Revision aufgezeigt. Ein weiterer entwicklungspsychologischer Theoretiker, der die heutige Pädagogik prägt, ist Lew Wygotski. Seine Annahmen über das kindliche Lernen haben die sozialkonstruktivistische Richtung durch die Annahme beeinflusst, dass jedes Lernen im sozialen Kontext stattfindet und dass Lernen vom Sozialen zum Individuellen hin verläuft. Die Theorie wird in ihren Grundzügen und unter Verweis auf ihre frühpädagogische Relevanz referiert.

Auf der Basis dieser Theorien werden die Lernvoraussetzungen von Kindern im Vorschulalter geklärt. Dazu werden aktuelle Forschungsbefunde zur kognitiven Entwicklung im Kindesalter vorgestellt sowie zwei große Themengebiete der entwicklungspsychologischen Forschung: privilegierte und nicht-privilegierte Wissensdomänen (vgl. Bransford, Brown & Cocking, 1999). Privilegierte Wissensdomänen sind solche Bereiche, in denen Kinder bereits im Säuglingsalter über ein intuitives Wissen verfügen – ein Wissen also, zu dem sie in ihrem Leben erst wenig Erfahrungen sammeln konnten. Das frühe intuitive Wissen ist eine Voraussetzung für spätere intuitive Theorien, die die Kinder in diesen Domänen erwerben. Unter nicht-privilegierten Wissensdomänen sind solche Bereiche zu verstehen, in denen Kinder, um Wissen zu erwerben, einer systematischen Unterweisung bedürfen bzw. spezifische Erfahrungen machen müssen, die in Interaktionen mit anderen stattfinden. Zu den nicht-privilegierten Wissensdomänen zählen alle Formen der Metakognition, die eine wesentliche Voraussetzung für alle Prozesse bewussten und selbstgesteuerten Lernens darstellen.

Auf diesen theoretischen Grundlagen aufbauend wird im letzten Kapitel ein evaluierter Ansatz zur Förderung lernmethodischer Kompetenzen im Kindergarten vorgestellt. Dieser Ansatz wurde von der schwedischen Frühpädagogin Ingrid Pramling in Schweden entwickelt. Er zielt darauf, das Bewusstsein der Kinder für ihre Lernprozesse zu fördern, indem Lernen so organisiert wird, dass die Kinder bewusst erleben, *dass* sie lernen, *was* sie lernen und *wie* sie es gelernt haben. Dieses Vorgehen erhöht die Fähigkeit der Kinder, ihre Lernprozesse bewusst wahrzunehmen und eigenständig zu steuern. Darüber hinaus führt es zu einem vertieften Verständnis für die jeweiligen Sachverhalte. Pramling hat die Methodik dieses metakognitiven Ansatzes mit verschiedenen Inhaltsgebieten kombiniert. Sie konnte zeigen, dass Kinder, die mit dem metakognitiven Ansatz „unterrichtet" werden, lernen, den Sinn und die Bedeutung des jeweiligen Lerngegenstandes zu erkennen.

Mit dem metakognitiven Ansatz ist eine wesentliche Grundlage für späteres schulisches Lernen wie auch für lebenslanges selbstgesteuertes Lernen geschaffen, wie es heute und zukünftig vom Menschen in einer Wissensgesellschaft verlangt wird.

2.1 Die Bedeutung der PISA-Studie 22

2.2 Reformvorschläge des Forum Bildung 24

2.3 Die Delphistudien des BMBF und zukunftsfähiges Lernen 27

2.4 Schlüsselqualifikationen und lebenslanges Lernen 32

2.5 Die bundesdeutsche Fachdiskussion über Bildung im
Elementarbereich 37

    2.5.1 Bildung als „Selbstbildung" 38

    2.5.2 „Das Weltwissen der Siebenjährigen" 44

    2.5.3 Der Situationsansatz 46

2.6 Internationale Aspekte 50

    2.6.1 Die OECD-Studie „Starting Strong" 50

    2.6.2 Qualität in der Kindertagesbetreuung 53

    2.6.3 Die internationale Curriculumdiskussion 61

2

Lernmethodische Kompetenz in der aktuellen Bildungsdiskussion

2.1 Die Bedeutung der PISA-Studie

In jüngster Zeit sind es die Ergebnisse der ersten Erhebungswelle der PISA-Studie, die die öffentliche Bildungsdiskussion in der Bundesrepublik prägen. Das *Programme for International Student Assessment* der OECD hat eklatante Mängel im Leistungsvermögen deutscher Jugendlicher aufgedeckt. Wie in keiner internationalen Vergleichsuntersuchung zuvor wurde gezeigt, dass das Leistungsniveau der untersuchten Kohorte der 15-Jährigen in den Basisfähigkeiten Lesekompetenz, mathematische und naturwissenschaftliche Grundbildung sowie im Bereich der fächerübergreifenden Kompetenzen und Schlüsselqualifikationen im internationalen Vergleich einen der unteren Rangplätze einnimmt. Darüber hinaus wurde offenbar, dass in kaum einem anderen Land das Leistungsvermögen der Jugendlichen in so starkem Maß durch die Förderbedingungen des Elternhauses geprägt ist wie in Deutschland: Wer aus einem in Bezug auf Kultur und Bildung anregungsarmen Elternhaus stammt, erhält – auch bei grundsätzlich guten kognitiven Fähigkeiten – durch die Schule nicht dieselben Bildungschancen wie Gleichaltrige aus einem förderlichen Milieu. Trotz des hochselektiven dreigliedrigen Schulsystems hat Deutschland eine der heterogensten Schülerschaften. Der Schule gelingt es hierzulande offenbar nicht, fehlende häusliche Anregungen zu kompensieren (Deutsches PISA-Konsortium, 2001).

Im Zusammenhang mit der PISA-Studie wurden in der öffentlichen Diskussion sehr bald Stimmen laut, die darauf hinwiesen, dass bereits der Kindergarten als erste Bildungseinrichtung seinem Bildungsauftrag nicht adäquat gerecht werde (zum Beispiel Rubner in der Süddeutschen Zeitung vom 5.12.2001). Die Einflüsse des Elementarbereichs auf die Ergebnisse der PISA-Studie zu bestimmen, ist jedoch aus zwei Gründen nicht möglich. Zum einen ist PISA eine Querschnittuntersuchung, sie stellt also lediglich eine Momentaufnahme des Leistungsstands der 15-Jährigen dar. Um Aussagen über frühere Einflüsse treffen zu können, hätten die dieselben Jugendlichen zusätzlich im Längsschnitt, also auch zu früheren Zeitpunkten, untersucht werden müssen. Zum anderen wäre es auch in einem Querschnittdesign möglich gewesen, die Einflüsse des Kindergartenbesuchs zumindest retrospektiv zu erheben. Solche Daten liegen aber nicht vor. Die internationale Referenzstudie für den Elementarbereich ist somit nicht die PISA-Studie.

Die OECD hat allerdings im Juni 2001 die internationale Vergleichsstudie *Starting Strong: Early Childhood Education and Care* für den Elementarbereich vorgelegt, an der Deutschland zwar nicht beteiligt war, die aber dennoch Aufschlüsse über deutsche frühpädagogische Einrichtungen erlaubt, indem sie im internationalen Vergleich Mängel im strukturellen Bereich deutlich werden lässt bzw. darauf hinweist, wie der deutsche Standard im internationalen Vergleich einzuschätzen ist. So ist beispielsweise eine dreijährige tertiäre Ausbildung für das pädagogische Personal in den Teilnehmerstaaten inzwischen üblich, während in Deutschland eine Fachschulausbildung ohne Hochschulreife dominiert. Evaluationen zeigen, dass das Ausbildungsniveau der Erzieherinnen maßgeblich zur pädagogischen Qualität von Tageseinrichtungen beiträgt und die Lernchancen der Kinder erhöht (➤ Kap. 2.6.2).

Im Hinblick auf lernmethodische Kompetenzen ist PISA aber dennoch von Relevanz, denn die Studie zeigt – und darin unterscheidet sie sich von vorangehenden internationalen Schulleistungsstudien wie TIMSS –, welcher Stellenwert aus internationaler Perspektive heute solchen Schlüsselqualifikationen wie selbstgesteuertem Lernen zukommt. Sie macht darüber hinaus deutlich, dass es in vielen Ländern weitaus besser zu gelingen scheint als in Deutschland, die „harten" Bildungsziele des Wissenserwerbs und abfragbarerer kognitiver Fähigkeiten mit „Soft Skills" wie selbstgesteuertem Lernen zu verbinden.

PISA basiert auf einem Modell selbstregulierten Lernens, in dem Fertigkeiten und Fähigkeiten erfasst werden, die zukünftiges Lernen fördern und erleichtern. Angesichts der mangelnden Vorhersagbarkeit, welches Wissen die heutigen Kinder und Jugendlichen als Erwachsene benötigen werden, wird in der PISA-Studie wie allgemein in der aktuellen internationalen Bildungsdiskussion ein dynamisches Bildungsmodell vertreten, das ein kontinuierliches Weiter-, Um- und Neulernen als notwendig für die gesamte Lebensspanne annimmt. Für erfolgreiches lebenslanges Lernen ist die Fähigkeit, das eigene Lernen zu organisieren und zu regulieren, unerlässlich, und zwar sowohl in Gruppen als auch individuell (Artelt, Demmrich & Baumert, 2001; Deutsches PISA-Konsortium, 2000). Dies erfordert kognitive, metakognitive, soziale und emotional-motivationale Ressourcen, deren Aufbau und Anreicherung bereits mit der Geburt des Kindes beginnen müssen (z. B. Bredekamp & Copple, 1997; Bredekamp & Rosegrant, 1992). Lebenslanges Lernen und die Aneignung lernmethodischer Kompetenzen werden in der internationalen Diskussion also nicht mehr nur prospektiv über die Schule hinausgehend verstanden, sondern auch retrospektiv auf die Zeit vor der Einschulung angewandt. Theoretische Konzepte und Konstrukte, die in diesem Kontext relevant werden, sind kognitiver, metakognitiver, motivationaler und verhaltensbezogener Art (Artelt, Demmrich & Baumert, 2001; Deutsches PISA-Konsortium, 2000; s. a. Boekaerts, 1999). Breit angelegte Forschungsarbeiten wie PISA geben Hinweise darauf, welche Kompetenzen es sind, die selbstreguliertes Lernen fördern.

2.2 Reformvorschläge des Forum Bildung

Fast zeitgleich mit den Ergebnissen der PISA-Studie wurden im Dezember 2001 die Empfehlungen des durch den Bund und die Länder 1999 initiierten *Forum Bildung* veröffentlicht, die Anstöße für eine Bildungsreform liefern sollen. Das Forum Bildung, das bei der Bund-Länderkommission für Bildungsplanung und Forschungsförderung angesiedelt ist, versteht sich als eine Reaktion auf die gesellschaftlichen Veränderungsprozesse, die zu einer Entwicklung der westlichen Industrienationen zu Wissensgesellschaften geführt haben. Es widmet sich den daraus entstehenden notwendigen Reformen im Bildungsbereich, der die nachwachsende Generation auf die Erfordernisse der Arbeitswelt in diesen neuen gesellschaftlichen Zusammenhängen vorbereiten soll. An der Arbeit des Forum beteiligt sind neben Bildungs- und Wissenschaftsministerinnen und -ministern des Bundes und der Länder auch Vertreterinnen und Vertreter der Sozialpartner, der Wissenschaft, der Kirchen sowie der Auszubildenden und der Studierenden. Ergebnisse paralleler Aktivitäten, wie beispielsweise des Bündnisses für Arbeit, wurden laufend einbezogen. Zudem wurden bereits bestehende Empfehlungen der nationalen Bildungsdebatte sowie nationale und internationale Best-Practice-Beispiele berücksichtigt. Die Arbeit des Forum Bildung wurde durch eine breite nationale Debatte im Internet begleitet (vgl. www.forum-bildung.de). Der Schwerpunkt liegt auf fünf Gebieten, die bis Ende 2001 bearbeitet wurden. Sie geben zugleich einen Überblick über die thematisch relevanten Aspekte, an denen sich auch eine Neukonzeptualisierung der Bildungsqualität in Tageseinrichtungen für Kinder orientieren sollte: Bildungs- und Qualifikationsziele von morgen, Förderung von Chancengleichheit, Qualitätssicherung im internationalen Wettbewerb, Lernen – ein Leben lang, Neue Lern- und Lehrkultur.

- Im Schwerpunkt *Bildungs- und Qualifikationsziele von morgen* wird die Frage behandelt, welche Kenntnisse und Kompetenzen das Bildungssystem künftig vermitteln muss. Als oberstes Ziel von Bildung wird die Entwicklung der Gesamtpersönlichkeit und die Beschäftigungsfähigkeit gesehen.
- Unter dem Ziel der *Förderung von Chancengleichheit* stellt sich die Frage, wie die Diversität heutiger Gesellschaften und die besonderen Fähigkeiten der Einzelnen sich mit dem Ziel der Gleichheit im Bildungswesen integrieren lassen.
- *Qualitätssicherung im internationalen Wettbewerb* ist ein Stichwort, unter dem eine neue Rolle des Staates definiert wird. Er soll den Bildungseinrichtungen künftig mehr Autonomie zugestehen, zugleich aber in der Verantwortung bleiben, für hochwertige Bildung einzutreten. Neue Rah-

menbedingungen und Instrumente zur Qualitätssicherung sind hier notwendig.

- Die zentrale Frage zum Thema *Lernen – ein Leben lang* richtet sich darauf, welche Fähigkeiten und Kenntnisse die Grundlage für lebenslanges Lernen bilden und wie diese Kompetenzen in den Bildungseinrichtungen vermittelt werden können.
- Der letzte thematische Bereich schließlich – *Neue Lern- und Lehrkultur* – stellt die klassischen Vermittlungsmethoden auf den Prüfstand. Das Interesse richtet sich hier darauf, wie Lernen gestaltet werden muss, um lebenslanges Lernen, den Erwerb von Schlüsselkompetenzen und die Einbeziehung neuer Medien zu gewährleisten.

Die Dokumentation des ersten Kongresses des Forum Bildung, der im Juli 2000 in Berlin stattfand, verschafft einen Einblick in die Reichhaltigkeit und wissenschaftliche Fundierung der inhaltlichen Bemühungen um eine Bildungsreform. Unter dem Stichwort „Lernen des Lernens" wurde auch die Altersgruppe der 0- bis 10-Jährigen einbezogen, indem der „Kindergarten als basale Bildungseinrichtung" (Elschenbroich, 2000) Berücksichtigung fand und das Thema „Lebenslanges Lernen in der Grundschule" (Lankes, 2000) behandelt wurde. In einem Resümee der Befunde aus der Arbeitsgruppe „Lernen des Lernens" hebt Dünow (2000) hervor, dass sich das lebenslange Lernen zum „wohl wichtigsten bildungspolitischen Paradigma" (S. 144) entwickelt habe. Aus dieser Perspektive komme dem eigenverantwortlichen und selbständig gesteuerten Lernen ein immer höherer Stellenwert zu, zumal Bildungs- und Erwerbsbiographien einer zunehmend stärkeren Individualisierung unterliegen.

Im Hinblick auf das Lernen des Lernens wurden in der Arbeitsgruppe sechs Aspekte destilliert:

- Trotz der Bedeutung informeller Lernumfelder wie der „Peer Groups" sind institutionalisierte Lernumfelder wie die Schule unverzichtbar, da nur sie effektives Lernen ermöglichen und sich nur in diesem Rahmen eine fundierte Reflexion des Lernerfolgs einstellen kann. Aufgrund der mangelnden Effizienz informeller Lernumgebungen sollte auch bei gelockerten Unterrichtsformen wie dem Projektunterricht der Erwerb lernmethodischer Kompetenzen explizit Berücksichtigung finden.
- Die Aspekte „Lernen des Lernens" und „Lernen von Inhalten" sind untrennbar miteinander verknüpft. Es ist nur anhand konkreter Inhalte möglich, individuelle Lernstrategien zu entwickeln. Somit sind eigene Unterrichtseinheiten zum Thema „Lernen des Lernens" nicht sinnvoll (s. a. Weinert, 2000).

- Die zusätzliche Berücksichtung lernmethodischer Aspekte bei allen Unterrichtsformen und Inhalten macht neue Formen der Aus- und Fortbildung von Lehrkräften erforderlich.
- Neue Unterrichtsformen erfordern Konzepte, bei denen Ziele klar definiert und Teilbereiche festgelegt werden, in denen konkrete Erfahrungen ermöglicht werden sollen, die anschließend evaluierbar sind.
- Wie die Vermittlung von Schlüsselqualifikationen gelingen kann, wurde angesichts eines Bildungssystems, das auf der Bewertung von kognitiven und abfragbaren Leistungen aufbaut, als zunächst nicht beantwortbar eingeschätzt.
- Der vorschulischen Bildung kommt für das Lernen des Lernens eine besondere Bedeutung zu. „In diesem Bereich scheinen in Deutschland aber die größten Defizite zu bestehen" (Dünow 2000, S. 147). Bis heute würden Kindergärten nicht als Bildungs- sondern eher als Verwahreinrichtungen begriffen. Dies habe negative Konsequenzen für die Ausbildung und den sozialen Status der Erzieherinnen. Es fehle darüber hinaus an einer entsprechenden wissenschaftlichen Infrastruktur.

Bringt man die ersten fünf Aspekte mit dem sechsten in Verbindung, ergibt sich für den Elementarbereich folgendes Bild: Wenn die Einrichtungen der Tagesbetreuung ihre Aufgabe als Bildungseinrichtungen wahrnehmen sollen, ist es erforderlich, dass sie den heutigen Status eines eher informellen Lernumfeldes verlassen und jene Reflexionen der Lernergebnisse mit in Betracht ziehen, die effizientes Lernen erst ermöglichen. Die Vermittlung lernmethodischer Kompetenzen ist dabei an den Erwerb von Inhalten zu knüpfen, und es müssen Methoden zur Verfügung gestellt werden, mit denen Erzieherinnen dieser didaktischen Aufgabe gerecht werden können. Auch im Kindergarten sind Lernziele klar zu definieren und Erfahrungsbereiche einzugrenzen, die einer Evaluation unterzogen werden können. In Bezug auf den fünften Aspekt sind die Tagesbetreuungs-Einrichtungen gegenüber der Schule klar im Vorteil, da eine Leistungsbeurteilung in Form von Noten nicht gegeben und auch nicht anzustreben ist.

Den Befunden der Arbeitsgruppe entsprechend, richtet sich auch die erste der insgesamt 12 abschließenden Empfehlungen des Forum Bildung darauf, die „Kindertageseinrichtungen zur Unterstützung früher Bildung deutlich besser zu nutzen" (Arbeitsstab Forum Bildung, 2001, S. 9). Hervorgehoben wird, dass „die Motivation und die Fähigkeit zu kontinuierlichem und selbstgesteuertem Lernen früh zu wecken" seien (S. 9).

In einer Analyse des derzeitigen Bildungsangebotes in Kindertageseinrichtungen wird der Schluss gezogen, dass Deutschland im europäischen Vergleich von entsprechenden Fördermöglichkeiten zu wenig Gebrauch macht. Um diesem Mangel Abhilfe zu schaffen, wird gefordert, den Bildungsauftrag von Kindertageseinrichtungen zu definieren und durch entsprechende Maßnahmen zu verwirklichen. Zu diesen Maßnahmen zählen die Bestimmung von Bildungszielen und ihre curriculare Umsetzung. Eine solche Umsetzung erfordert es, Transfer- und Beratungsstrukturen für die Praxis zu installieren sowie eine Reform und Aufwertung der Aus- und Weiterbildung von Erzieherinnen vorzunehmen. Um die Effizienz derartiger Maßnahmen einschätzen zu können, ist eine wissenschaftliche Begleitung von Praxismodellen notwendig, die einen Ausbau von Forschungskapazitäten in der Frühpädagogik notwendig macht. Als eine der vorrangigen Aufgaben von Tageseinrichtungen wird darüber hinaus eine intensive Förderung der Interessen von Kindern genannt. Kinder sollen vor allem in Naturwissenschaften, Technik, Fremdsprachen und musisch-kreativen Fächern bereits im Kindergarten gefördert werden.

2.3 Die Delphistudien des BMBF und zukunftsfähiges Lernen

Dass in der aktuellen Bildungsdiskussion weitgehend Einigkeit über den herausgehobenen Stellenwert des lebenslangen Lernens und der dazu erforderlichen lernmethodischen Kompetenzen besteht, geht maßgeblich auf die *Delphistudien* zurück, die das Bundesministerium für Bildung und Forschung (BMBF) in den Jahren 1996 bis 1998 hat durchführen lassen. Bei diesen Expertenbefragungen handelt es sich um eine zweistufige Untersuchung, die sich aus dem Wissensdelphi und dem Bildungsdelphi zusammensetzt. Das Wissensdelphi hat die Potentiale und Dimensionen der Wissensgesellschaft erhoben, indem Wissenschaftler unterschiedlicher Disziplinen in einem mehrstufigen und rückgekoppelten Prozess miteinander diskutiert und wiederholt ihre Einschätzungen in standardisierten Befragungen geäußert haben. Das Bildungsdelphi baut auf diesen Befunden auf und hat Bildungsexperten mit unterschiedlichem Erfahrungshintergrund mit Hilfe eines modifizierten Delphi-Verfahrens zu den Folgerungen des Wissensdelphi für die Gestaltung des Bildungsbereichs befragt (Bundesministerium für Bildung und Forschung, 1998 a; 1998 b).

Das Wissensdelphi basiert auf der These von der entstehenden Wissensgesellschaft. Der Begriff ist seit den 60er Jahren in der soziologischen Diskussion vertreten, hat aber erst in jüngerer Zeit eine breite Resonanz im Hinblick auf Wissen und seiner Funktion in der modernen Gesellschaft gefunden (vgl. Stehr, 1994). Unter Wissensgesellschaft ist jene Gesellschaftsform zu verstehen, die der Industriegesellschaft nachfolgt (Bell, 1973/1975; Stehr, 1994). Stehr (1994) kennzeichnet in seiner Analyse Wissen als einen neuen Produktionsfaktor, der neben die klassischen Produktivkräfte Arbeit und Kapital zu stellen sei. Der Begriff bringt somit zum Ausdruck, dass diese neue Form der Gesellschaft – zugespitzt formuliert – vom Wissen lebt. Wissen wird zunehmend als zentrale Ressource und Legitimation des Handelns im sozialen Raum verstanden. Darüber hinaus leistet der Wissenseinsatz schon derzeit einen erheblichen Beitrag zum gesellschaftlichen Wertschöpfungsprozess, der Miegel (2001) zufolge über die ganze Volkswirtschaft betrachtet höher liegt als der Einsatz jeder anderen Ressource. Dieser Kalkulation folgend könnte schon heute in Ländern wie Deutschland ein Drittel der Arbeitnehmerschaft schlagartig freigesetzt werden, wenn alle derzeit vorliegenden Wissens- und Erkenntnisstände produktiv genutzt würden. Entsprechend kommt Miegel zu dem Resultat, dass im Zusammenhang mit der Wissensgesellschaft der „Begriff der gesellschaftlichen Revolution nicht zu hoch gegriffen" (S. 210) sei.

Auf der psychologischen Ebene hat diese Revolution spezifische Auswirkungen, die vorherige Zeitalter nicht kannten. Gesamtgesellschaftlich spielt das Wissen zwar einerseits eine ähnliche Rolle, wie der Boden im Agrar- und die extramuskuläre Energie im Industriezeitalter, doch die psychologische Besonderheit dieser neuen Ressource liegt darin begründet, dass Wissen eine vom Menschen geschaffene Ressource darstellt: „Der Mensch greift also – metaphorisch gesprochen – nicht in seine Umwelt ein, sondern in sich selbst. Er selbst ist der Rohstoff, der wertschöpfend verarbeitet wird" (Miegel, 2001, S. 208).

Auf dieser Grundlage ändern sich die gesellschaftlichen Motive der Wissenserzeugung grundlegend. Die Experten gelangen im Wissensdelphi zu dem Schluss, dass zweckfreies Suchen nach Wissen und Erkenntnis im Sinne von Grundlagenforschung zunehmend zurücktreten wird, während die Notwendigkeit, konkrete Fragestellungen und Probleme zu lösen, für die Wissensentwicklung weiterhin und progressiv an Bedeutung gewinnt: Wissen wird immer systematischer als universales Instrument zur Problemlösung genutzt werden. Die dafür erforderliche Form des Wissens ist ein hochkomplexes und spezialisiertes Fachwissen.

Dem *Fachwissen*, das auf gesamtgesellschaftlicher Ebene relevant wird, steht auf der Seite des Individuums eine völlig neue Form des Wissens gegenüber, das im Delphi als *Allgemeinwissen* bezeichnet wird und die Grundlage zur Orientierung in der Wissensgesellschaft darstellt. Die Differenzierung zwischen Fach- und Allgemeinwissen wird im Delphi als die wichtigste Unterscheidung von Wissenstypen in der Wissensgesellschaft dargestellt. Allgemeinwissen wird als ein Pendant zu Fachwissen verstanden, das erst durch die Entwicklungen der Wissensgesellschaft in dieser Form überhaupt notwendig geworden ist. Damit wird im Delphi zugleich ein völlig neues Verständnis des Begriffs „Allgemeinwissen" eingeführt, das sich vom hergebrachten alltagssprachlichen Verständnis deutlich unterscheidet. Allgemeinwissen kennzeichnet nun jene Form von Wissen, die notwendig ist, um angesichts der gegenwärtigen Informationsflut die Komplexität des Wissens zu reduzieren und für den Einzelnen überschau- und handhabbar zu machen. Allgemeinwissen in diesem Sinne wird durch die folgenden Funktionen charakterisiert: Es schafft eine Basis für die soziale Verständigung und ist somit eine wesentliche Voraussetzung sozialen Handelns; ihm kommt eine Türöffnerfunktion für den Einstieg in Spezialwissensgebiete zu, und es verhilft zu einer Orientierung angesichts der zunehmenden Informationsfülle, indem es dem Einzelnen ermöglicht, Bewertungs- und Auswahlkriterien zu entwickeln.

Vier Felder des Allgemeinwissens werden unterschieden: instrumentelle bzw. methodische Kompetenzen, personale Kompetenzen, soziale Kompetenzen sowie inhaltliches Basiswissen.

- *Instrumentelle Kompetenzen* umfassen allgemeine Grundlagen und Kulturtechniken wie Fremdsprachenkenntnisse, die klassischen Kulturtechniken, Logik, Kreativtechniken und Technikverständnis. Hinzu kommt der Umgang mit Informationstechniken, wie er sich im Umgang mit modernen Medien, der Beherrschung von Programmen oder dem gezielten Suchen und Auswählen von Informationen spiegelt.
- Im Bereich der *personalen Kompetenzen* geht es um persönliches Erfahrungswissen. Es beinhaltet Aspekte wie Selbstbewusstsein, Identität, Handlungskompetenz, Selbstmanagement, kulturelles Erleben, Umgang mit Gefühlen, Erfahrung von sozialer Zugehörigkeit, Umgang mit Tod, Ethik und Religion und wird ergänzt durch persönliche Fähigkeiten zum Umgang mit Wissen, wozu die Komponenten Neugier, Offenheit, Kritikfähigkeit, Reflexionsfähigkeit und Urteilsvermögen zählen.
- *Soziale Kompetenzen* sind in erster Linie kommunikative Kompetenzen, die sich in sprachlicher Ausdrucksfähigkeit, Teamfähigkeit, Moderation, Selbstdarstellung und persönlichem Umgang innerhalb von Partnerschaft und sozialen Beziehungen widerspiegeln. Dazu tritt im sozialen Bereich die Verantwortungsübernahme, die Eigenschaften wie Toleranz, Rücksicht, Solidarität und prosoziales Verhalten einschließt.

■ Der letzte Bereich schließlich, das *inhaltliche Basiswissen*, unterscheidet sich von den anderen drei Bereichen darin, dass er am ehesten dem traditionellen Verständnis von Wissen entspricht; es sind die drei anderen Bereiche, die das wirklich Neue am Begriff des Allgemeinwissens ausmachen. Inhaltliches Basiswissen umfasst auf der einen Seite Wissen über aktuelle Probleme aus den Bereichen Bildung und Beruf, Ökologie, europäische Integration und weltweite Abhängigkeiten; auf der anderen Seite geht es um inhaltliche Grundlagen, die sich in Alltagswissen über Themen wie Geld, Wirtschaft, Erziehung etc. widerspiegeln und sich in Grundwissen in Disziplinen wie Soziologie, Psychologie, Geschichte, Medizin, Politik oder Recht ausdrücken. Es sind somit vor allem aktuelle und „moderne" Themen, die sich im inhaltlichen Basiswissen wiederfinden.

Die Ergebnisse des Wissensdelphi bilden die Grundlage für das Bildungsdelphi. In dieser Studie haben Bildungsexperten aus Theorie und Praxis eingeschätzt, welche Kenntnisse, Fähigkeiten und Qualifikationen im Bildungssystem des Jahres 2020 vermittelt und erworben werden sollten. In den allgemeinbildenden Einrichtungen stehen lerntechnische und lernmethodische Kompetenzen am Spitzenplatz der Rangreihe, gefolgt von psycho-sozialer (Human-)Kompetenz und Fremdsprachenkompetenz. Weitere einzuschätzende Aspekte waren spezifische Fachkompetenz, Medienkompetenz und interkulturelle Kompetenz, denen ebenfalls eine hohe Bedeutung zugemessen wurde, z. T. allerdings eher für die berufliche oder die Hochschulbildung – wie im Falle der spezifischen Fachkompetenz –, weniger für die allgemeinbildenden Einrichtungen.

Den herausgehobenen Stellenwert der lernmethodischen Kompetenzen begründen die Experten vor allem mit der Notwendigkeit zu lebenslangem Lernen, das angesichts der immer kürzeren Halbwertzeit des Wissens zunehmend wichtiger wird. Hinzu treten die sich stetig wandelnden Anforderungen in der Arbeits- und Berufswelt und die damit einhergehende wachsende Bedeutung eigenverantwortlichen und selbstgesteuerten Lernens. Der Schule wird in diesem Kontext attestiert, dass sie derzeit hinter diesen Ansprüchen weit zurückstehe und sich auf ein „Abfüllen" (BMBF, 1998 a, S. 53) mit Fachinhalten beschränke. Wer in Zukunft nicht lerne, die Komplexität von Informationen zu reduzieren und sich zu eigen zu machen, werde sehr bald durch das Netz der Anforderungen hindurchfallen.

Entsprechend kommen auch Bildungsexperten wie Weinert (1998, 2000) oder Baumert (1998) zu dem Schluss, dass die Unbestimmtheit des zukünftig erforderlichen Wissens und entsprechender Kompetenzen es im Bildungsbereich erfordern wird, die traditionellen statischen „Bildungs-Vorrats-Modelle" durch dynamische „Bildungs-Erneuerungs-Modelle" zu ersetzen (Weinert, 1998). Dynamische Bildungsmodelle zielen auf eine lebenslange Erweiterung und Erneuerung von Wissen ab und damit auch auf lernmethodische Kompetenzen als Voraussetzung für lebenslanges Lernen.

Dem Basiswissen vergleichbar, dem die Delphi-Experten eine zentrale Türöffnerfunktion für jedes tiefergreifende fachliche Lernen zugesprochen haben, geht es auch Weinert (1998) zufolge künftig um den Erwerb vielfacher, miteinander vernetzter Wissensbestände und Kompetenzen, die in die Persönlichkeit integriert und als persönliches Wissen flexibel anwendbar sind. Weinert sieht als unverzichtbare Bildungsziele vier Bereiche, die mit den Feldern des Allgemeinwissens aus dem Wissensdelphi vergleichbar sind: Es geht um den Erwerb intelligenten Wissens, situativer Strategien zur Wissensnutzung, metakognitiver Kompetenzen sowie den Erwerb von Handlungs- und Wertorientierungen.

- *Intelligentes Wissen* bezieht sich auf ein wohlorganisiertes, vielfältig vernetztes und flexibel anwendbares System aus Kenntnissen, Fähigkeiten und Fertigkeiten. Die Grundlage für den Erwerb wie auch das Resultat intelligenten Wissens ist ein inhaltsbezogenes Lernen, das seinerseits eine inhaltlich relevante Vorwissensbasis für Anwendungsbezüge und nachfolgende Lernprozesse bereitstellt.
- Für den *Erwerb situativer Strategien zur Wissensnutzung* kommt es darauf an, auf welche Art und Weise Wissen erworben wird: Nur wenn im Verbund mit dem inhaltlichen Wissen auch situative Anwendungskontexte gelernt werden, wird das Wissen flexibel und kompetent nutzbar.
- Der *Erwerb metakognitiver Kompetenzen* umfasst das Lernen, wie man lernt, sowie den Erwerb von Schlüsselqualifikationen, wie zum Beispiel Arbeits- und Lerntechniken, Strategien der Informationsbeschaffung oder Fertigkeiten des Umgangs mit elektronischen Medien.
- Zuletzt werden *Handlungs- und Wertorientierungen* auf der Grundlage von Persönlichkeitsbildung, Verhaltensformung und moralischer Erziehung erworben.

Auch darüber, wie zeitgemäße Lernziele effizient erreicht werden können, haben die Experten im Bildungsdelphi Angaben gemacht. Zu den lernförderlichen Faktoren zählen ausschließlich Lernarrangements, die die herkömmlichen schulischen Lernformen hinter sich lassen. So werden Frontalunterricht, Fremdbestimmung, der fehlende Bezug zur Lebenswelt der Kinder und Jugendlichen sowie das Einzelkämpfertum in den heutigen Schulen abgelehnt und als dringend reformbedürftig eingeschätzt. Empfohlen werden bedeutsame Inhalte, die am Leben der Lernenden und ihren Interessen anknüpfen, sowie Lernformen, die Praxiskontexte herstellen, selbstgesteuertes Lernen fördern, Gestaltungsmöglichkeiten einräumen, Teamarbeit ermöglichen und eine Lernkultur etablieren, in der Fehler und freies Explorieren gestattet sind. Ein besonderer Stellenwert wird fachübergreifenden Lernformen zugesprochen, die vernetztes und integratives Denken fördern. Insofern sollte Lernen projektbezogen, ganzheitlich und interdisziplinär organisiert werden.

Sowohl die Delphi-Studie als auch Experten wie der Präsident der Max-Planck-Gesellschaft Markl (1998) heben die besondere Bedeutung der vorschulischen Erziehung und Bildung heraus. Tageseinrichtungen für Kinder nehmen eine wichtige Funktion im Bildungswesen ein, das künftig die Aufgabe haben wird, mit entsprechend qualifiziertem Personal der Gefahr eines „Knowledge Gaps" zu begegnen, wie sie eine Wissensgesellschaft in sich birgt. Die sozialintegrative Funktion des Kindergartens und die Ganzheitlichkeit von Bildung und Erziehung sind Grundkonzepte der Frühpädagogik, die vor dem Hintergrund der Delphistudie erneut an Bedeutung gewinnen.

Die Diskussion um Qualität in der Bildung, Erziehung und Betreuung von Kindern vor dem schulpflichtigen Alter hat in Deutschland bislang die oben beschriebenen Veränderungen nur wenig berücksichtigt – sie zumindest nicht zum Ausgangspunkt weitreichender Reformen gemacht. Die Bildungslandschaft ist im vorschulischen Bereich wie auch insgesamt durch eine große Bandbreite von Qualitätsunterschieden sowie durch Zurückhaltung der Landesgesetzgeber in Bildungs- und Erziehungskonzeptionsfragen (z. T. bedingt durch das Subsidiaritätsprinzip) gekennzeichnet. Die Qualitätsforschung und zum Teil auch die fachpolitische Qualitätsdiskussion haben sich bisher vorwiegend auf strukturelle Qualitätsaspekte wie Gruppengröße und Betreuerschlüssel konzentriert, wobei kontextuelle Dimensionen wie Organisationsform und -klima sowie prozessuale Komponenten, wie die Interaktion zwischen Erzieherin und Kind, vielfach vernachlässigt wurden.

2.4 Schlüsselqualifikationen und lebenslanges Lernen

Qualifikationen, wie sie in den Delphistudien als zukunftsrelevant eingeschätzt und konzeptionell entwickelt wurden, werden in der einschlägigen Literatur auch als Schlüsselqualifikationen bezeichnet. Eine Übersichtsarbeit zur „Einschätzung von Schlüsselqualifikationen aus psychologischer Sicht" von Didi, Fay, Kloft und Vogt (1993) vom Bonner Institut für Bildungsforschung kommt nach Sichtung der Literatur auf eine Liste von 654 verschiedenen Schlüsselqualifikationen. In einem Fazit ihrer Arbeit gelangen die Autoren zu dem Schluss, „dass eine annähernd einheitliche Definition des Begriffs zwar im Hinblick auf eine sinnvolle Diskussion über die Möglichkeiten des Konzeptes wünschenswert wäre, heute allerdings kaum mehr zu erwarten und zu leisten ist" (S. 7). Diese Einschätzung resultiert vor allem aus dem Anliegen, solche Schlüsselqualifikationen in der Literatur aufzuspüren, die nach psychologischen Maßstäben operational definierbar und damit messbar sind. Betrachtet man aber die Diskussion um Schlüsselqualifikationen in ihrer historischen Entwicklung, wird das Bemühen deutlich, überhaupt überfachliche Qualifikationsmerkmale zu bestimmen, die dem Einzelnen auch angesichts sich verändernder Bildungs- und Arbeitsbedingungen langfristig eine Vielzahl von Positionen eröffnen. Dabei geht es zunächst weniger um messbare Konstrukte, als vielmehr darum, tatsächlich bildungs- und arbeitsrelevante und nicht fachliche Fähigkeiten und Fertigkeiten zu beschreiben.

Der Begriff der Schlüsselqualifikation wurde 1974 von Dieter Mertens (1974/ 1991) geprägt. Mertens war zu dieser Zeit der Leiter des *Instituts für Arbeitsmarkt- und Berufsforschung* in Nürnberg und gliederte sich mit diesem Begriff in den Diskurs der in den 70er Jahren entstandenen so genannten Qualifikationsforschung ein. Gut 20 Jahre zuvor hatte bereits Dahrendorf (1956) den verwandten Begriff der *extra-funktionalen Qualifikation* geprägt, der sich auf jene organisatorische und soziale Dimension der Arbeitswelt bezog, die unabhängig von den technischen und fachlichen Ansprüchen der Arbeitsprozesse existiert. Die extra-funktionalen Fertigkeiten zeichneten sich dadurch aus, dass sie als nicht notwendig für die Produktionsprozesse erachtet wurden, aber ihre Qualität steigern sollten. Der Begriff der Schlüsselqualifikation ist demgegenüber mehr zukunftsgewandt. Er soll jene außerfachlichen und übergreifenden Kompetenzen widerspiegeln, die eine Person in Zukunft unabhängig von ihrer fachlichen Qualifikation befähigen werden, flexibel verschiedene Positionen einnehmen zu können. Mertens erachtete bereits in den 70er Jahren Prognosen darüber als wenig zutreffend, welche spezifische fachliche Qualifikation eine Person auf dem Arbeitsmarkt zukünftig benötigen würde; demgegenüber sollte versucht werden, Qualifikationen zu bestimmen, die auch unabhängig vom technologischen und ökonomischen Wandel in der Arbeitswelt relevant sind. Gegen eine Prognose fachlicher Qualifikationen spricht Mertens zufolge aber nicht nur die Unbestimmtheit zukünftig erforderlicher Kenntnisse und Fertigkeiten, sondern auch das Tempo, mit dem Wissensinhalte verfallen, das so genannte Obsolenztempo. Dieses Tempo beschleunigt sich zum einen im Zuge der technologischen Entwicklung, es nimmt aber insbesondere auch mit wachsender Praxisnähe des Wissens zu. Je praxisnäher Wissen ausgerichtet ist, um so schneller verliert es generell seine Bedeutung, so dass im Umkehrschluss abstrakteres und übergreifendes Wissen eine längere Gültigkeit besitzt.

Entsprechend definiert Mertens Schlüsselqualifikationen als „Kenntnisse, Fähigkeiten und Fertigkeiten, welche keinen unmittelbaren und begrenzten Bezug zu bestimmten disparaten praktischen Tätigkeiten erbringen, sondern vielmehr a) die Eignung für eine große Zahl an Positionen und Funktionen als alternative Optionen zum gleichen Zeitpunkt, und b) die Eignung für die Bewältigung einer Sequenz von (meist unvorhersehbaren) Änderungen von Anforderungen im Laufe des Lebens [sicherstellen]." (1974/1991, S. 566)

Die Spannung zwischen der fachlichen Ausbildung und der Vermittlung bestimmter Wissens- oder Bildungsinhalte auf der einen und übergreifenden, zukunftsfähigen Kompetenzen auf der anderen Seite prägt traditionell auch die Bildungsdiskussion. Orth (1999) sieht Parallelen zum Konzept der formalen Bildung nach Klafki (1959). Wolfgang Klafki hat in seiner klassischen Schrift zur kategorialen Bildung zwischen *materialen* und *formalen Bildungstheorien* unterschieden. Materiale Bildungstheorien legen den Schwerpunkt auf das Objekt der Vermittlung – den Bildungsgegenstand. Sie zielen darauf ab, dem Schüler die Inhalte der herrschenden Kultur zu vermitteln und zugänglich zu machen. Der formale Ansatz legt demgegenüber den Schwerpunkt auf das Subjekt des Schülers. Hier geht es darum, wie das Subjekt die Gegenstände der Bildung verarbeitet. Die formale Bildung lässt sich ihrerseits in die *funktionale* und die *methodische Bildung* unterteilen. Die funktionale Bildung hebt weniger auf die Inhalte ab, als vielmehr auf die Entwicklung und Formung der geistigen, seelischen und körperlichen Kräfte des Schülers. Der Begriff der Methodik meint in diesem Zusammenhang, dass der Schüler lernt, Denkweisen und Wertmaßstäbe auf unterschiedliche Situationen zu übertragen. Im Begriff der kategorialen Bildung – der sich auf die Beherrschung der Urformen oder „Kategorien" in den Sachgebieten bezieht – sollen in der Theorie Klafkis beide Seiten der formalen Bildung zusammenfließen.

Parallelen sieht Orth (1999) ebenfalls zur Curriculumtheorie von Saul Robinsohn (1971), die ihrerseits eine Wurzel zur Schlüsselqualifikations-Debatte bildet. Robinsohn hat Curriculum als „Gefüge von Bildungsinhalten" verstanden. Die Inhalte der formalisierten und institutionalisierten Bildung sollten kritisch überprüft und einer Revision unterzogen werden, so dass eine Bildungsreform von den Inhalten her erfolgen könnte. Die Bildungsinhalte, die Robinsohn zufolge in ein revidiertes Curriculum aufgenommen werden sollten, kommen den Schlüsselqualifikationen sehr nahe, da sie ebenfalls überfachliche Kompetenzen widerspiegeln. Dazu gehören:

- wirksame Kommunikation,
- Bereitschaft zur Veränderung,
- die Fähigkeit, Ziele und nicht nur Mittel zu wählen und die dafür notwendigen Informationen beschaffen und auswerten zu können,
- Autonomie als eine Verhaltensdispositionen, die sich durch eine rationale und kritische Einstellung beschreiben lässt.

Orth (1999) sieht vor allem in dem von Robinsohn vorgeschlagenen Schema zur Umsetzung dieser Zielsetzungen Bezüge zu später entwickelten Konzepten der Schlüsselqualifikationen. Im ersten Schritt dieses Schemas soll der einzelne Schüler zur Bewältigung von Lebenssituationen ausgestattet werden. Im zweiten Schritt erfolgt der Erwerb von Qualifikationen und Dispositionen und zuletzt werden diese Qualifikationen und Dispositionen wiederum durch verschiedene Elemente des Curriculums vermittelt und vertieft.

Die von Robinsohn genannten Kernkompetenzen finden sich auch in heutigen Listen von Schlüsselqualifikationen wieder. Didi et al. (1993) haben ihre aus der Literatur extrahierte Liste von 654 Schlüsselqualifikationen reduziert, indem sie alle herausgesucht haben, die 10 mal und häufiger genannt worden sind. Es ergab sich die nach der Nennungshäufigkeit gebildete Rangreihe von 20 Merkmalen: Kommunikationsfähigkeit, Kooperationsfähigkeit, Denken in Zusammenhängen, Flexibilität, Kreativität, Selbständigkeit, Problemlösefähigkeit, Transferfähigkeit, Lernbereitschaft, Durchsetzungsvermögen, Entscheidungsfähigkeit, Konzentrationsfähigkeit, Lernfähigkeit, Verantwortungsgefühl und -bewusstsein, Zuverlässigkeit, Ausdauer, Genauigkeit, abstraktes Denken, logisches Denken und selbständiges Lernen.

Zu einer vergleichbaren Liste kommt Schelten (1998) auf dem Bildungskongress des Bayerischen Kultusministeriums „Wissen und Werte für die Welt von morgen". Er nennt Denken in Zusammenhängen, Flexibilität, Kommunikationsfähigkeit, Kreativität, Problemlösefähigkeit, Selbständigkeit, Transferfähigkeit und Zuverlässigkeit. Eine Systematisierung von Schlüsselfähigkeiten zeigt, dass sie sich in der Regel in vier Bereiche gliedern lassen (siehe auch Knauf, 2002):

- *Soziale Fähigkeiten*, zum Beispiel Toleranz und Kontaktfähigkeit
- *Personale Fähigkeiten*, zum Beispiel Selbstvertrauen und konstruktive Kritikfähigkeit

- *Formale Fähigkeiten im kognitiven Bereich*, zum Beispiel analytisches und synthetisches Denken
- *Materiale Kenntnisse und Fertigkeiten*, zum Beispiel Arbeitsanweisungen in Form von Zeichnungen auf Handlungspläne umsetzen können.

Schelten (1998) sieht enge Bezüge zwischen dem Konzept der Schlüsselqualifikation, Ansätzen zum lebenslangen Lernen und der durch den Bildungsbereich erfolgenden Vorbereitung auf die Arbeitswelt; denn Schlüsselqualifikationen stellen Befähigungen „hoher Reichweite" (S. 283) dar, die in die Lage versetzen, zukünftige neue Inhalte selbständig zu erschließen und damit lebenslang lernen zu können.

Die Diskussionsergebnisse des Fachforums „Schlüsselqualifikationen/Vorbereitung auf die Arbeitswelt/Lebenslanges Lernen" des bayrischen Bildungskongresses , an dem sich 10 Experten beteiligt haben (Schelten, 1998), zeigen systematisch die Vorteile des Konzepts der Schlüsselqualifikation im Bildungsbereich, aber auch seine Schwächen und Probleme auf. Darüber allerdings, dass Schlüsselqualifikationen ein wesentliches Ziel der modernen Bildung darstellen, herrscht weitgehend Einigkeit. Um Schlüsselqualifikationen als Vorbereitung auf die Arbeitswelt und als Grundlage lebenslangen Lernens zu fördern, wird in erster Linie, auch von den Experten des Bildungsdelphi und des Forum Bildung, eine Veränderung des schulischen Unterrichts in dem Sinne gefordert, dass Lernen zunehmend in offenen und komplexen Situationen ermöglicht wird. Die Schüler sollen ihre Lernprozesse selbständig und mit dem Lehrer gemeinsam gestalten, so dass der Lehrer eher zu einem Mitarbeiter der Schüler wird, als dass er sie anleitet.

Diese Sichtweise wird vor dem Hintergrund konstruktivistischer Lernansätze vertreten, die eine aktive Auseinandersetzung des Schülers mit seiner Umwelt und den Lerninhalten anstreben. Ziel dieser Ansätze ist die Anwendbarkeit von Wissen in Problemsituationen. Dem Problem „trägen", also bloß angehäuften, aber wenig anwendbaren Wissens, soll damit entgegengewirkt werden (vgl. auch Renkl, 2001). Nur wenn Wissen in authentischen Lernsituationen angeeignet wird, ist eine Übertragbarkeit auf ähnliche Problemsituationen gewährleistet. Eine Verallgemeinerung und Abstrahierung des Wissens geschieht auf der Grundlage des Handelns in verschiedenen Problemsituationen, die Überschneidungen und die Möglichkeit zur Analogiebildung aufweisen. Dem Erwerb von Wissen über Instruktion wird dabei eher eine ergänzende Funktion zugewiesen.

In einem Resümee dieser Diskussion kommt Schelten (1998) zu dem Resultat, dass eine Vermittlung von Schlüsselqualifikationen in der Schule es erfordere, die Lehrpläne zu überarbeiten, um Freiräume für notwendige neue Arbeitsformen zu schaffen. Zugleich müsse ein solide strukturiertes Grundwissen von den Schülern erworben werden. Alle Unterrichtsfächer seien in Bezug auf ihren Beitrag zur Förderung und Vermittlung von Schlüsselqualifikationen zu überprüfen und Leistungskontrollen entsprechend mit dem Konzept der Schlüsselqualifikation abzustimmen.

Der Elementarbereich erscheint angesichts dieser Forderungen der Schule gegenüber im Vorteil. Hier ist es nicht notwendig, Freiräume für neue Arbeitsformen zu schaffen, denn sie existieren bereits wie in keiner anderen Bildungsinstitution. Der Erwerb von Grundwissen gemeinsam mit der Vermittlung von Schlüsselqualifikationen wären allerdings zu spezifizieren. Dafür, wie dies geschehen sollte, sieht Schelten keine Anhaltspunkte. Diesem Manko soll in Kapitel 5 begegnet werden. Dort wird ein Ansatz für den Kindergarten vorgestellt, der die Vermittlung metakognitiver und lernmethodischer Kompetenzen zum Ziel hat.

2.5 Die bundesdeutsche Fachdiskussion über Bildung im Elementarbereich

Die Bedeutung der frühen Bildung war bereits vor Erscheinen der PISA-Studie Gegenstand der Fachdebatte. Die elementarpädagogische Diskussion hat sich zunehmend darauf gerichtet, das Gewicht der im Kinder- und Jugendhilfegesetz verankerten Trias „Betreuung, Erziehung, Bildung" von der Betreuung und Erziehung mehr auf die Bildung zu verschieben. Dazu zählt die von Schäfer (1995 a) verfasste Arbeit über kindliche Selbstbildungsprozesse sowie das von Laewen (1999, 2000; Laewen & Andres, 2002 a, 2002 b) durchgeführte Bildungsprojekt mit dem Titel „Zum Bildungsauftrag von Kindertageseinrichtungen". Zu nennen sind in diesem Zusammenhang auch der 10. Kinder und Jugendbericht (Bundesministerium für Familie, Senioren, Frauen und Jugend, 1998), die von Elschenbroich und Schweitzer (1999) produzierten Filme sowie die von Elschenbroich (2001) vorgelegte Arbeit über das Weltwissen der Siebenjährigen. Krappmann (1999) hebt in einem Resümee des 10. Kinder und Jugendberichts hervor, dass Tageseinrichtungen „einen Bildungsauftrag haben, der sie an der Förderung sozialer, emotionaler, moralischer und kognitiver Fähigkeiten beteiligt" (S. 30).

Vor dem Hintergrund, dass die Tageseinrichtungen zunehmend als Bildungseinrichtungen begriffen werden, wurde auch die Diskussion um den Situationsansatz neu belebt. Ursprünglich als Bildungsansatz angetreten, kon-
zentrierte er sich im Laufe der Jahre immer mehr auf eher soziale Themen
(Fthenakis & Textor, 2000). Elschenbroich (2000) charakterisiert diese Entwicklung im Forum Bildung mit den Worten: „Ein entspanntes und kommu-
nikatives Milieu sollte ein Kindergarten bieten. Kunst und Wissenschaft blieb
späteren Jahren vorbehalten, die Erzieherin war für das Soziale zuständig.
Lernen, Bildung, diesen ‚Leistungsdruck' nicht ‚vorzuziehen', war die ihnen
nahegelegte Aufgabe. Die Kindheit nicht verschulen!" (S. 121).

Ein dritter Strang der bundesdeutschen Bildungsdebatte ist die pädagogische
Qualitätsdiskussion, die bisher vorwiegend unter Gesichtspunkten strukturel-
ler Qualitätsmerkmale geführt wurde. Im Vordergrund standen beispielswei-
se Fragen der Gruppengröße oder des Betreuerschlüssels (vgl. Tietze, 1998).
Diese Betrachtungsweise ist eher an der Aufgabe der Betreuung orientiert.
Sieht man Tageseinrichtungen für Kinder als Bildungseinrichtungen, werden
Prozesskomponenten wie die Erzieherinnen-Kind- oder Kind-Kind-Kommu-
nikation bedeutsam. Dabei geht es im Kontext des Lernens und des Lernen-
Lernens darum, Vermittlungsprozesse, aber auch die Interaktions- und Lern-
kultur für die Einrichtung näher zu bestimmen.

Im Folgenden werden die derzeit diskutierten pädagogischen Ansätze zur
Förderung von Bildungsprozessen aufgegriffen, um danach auf den Situationsansatz unter Bildungsgesichtspunkten einzugehen. Die Qualitätsdiskussion wird in Kapitel 2.6 aus internationaler Perspektive dargestellt, weil in
Deutschland qualitativ hochwertige empirische Arbeiten, außer der von Tietze, (1998) bisher nicht vorliegen (vgl. Fthenakis & Eirich, 1998).

2.5.1 Bildung als „Selbstbildung"

Ein Teil der deutschsprachigen Auseinandersetzung um pädagogische Ansätze
zur Förderung von Bildungsprozessen in der vorschulischen Kindheit weist
eine landesspezifische Besonderheit auf, die sich im internationalen Diskurs
nicht findet: Sie widmet sich vorrangig einer Bestimmung des Bildungsbegriffs, indem sie die traditionsreiche deutsche Diskussion um die Bedeutung
der Bildung für die Persönlichkeitsentwicklung aufgreift und auf die Frühpädagogik anzuwenden versucht (vgl. Laewen, 2002 a, 2002 b; Laewen & Andres, 2002 a, 2002 b; Schäfer, 2001, 2002). Der Begriff der Bildung wird von
Prozessen wie Lernen, Entwicklung oder Erziehung deutlich abgegrenzt. Die internationale Debatte, die vorrangig in englischer Sprache geführt wird, kennt

diese Differenzierung nicht. Dort wird von Lernprozessen bzw. Entwicklung oder Förderung im Rahmen von „Childhood Education and Care" gesprochen. Das zentrale Stichwort in der deutschen Diskussionslinie, die vor allem von Laewen (2002 a, 2002 b; Laewen & Andres, 2002 a, 2002 b) und Schäfer (1995 a, 2001, 2002) vertreten wird, ist das der „Selbst-Bildung". Dem gegenüber steht die Position von Fthenakis (2001, 2002), der eine an internationalen Argumentationslinien orientierte Auffassung vertritt. Eine Kontroverse der Autoren in der Zeitschrift *Klein und Groß* bringt die beiden Positionen anschaulich zum Ausdruck.

Der Aufsatz von Schäfer (2001) in *Klein und Groß* versteht sich als Replik auf eine Kritik, die Fthenakis (2001) an dessen Bildungsverständnis geübt hat. Schäfer fasst sein zuvor veröffentlichtes frühkindliches Bildungsverständnis in 10 Thesen prägnant zusammen (Schäfer, 1995 a, 2000). Von der Position Fthenakis' unterscheidet es sich in zwei wesentlichen Punkten. Erstens strebt Schäfer einen dekontextualisierten Bildungsbegriff an, der unabhängig vom sozialen und historischen Kontext ist (2001, S. 6). Zu diesem Zweck führt er zweitens ein entwicklungspsychologisches Bild vom Kinde aus, das im Wesentlichen durch konstruktivistische Argumentationslinien piagetscher Tradition geprägt ist (➤ Kap. 3.2).

Die Position Fthenakis' (2001; s. a. 2002) besteht hinsichtlich des ersten Aspekts darin, dass frühkindliche Bildungsprozesse auf den Kontext auszurichten seien, in dem sie stattfinden: in der heutigen Gesellschaft mit ihren spezifischen Möglichkeiten und Anforderungen, die sich mit den Stichwörtern „Postmoderne" und „Wissensgesellschaft" charakterisieren lassen. Dieser Auffassung nach ist sowohl die heutige Lebenswelt der Kinder zu berücksichtigen – zum Beispiel transitionsreiche Lebensphasen durch Scheidung und Neuverheiratung der Eltern; Aufwachsen in der Diversität multikultureller Umfelder –, als auch die Gesellschaftsform, auf die sie pädagogisch vorzubereiten sind. So sollten beispielsweise Lernkompetenzen vermittelt werden, die den Kindern helfen, den beschleunigten Wandlungsprozessen der Wissensgesellschaft und der globalisierten Welt zukünftig gewachsen zu sein.

Bezüglich des zweiten Aspekts, des Bildes vom Kind, lautet Schäfers zentrale These: „Frühkindliche Bildung ist in erster Linie Selbst-Bildung" (S. 7). Das wesentliche Argument, das dieser These zugrunde liegt, stammt aus der konstruktivistischen Entwicklungspsychologie und besagt, dass alles Wissen vom Kinde nach Maßgabe seiner kognitiven Fähigkeiten konstruiert wird. Zwar ist in dieser These der allgemein akzeptierte Grundsatz enthalten, dass Wissen und Bildung dem Kind nicht unmittelbar vermittelt werden können. Der Ansatz Fthenakis' ist aber in Übereinstimmung mit internationalen Trends sowohl in den Grundlagen- (zum Beispiel Entwicklungs- und Lernpsychologie) als auch in den Anwendungsdisziplinen (zum Beispiel pädagogische Lernkonzepte, Instruktionspsychologie) im Kern ein anderer, nämlich ein sozialkonstruktivistischer (zum Beispiel Palincsar, 1998) (➤ Kap. 3.1.2). Im Sozialkonstruktivismus wird das Kind von Geburt an als in soziale Beziehungen eingebettet betrachtet, und Lernen sowie Wissenskonstruktion werden als interaktionale und ko-konstruktive Prozesse aufgefasst.

Obgleich Schäfer in weiteren Thesen durchaus auch sozialen Prozessen einen Stellenwert zubilligt, lautet seine zentrale pädagogische Konsequenz: „Erwachsene müssen die Eigenständigkeit der Kinder im Umgang mit ihrer Welt ertragen, sie soweit mittragen, dass Kinder ihre eigenständigen Möglichkeiten einsetzen und produktiv weiter entwickeln können" (2001, S. 11). Fthenakis stellt demgegenüber die Interaktionsprozesse zwischen Kind und Erwachsenem von Geburt an in den Mittelpunkt. Hier geht es nicht allein um ein „Mittragen", sondern in erster Linie darum, pädagogische Leitlinien zu finden, um den Interaktionsprozess so zu gestalten, dass Entwicklung überhaupt sich vollziehen kann; denn Entwicklung ist nicht etwas, das im Kind *eo ipso* voranschreitet, sondern ein Prozess, der von der sozialen Lebenswelt des Kindes untrennbar ist. Bildung muss somit entwicklungs- und kompetenzfördernde Interaktionen enthalten, die gezielt zu gestalten sind. Auf selbstbildende Potenziale zu bauen, kann dieser Auffassung nach in Bildungskonzepten für die heute aufwachsenden Kinder bei weitem nicht genügen.

Ebenfalls dem Konzept der Selbst-Bildung verpflichtet ist der Beitrag von Laewen und Andres (2002 a, b). Sie haben mit dem Anspruch, ein Bildungskonzept zu entwerfen, oder zumindest „Bausteine zum Bildungsauftrag von Kindertageseinrichtungen" zu definieren, ihre Herausgeberwerke „Bildung und Erziehung in der frühen Kindheit" und „Forscher, Künstler, Konstrukteure. Werkstattbuch zum Bildungsauftrag von Kindertageseinrichtungen" vorgelegt. Die Beiträge beider Bände dokumentieren die Ergebnisse des Modellprojekts „Zum Bildungsauftrag von Kindertageseinrichtungen", das von 1997 bis 2000 in den Bundesländern Brandenburg, Sachsen und Schleswig-Holstein durchgeführt wurde. Das Modellprojekt zielte auf der einen Seite auf eine Konkretisierung des Bildungsbegriffs für das Vorschulalter, auf der anderen Seite auf praktische Maßnahmen zur Bildungsförderung.

Diese Maßnahmen betreffen sowohl Fortbildungen für Erzieherinnen als auch eine Bereitstellung von Arbeitsmaterialien für die Praxis der Tagesbetreuung. Das Modellprojekt hat in Kooperation mit 12 Kindertageseinrichtungen (je 4 aus den beteiligten Bundesländern in unterschiedlicher Trägerschaft) und mit Multiplikatorengruppen wie Fachberaterinnen und Trägervertretern einen Vorschlag für die Interpretation des Bildungsbegriffs für den Vorschulbereich erarbeitet. Bildung wird als Eigenaktivität des Kindes interpretiert und als „Aneignung von Welt" im Sinne Humboldts. Laewen (2002) setzt sich in seinem theoretischen Beitrag „Bildung und Erziehung in Kindertageseinrichtungen", der das erstgenannte Herausgeberwerk einleitet, kritisch von einem Bildungsverständnis ab, das er als bedarfsorientiert charakterisiert und als am „Bedarfsdenken der älteren Generation" (S. 35) ausgerichtet sieht. Darunter fasst er jenes Bildungsverständnis, das in der Elementarpädagogik von Fthenakis (2001, 2002) vertreten wird und nach Kompetenzen wie lebenslangem Lernen, Schlüsselqualifikationen und lernmethodischer Kompetenz fragt. Der Erwerb solcher Basiskompetenzen wird der Auffassung Laewens nach aber einem angemessenen Bildungsbegriff nicht gerecht. Er sieht in diesem Bildungsverständnis vorwiegend die Interessen des Arbeitsmarktes vertreten, nicht aber die des Kindes. Um einen eigenen Bildungsbegriff zu finden, holt er weit aus und befasst sich beispielsweise mit der Frage, ob Kinder erziehbar sind. Er beantwortet diese Frage mit einem Zitat von Liegle (1999, S. 204, zit. nach Laewen, 2002, S. 40): „Erziehung muß sich ..., ob es ihr gefällt oder nicht, darauf einstellen, dass die Entwicklung des Kindes die Gestalt einer dauernden Autopoiesis hat". Den Begriff der Autopoiesis interpretiert Laewen in diesem Zusammenhang als Selbstaneignung der Welt durch das Kind, „das sich in diesem Prozess zugleich selbst hervorbringt" (S. 40). Dieses Verständnis von Erziehung wendet er nun auf den Bildungsbegriff an, so dass er zu dem Resultat kommt, „dass Bildung nicht ohne die Kinder selbst zu haben ist [...] wir brauchen sie [...] als Subjekte, die sich selbst schaffen, in einem kooperativen Projekt, in dem sie die eigentlichen Produzenten von Bildung wären" (S. 41). Die sich diesem Bildungsverständnis unmittelbar anschließende Frage, welche Aufgabe der Pädagogik zufällt, wenn das Kind sich selbst bildet, beantwortet Laewen mit den Worten: „Wenn Bildung Sache des Kindes wäre, bliebe Erziehung die der Pädagogen" (S. 41).

Indem der Autor die Bildungsprozesse auf die Seite des Kindes verlegt und dem Pädagogen die Erziehung überlässt, macht er zugleich deutlich, dass das vorgelegte Konzept nicht beansprucht, ein Bildungskonzept im engeren Sinne zu sein, denn die pädagogischen Interventions- und Gestaltungsmöglichkeiten erscheinen a priori als sehr begrenzt. So beziehen sich auch seine Ausführungen, die die pädagogische Intervention betreffen, allein auf Erziehungs-, nicht auf Bildungsaspekte. Bildungsprozesse des Kindes können demzufolge lediglich vermittelt über die Erziehungsbemühungen des Erwachsenen beeinflusst werden, und zwar indem der Erwachsene die Umwelt des Kindes (zum Beispiel die Architektur des Kindergartens) und die Interaktion mit ihm gestaltet. Es handelt sich hier aber nicht um die gezielte Gestaltung von Interaktionsprozessen zum Zwecke der Bildung, des Lernens und des Kompetenzerwerbs, sondern allenfalls um Anregungen, die von Seiten der Erziehenden ausgehen. Konkrete Fördermaßnahmen sind nicht vorgesehen. In der Konsequenz sieht Laewen eine „(Neu-)Bestimmung von Erziehung als Ermöglichung, Unterstützung und Herausforderung von konstruierender Aneignung" (S. 61 f.) durch das Kind.

Aufbauend auf der Trennung zwischen Erziehung und Bildung kommt Laewen auch zu einer lediglich über die Erziehung vermittelten Neubestimmung des Bildungsauftrags von Kindertageseinrichtungen: „Der Bildungsauftrag der Kindertageseinrichtungen würde in seiner allgemeinen Formulierung also lauten, die Bildungsprozesse der Kinder durch Erziehung zu beantworten und herauszufordern und durch Betreuung zu sichern" (S. 77).

Sofern also Bildung als Selbstbildung des Kindes aufgefasst und der Pädagogik allein Erziehungsaufgaben zugewiesen werden, handelt es sich bei diesem Konzept um keine Neubestimmung des Bildungsauftrags von Kindertageseinrichtungen. Entsprechend fehlt es auch an einer Bestimmung jener Kompetenzen, die Kinder in den Vorschuljahren entwickeln sollten. Schlüsselqualifikationen sind in diesem Konzept nicht enthalten.

Der zweite aus dem Modellprojekt „Zum Bildungsauftrag von Kindertageseinrichtungen" hervorgegangene Band (Laewen & Andres, 2002 b) ist praxisnäher orientiert und expliziert einige Aspekte, die im ersten Band weniger konkret aufscheinen; so beispielsweise die für ein Bildungskonzept zentrale Frage der Bildungsziele. Da Bildung als Selbstbildung begriffen wird, werden keine Bildungs-, sondern Erziehungsziele definiert. Laewen (2002 b) führt in seinem einleitenden Kapitel aus, dass Erziehungsziele auf dreifache Weise zu bestimmen seien. Zum einen müsse sich die Erzieherin ihre Überzeugungen bewusst machen und herausfinden, welche Ziele ihr persönlich wichtig seien. Der zweite Aspekt betrifft die Ziele der konkreten Einrichtung, die das Team klar formulieren und mit den Eltern abstimmen müsse. Zum dritten sei es die Aufgabe der Erzieherin, gesellschaftlich relevante Themen aufzuspüren und ihre Bedeutung für die Kinder und ihre Eltern zu erarbeiten. Dieses Konzept von Erziehungszielen ist somit ein rein subjektives, so dass keine Gewähr gegeben ist, dass die Ziele eine über die subjektiv eingeschätzte Relevanz hinausgehende Bedeutung haben.

Die in dem Band enthaltenen Arbeitsblätter (Laewen & Andres, 2002 c) orientieren sich ebenfalls an den subjektiven Einschätzungen der Erzieherinnen. Es werden acht Arbeitsblätter zu verschiedenen Themengebieten vorgestellt, wie z. B. „Erziehung als Gestaltung der Umwelt. Räume und komplexe Erfahrungen" oder „Erziehung als gestaltete Interaktion I. Den Kindern Themen zumuten" und „Erziehung als gestaltete Interaktion II. Die Themen der Kinder beantworten". Die Anleitungen für die Erzieherin unter dem Stichwort „Themen zumuten" lauten beispielsweise so:

> „Welche Wissens- und Erfahrungsbereiche will jede/r von uns ganz persönlich an die Kinder herantragen? Welche Kompetenzen brauchen Menschen unserer Meinung nach heute und in naher Zukunft? Welcher Bedarf an Fähigkeiten und Kenntnissen wird außerhalb unserer Kindertageseinrichtung von verschiedenen gesellschaftlichen Gruppen formuliert?

> Machen Sie diese Fragen auch in Elternabenden zum Thema. Um den Kindern Themen zumuten zu können, müssen Sie als Erzieherin also zunächst einmal für sich (gesellschaftlich legitimierbare) Themen formuliert haben." (Laewen und Andres, 2002b, S. 127).

Mit diesem Vorgehen wird gewissermaßen unter der Hand doch wiederum ein Kompetenzansatz in das vorgelegte Konzept eingeführt. Allerdings werden nicht solche Kompetenzen zu Bildungs- oder Erziehungszielen, über die bereits ein – in welchem Maße auch immer – verbindlicher gesellschaftlicher oder wissenschaftlicher Konsens besteht, sondern die Verantwortung für die Bildungsziele und -inhalte wird den Erzieherinnen bzw. der einzelnen Einrichtung übertragen.

Ebenfalls „unter der Hand" werden auch Bildungsziele im engeren Sinne (also in diesem Fall keine „Erziehungsziele") formuliert. Ein Arbeitsblatt trägt den Titel „Bildungsbereiche oder Die sieben Intelligenzen des Howard Gardner". Diesem Arbeitsblatt liegt die Intelligenztheorie Gardners (1991) zugrunde, der neben den in der Intelligenzdiagnostik üblichen großen Bereichen numerischer, sprachlicher und räumlicher Fähigkeiten zudem körperlich-kinästhetische, musische, interpersonal-soziale und intrapersonal-persönliche Fähigkeiten als Intelligenzdimensionen beschrieben hat. Ohne die Intelligenztheorie Gardners im engeren Sinne aufzugreifen, werden aus diesen Fähigkeitsgebieten Bildungsbereiche abgeleitet, die sich unter den Rubriken der sprachlichen, logisch-mathematischen, musikalischen, sozialen, praktischen und wissenschaftlichen sowie der Bewegungsintelligenz wiederfinden lassen. Eine Frage aus dem Bereich der wissenschaftlichen Intelligenz wäre beispielsweise „Bemerkt das Kind häufig Veränderungen oder kleine Details in seiner Umgebung?" (S. 174). Die Bejahungen in einer Liste solcher Fragen sollen von der Erzieherin für jeden Bildungsbereich addiert werden, um Stärken und Schwächen der Kinder identifizieren zu können und jedem Kind eine gezielte Förderung zukommen zu lassen. Zu der Frage, mit welchen Methoden eine Förderung in den einzelnen Gebieten erfolgen könnte, werden allerdings keine Aussagen getroffen. Durch die Arbeitsblätter werden somit Bildungsziele vorgegeben, obgleich in den theoretischen Erörterungen Bildungsziele im engeren Sinne verneint und durch das Konzept der Selbst-Bildung des Kindes und durch Erziehungsziele ersetzt werden. Auch ein Konzept, wie diese impliziten Bildungsziele erreicht werden können, liegt nicht vor.

Die Bände von Laewen und Andres (2002 a, 2002 b) zeigen letztlich – auch wenn gerade dies nicht intendiert ist –, dass für eine Neubestimmung des Bildungsauftrags von Kindertageseinrichtungen eine Eingrenzung von Bildungsinhalten und -zielen unerlässlich ist. Ebenfalls notwendig ist die Entwicklung von Methoden oder pädagogischen Arrangements, die das Erreichen von Bildungszielen sicherstellen. So schreiben die Autoren auch in einer Fußnote: „Gardner und sein Team haben ... ein Konzept entwickelt, das die Identifizierung von Kompetenzen und Interessen der Kinder mit der Förderung weniger entwickelter Bereiche verbinden will. Die Veröffentlichungen dazu liegen vorerst in englischer Sprache vor und sollen in einem Folgeprojekt zusammen mit anderen Konzepten ausgewertet werden" (Laewen & Andres, 2002 c, S. 175).

2.5.2 „Das Weltwissen der Siebenjährigen"

Einen Fachbeitrag, der auch die öffentliche Diskussion stark angeregt hat (zum Beispiel: Die Zeit, 11/2001), leistet Donata Elschenbroich mit ihrem Buch „Weltwissen der Siebenjährigen. Wie Kinder die Welt entdecken können". Elschenbroich geht der Frage nach „Was sollte ein Kind in seinen ersten sieben Jahren erfahren haben, können, wissen? Womit sollte es zumindest in Berührung gekommen sein?" (S. 15, S. 19).

Die Autorin hat, um Antworten auf diese Fragen zu finden, in mehr als drei Jahren mit über 150 Personen Gespräche zu dieser Thematik geführt. Bildungsexperten und Entwicklungspsychologen wurden ebenso befragt wie Eltern und Großeltern aus allen Sozialschichten und darüber hinaus Experten aus verschiedenen Berufssparten. Die Aussagen wurden zu einer Liste von 70 Punkten zusammengefasst, die so etwas wie einen Bildungskanon für 7-Jährige widerspiegeln und von Elschenbroich als „Bildungsgelegenheiten – Anregungen – Erfahrungen – Ahnungen – Fragen" (S. 28) bezeichnet werden. Diese Liste enthält Bildungs- und Wissensinhalte im engeren Sinne ebenso wie Primärerfahrungen („in einen Bach gefallen sein", „in einem Streit vermittelt haben") und erlebte Gefühle („die Spannung und Vorfreude empfunden haben, die von einem unbeschriebenen, unbemalten Blatt ausgehen kann"). So lauten die ersten sieben Punkte:

- „Die eigene Anwesenheit als positiven Beitrag erlebt haben. „Wenn du nicht wärst ...". „Da hast du uns gefehlt ..."
- gewinnen wollen und verlieren können
- wissen, was „schlecht drauf sein" bedeutet. (*Theory of Mind*) Hunger nicht mit Ärger verwechseln, Müdigkeit nicht mit Traurigkeit. Elementare psychosomatische Zusammenhänge ahnen: Bettnässen zum Beispiel hat mit Gemütsbewegungen zu tun
- einem Erwachsenen eine ungerechte Strafe verziehen haben
- Bilder für seelische Bewegung kennen. „Wie wenn ein Luftballon platzt ...", „ein Fass überlauft"
- eine Erinnerung daran haben, dass ein eigener Lernfortschritt in anderen Behagen auslöste
- dem Vater beim Rasieren zugeschaut haben." (Elschenbroich, 2001, S. 28)

Den Bedarf an einer solchen Liste leitet Elschenbroich aus der aktuellen Bildungsdiskussion einerseits und der aktuellen Lage der Kindergärten andererseits ab. So habe sich die Erwartung an die Vorschuljahre als einer elementaren Bildungszeit deutlich erhöht, wie beispielsweise in den Delphistudien deutlich werde. Die Bildungserwartungen, die nun auch an die Vorschulzeit gestellt werden, umfassten im Besonderen Schlüsselqualifikationen und die Fähigkeit zu lernen. Wie allerdings diese Fähigkeiten aufgebaut und gefördert werden können, bleibe unklar. Entsprechend attestiert die Autorin auch der aktuellen Kindergartenpädagogik verschiedene Mängel und kritisiert ihren untergeordneten Stellenwert in der Gesellschaft. Der Kindergarten selbst, in dem die Kinder, wie Elschenbroich betont, immerhin 4000 Stunden ihres Lebens verbringen, habe hier keine Konzepte anzubieten. Der in Deutschland verbreitete Situationsansatz (➤ Kap. 2.5.3) schränke die Bildungsmöglichkeiten mit seinem Grundsatz ein, dass nur das aufgegriffen wird, was die Kinder selbst einbringen. Denn damit seien sie von vornherein auf „den Zufall ihrer Geburt, ihrer Schicht" (S. 25) festgelegt. Darüber hinaus seien die Selbstselektion weniger qualifizierter junger Frauen in dieses Berufsfeld und die Fachschulausbildung der Erzieherinnen – „fern von Kunst und Wissenschaft" (S. 16) – gerade nicht geeignet, Bildung zu vermitteln.

Der Kanon, den Elschenbroich vorschlägt, wird nicht als vollständig oder erschöpfend und nicht als bei den Kindern abzuprüfende Liste verstanden, sondern als offene Anregung und als Selbstverpflichtung der Erwachsenen. Er ist ebenfalls kein Curriculum, wie der Entwicklungs- und Pädagogische Psychologe Franz Emanuel Weinert hervorhebt, den Elschenbroich für ihr Buch interviewt hat (S. 58 ff.). Er warnt sogar davor, aus einer solchen *Ad-hoc*-Liste ein Curriculum zu erstellen. An die erste Stelle für die Fundierung eines Curriculums setzt er demgegenüber jene entwicklungspsychologische Forschung, die aufgezeigt hat, in welchen Wissensdomänen Kinder bereits früh zum Lernen ausgestattet sind (➤ Kap. 4.1). Diese Befunde hat Elschenbroich nicht in ihre Liste aufgenommen. Und so macht Weinert auch den Unterschied zwischen dem Kanon und einem entwicklungspsychologisch fundierten Bildungskonzept mit den Worten deutlich „Also nicht, wie es in Ihrer Liste heißt ‚drei chinesische Schriftzeichen' schreiben können – es wäre mir ebenso lieb, wie es drei arabische sind. Die Erfahrung der Schrift, das ist das Entscheidende, die Erkenntnis, dass Inhalte und Bilder mithilfe von Zeichen wiedergegeben werden können" (S. 61). Damit drückt Weinert im Kern aus, warum dieser Kanon keine Grundlage für ein Bildungskonzept sein kann: Elschenbroich nennt die zugrunde liegenden Kriterien nicht, nach denen die Inhalte ihrer Liste einerseits ausgewählt wurden und nach denen sie andererseits für die Pädagogik sinn- und bedeutungsvoll sein können. Diese Kriterien und Grundsätze wären es aber, die zu einer Neukonzeptualisierung von Bildung im Elementarbereich führen könnten. So fehlen in der Liste ebenfalls – obwohl Elschenbroich die Bedeutung von Schlüsselqualifikationen im Text des Buchs wiederholt hervorhebt – Anregungen dafür, wie Kinder das Lernen lernen können. Zwei Aspekte lassen sich in der Liste allerdings identifizieren, die in diese Richtung gehen, nämlich „eine Erinnerung daran haben, dass ein eigener Lernfortschritt in anderen Behagen auslöste" und „Erfahrungen mit einem Experiment (geregelte Versuchanordnung) und mit Üben (systematisches Wiederholen von Abläufen)". Die Erfahrung selbst reicht allerdings bei weitem nicht aus, damit Kinder aus ihr einen Lerngewinn ziehen. Wie in Kapitel 5.3 gezeigt wird, verbuchen Kinder solche Erfahrungen im Vorschulalter nicht ohne weiteres als Lernprozesse. Damit Kinder im Vorschulalter die Bedeutung eines Experiments oder des Übens für das Lernen verstehen, sind spezifische pädagogische Interventionen notwendig, wie sie in Kapitel 5 dargestellt werden.

Das Buch von Elschenbroich ist für die Bildungsdiskussion im Elementarbereich sehr belebend, weil es aktuelle Mängel und für die Bildung von Kindern durchaus Erstrebenswertes allgemeinverständlich deutlich macht. Es zeigt allerdings keine Wege zur Behebung der Mängel auf und kann aus fachwissenschaftlicher Perspektive nicht als Grundlage für ein Bildungskonzept betrachtet werden.

2.5.3 Der Situationsansatz

Der Situationsansatz ist das in Deutschland gegenwärtig am häufigsten praktizierte Erziehungskonzept im Kindergarten. Der Begriff der Situation fand vor mehr als 30 Jahren Eingang in die Elementarpädagogik und wurde maßgeblich durch die Arbeiten von Jürgen Zimmer vom *Deutschen Jugend-In-*

stitut in München verbreitet. Im Kern vertritt Zimmer diesen Ansatz mit der Aussage, dass die Kindergartenarbeit von aktuellen Vorfällen, die die Kinder berühren und beschäftigen, ausgehen sollte. Das vorrangige Anliegen besteht darin, die Lebenssituation und das Umfeld des Kindes wahrzunehmen und intensiv in die Kindergartenarbeit einzubeziehen. Der Situationsansatz hat sowohl in theoretisch-wissenschaftlicher als auch in praktischer Hinsicht die elementarpädagogische Landschaft bis heute stark geprägt. Selbst Fernsehsendungen für Kinder im Vorschulalter, wie beispielsweise „Rappelkiste" oder „Karfunkel", sind durch den Situationsansatz beeinflusst, so dass er auch in der breiten Öffentlichkeit – wenn auch nicht immer bewusst – weitgreifend präsent ist.

Historisch geht der Ansatz auf die Arbeitsgruppe von Saul Robinsohn vom Max-Planck-Institut für Bildungsforschung zurück, die in der Zeit der Reform des Bildungswesens in den 60er und 70er Jahren in Westdeutschland curriculare Konzepte entwickelt hat. Robinsohn (1971) zufolge soll Bildung auf die Ausformung von „wirksamem" und „richtigem" Verhalten in der Welt abzielen. Das sehr weit gefasste Ziel der Reformgedanken Robinsohns bestand darin, den Lernenden dazu zu befähigen, Autonomie und soziale Gebundenheit zugleich zu praktizieren, in der materiellen und sozialen Umwelt zurecht zu kommen und Lösungen für neue Problemstellungen zu finden. Die Fundierung des Situationsansatzes in der Curriculumtheorie der Zeit der Bildungsreform führte dazu, dass er ursprünglich als ein Bildungsansatz angetreten ist und diesen Status bis heute proklamiert. Wie für die Schulen und Hochschulen sollten auch für den frühpädagogischen Bereich Bildungskonzepte entwickelt werden, die den Kindern und ihrer Lebenswelt gerecht werden. Im Vordergrund der Bemühungen stand zu jener Zeit das umfassende Ziel, Chancenausgleich und -gleichheit durch Bildung und in der Bildung zu erzielen.

Der Situationsansatz – durch den Zeitgeist seiner Entstehung stark geprägt – wurde seitdem mehrfach variiert und wird bis heute in Theorie und Praxis sehr verschieden interpretiert. Immer wieder sehen sich seine Vertreter zu Richtig- und Klarstellungen aufgefordert (z. B. Krenz, 1995; Zimmer, 2000 a) – und dies insbesondere seit es Mitte der 90er Jahre zu einer zunehmend kritischeren Auseinandersetzung mit dem Situationsansatz in der fachlichen Öffentlichkeit kam (z. B. Huppertz, 1995; Krappmann, 1995; Schäfer, 1995 b; Tietze & Roßbach, 1996). Auch Stimmen aus der Praxis zeigen, dass die Einschätzung seiner Effizienz und Tauglichkeit sehr unterschiedlich ausfällt (z. B. Raue, 1995; Küppers, 1995). Positiv wird vielfach hervorgehoben, dass der Ansatz auf die Situationen der Kinder eingeht, sie zum Ausgangspunkt der Pädagogik erhebt, und insofern als kindorientiert bezeichnet werden kann;

kritisiert wird oftmals die fehlende Genauigkeit in der Formulierung des Ansatzes, so dass er schwer vermittel- und umsetzbar erscheint. Hinzu kommt – zum Teil erleichternd, zum Teil erschwerend –, dass der Situationsansatz immer wieder umgeschrieben und aktualisiert wird, so dass er einerseits die nötige Flexibilität aufweist, auf aktuelle Veränderungen zu reagieren, andererseits in der Praxis aber eine langfristige Orientierung fehlt. Dieser letzte Aspekt ist umso gravierender, als auch aus neueren Texten nicht hervorgeht, inwieweit der Ansatz in der Wandlung seine Spezifika und Charakteristika bewahrt hat (z. B. Zimmer, 2000 a).

Krenz (1992) hebt den Bildungs- vom Erziehungsauftrag des Situationsansatzes ab. Den Erziehungsauftrag sieht Krenz vor allem in den komplexen modernen Lebenswelten begründet, die Kinder per se zu überfordern scheinen. Insofern wird angestrebt, eine kindorientierte Pädagogik zu realisieren, die den Kindern keine weiteren Angebote unterbreitet, sondern als eine „Aufarbeitungspädagogik" (S. 36) fungiert und den Kindern hilft, ihre Erfahrungen zu verarbeiten. Den Bildungsauftrag definiert Krenz demgegenüber wie folgt:

> „Der Bildungsauftrag des Kindergartens besteht in einer ganzheitlichen Unterstützung der Handlungs-, Bildungs-, Leistungs- und Lernfähigkeit von Kindern unter besonderer Berücksichtigung kultureller Werte und religiöser Erfahrungen. Dieser Bildungsauftrag ist nur einzulösen bei bewußter Ablehnung eines schulvorgezogenen Arbeitens und bei oberster Wertschätzung des Spiels." (S. 37)

Zum Begriff der Lernfähigkeit führt Krenz weiter aus:

> „Der Kindergarten ist [...] nicht ein Ort, an dem Kinder Wissen aufnehmen und an erster Stelle kognitiv gefördert werden, sondern die Grundlagen für ein kognitives Lernen erweitern. Der spätere Erfolg des schulischen Lernens hängt also davon ab, wie intensiv Kinder Neugierde und Motivation zur Verfügung haben, Spaß am Lernen zu entfalten." (S. 38)

In diesen Ausführungen wird deutlich, dass der Kindergarten einerseits als Vorbereitung für schulisches Lernen gesehen wird, aber andererseits diese Funktion nur erfüllen soll, soweit er motivationale Faktoren des Lernens fördern kann. Kognitive Förderung als vorrangiges Ziel wird abgelehnt, Kinder im Kindergarten werden weniger als kognitiv Lernende verstanden, vielmehr sollen ihnen die Grundlagen für späteres (kognitives) Lernen erst vermittelt werden. Kognitive und metakognitive Förderung ist diesen Ausführungen zufolge somit kein Anliegen des Situationsansatzes, sondern allenfalls ein Nebenprodukt bei der Arbeit nach diesem Ansatz.

Wie Krenz hebt jedoch auch Zimmer (2000b) in einer neueren Veröffentlichung hervor, dass der Situationsansatz „ausdrücklich einen Bildungsanspruch" (S. 42) erhebe und deshalb die pädagogischen Prozesse nicht allein auf soziales Lernen reduziere. Das Bildungspotenzial des Ansatzes sieht der Autor vor allem darin begründet, dass das Lernen an Schlüsselsituationen sich einerseits zur Aneignung „wissenschaftlichen" Wissens (S. 41), andererseits aber auch zum Erwerb von Erfahrungswissen eigne. Die Verbindung von sachbezogenem und sozialem Lernen wird auch von Kritikern positiv hervorgehoben und zum Beispiel von Fthenakis (2000) als innovativster Aspekt des Situationsansatzes eingeschätzt. Gerade unter dem Aspekt der Bildung betrachtet, greift aber auch die Kritik von Krappmann (1995) am Schlüsselbegriff des Situationsansatzes. Er bezeichnet es als „problematisch, den Ansatz nach der Situation zu benennen und nicht nach dem, worauf der doch wohl zielt, nämlich auf eine an grundlegenden Fähigkeiten orientierte Förderung der Kinder" (S. 116). Diese Aussage steht stellvertretend auch für andere Kritiker, die vor allem bemängeln, dass der Begriff der Situation vage bleibt, so dass das durch Zimmer (2000a, b) den Situationen attestierte Bildungspotenzial ebenfalls keine konkrete Anleitung erfährt. Denn was eine Situation als solche kennzeichnet, wird im Situationsansatz nicht definiert. So schreibt Zimmer (2000b) an Erzieherinnen gerichtet: „Was eine Situation ist, entscheiden letztendlich Sie. Sie müssen die Komplexität des Geschehens, das Sie beobachten, reduzieren und sagen: Das ist die Situation, die ich jetzt wichtig finde." (S. 29) Wie vor diesem Hintergrund das Bildungspotenzial einer Situation ausgeschöpft werden kann, bleibt somit ebenfalls unbestimmt. Vergleichbar beklagen auch Tietze und Roßbach (1996), dass in dem Projekt „Kindersituationen" (vgl. Heller, 1998; Wolf, 1998) jegliche Konkretisierung fehlt, so dass es in den Händen der einzelnen Erzieherin liegt, die Ziele für die pädagogische Arbeit zu bestimmen und auf die Situation zu beziehen.

Insofern entscheidet in der Praxis nicht das Konzept des Situationsansatzes darüber, was Kinder lernen sollen, sondern die individuelle Erzieherin. Was Kinder dann tatsächlich lernen, wenn sie nach dem Situationsansatz pädagogisch betreut werden, bleibt ebenfalls offen; denn einerseits ist im Situationsansatz nicht ausgeführt, inwiefern und auf welche Weise das Kind in die Bildungsprozesse einbezogen wird, und andererseits fehlt es an empirischen Untersuchungen, die aufzeigen, welche Kompetenzen sich durch den Situationsansatz fördern lassen. So gilt auch für die Evaluationsstudie im Rahmen des Projekts „Kindersituationen" (Wolf, Becker, Conrad & Jäger, 1998), dass sie die Frage nach den geförderten Kompetenzen nicht beantworten kann, weil nicht überprüft wurde, ob in der Praxis tatsächlich nach dem Situationsansatz gearbeitet wurde bzw. welche Facetten dieses umfassenden Konzepts von den Erzieherinnen aufgegriffen und realisiert wurden (s. a. Zimmer, 2000a).

Dass es an diesem für eine Evaluation unverzichtbaren Aspekt fehlte, kann auf die generelle operationale Unschärfe der im Situationsansatz verwendeten Begrifflichkeit und Konstrukte zurückgeführt werden. Es fehlt ein dezidiertes Lernkonzept; die Zielsetzungen der pädagogischen Praxis bleiben unbestimmt bzw. richten sich letztlich auf geradezu alle üblicherweise als wünschenswert angesehenen und sehr weit gefassten Ziele, wie zum Beispiel Kompetenzen und soziale Verantwortung stärken; und zuletzt sind auf dieser Grundlage die Voraussetzungen für eine Curriculumtheorie nicht gegeben. Denn diese müsste die Frage beantworten können, welches im Sinne Robinsohns (1971) „richtige" und „wirksame" Verhalten durch den Situationsansatz gefördert werden kann und durch welche Prozesse dies zu geschehen hat.

In seiner ausführlichen kritischen Auseinandersetzung mit dem Situationsansatz zieht Fthenakis (2000) das Resümee, dass der Ansatz sich in Konkurrenz zu einer Vielzahl anderer Curricula, sowohl in Deutschland als auch international, neu zu bewähren habe. Im Zentrum der Bewährung sollten eine klare theoretische Fundierung und die curriculare Weiterentwicklung stehen. Für die Neukonzeptualisierung von Bildungsqualität in Tageseinrichtungen für Kinder in Deutschland bietet der Situationsansatz somit keine hinreichende Grundlage.

2.6 Internationale Aspekte

2.6.1 Die OECD-Studie „Starting Strong"

Der OECD-Bericht „Starting Strong: Early Childhood Education and Care" wurde auf einer Konferenz, die im Juni 2001 in Stockholm stattgefunden hat, der Öffentlichkeit vorgelegt und von Experten diskutiert. Hintergrund des Berichts war die Tatsache, dass die frühkindliche Erziehung und Bertreuung (Early Childhood Education and Care) im letzten Jahrzehnt weltweit eine zunehmende politische Aufmerksamkeit erfahren hat.[1] Vorrangige Themen der politischen Diskussion sind der chancengleiche Zugang zu einer hochqualifizierten frühkindlichen Erziehung und Bildung für alle Kinder, so dass wesentliche Grundlagen für lebenslanges Lernen geschaffen werden können, die

---

1 In den Begriff der Erziehung (engl. education) ist das Konzept der Bildung in diesem Zusammenhang integriert; im angloamerikanischen Sprachgebrauch wird anders als in Deutschland zwischen Erziehung und Bildung nicht differenziert. Entsprechend werden im Folgenden beide Begriffe gemeinsam verwendet.

Gleichstellung der Geschlechter auf dem Arbeitsmarkt und die Bedürfnisse der Familien, die heute einer sozialen und erzieherischen Unterstützung bedürfen. Curricula und Programme der Früherziehung können unter diesen Gesichtspunkten zu einem chancengleichen Start der Kinder ins Leben *und* zur sozialen Integration auf gesellschaftlicher Ebene beitragen.

Angesichts dieser international auftretenden Aufgabenfelder bestand Informations- und Austauschbedarf darüber, wie die einzelnen Länder den Herausforderungen begegnen. Mit dieser Motivation hat das OECD-Bildungskomitee 1998 die Untersuchung der frühkindlichen Erziehungs- und Bildungspolitik ins Leben gerufen. Die Untersuchung wurde zwischen Herbst 1998 und Sommer 2000 durchgeführt. Insgesamt haben sich 12 Länder freiwillig beteiligt: in Europa Belgien, Dänemark, Finnland, Großbritannien, Italien, die Niederlande, Norwegen, Portugal, Schweden und die Tschechische Republik; außerhalb Europas die USA und Australien. Die Bundesrepublik war nicht vertreten.

Die Untersuchung folgt einem ganzheitlichen und breit gefächerten Ansatz, der die Frage in den Vordergrund stellt, wie die Politik, die Gemeinden, die Einrichtungen und die Familien dazu beitragen können, Lernen und Entwicklung junger Kinder zu fördern. Der Begriff der frühkindlichen Erziehung und Betreuung bezieht sich dabei auf alle Einrichtungen für Kinder unterhalb des Pflichtschulalters.

Auf der Grundlage des Berichts wurden in Stockholm drei Themenbereiche als aktuelle politische Aufgaben in den Vordergrund gerückt, die zugleich die wichtigsten Befunde des Berichts zusammenfassen (Stockholm Conference Report, 2001). Zum Ersten war man sich einig, dass in allen Ländern ausreichend Mittel für die Institutionen zur Verfügung gestellt werden müssen, die sich junger Kinder und ihrer Familien annehmen. Um ein nationales System qualitativ hochwertiger Dienstleistungen in diesem Sektor zu etablieren und aufrecht zu erhalten, sollten alle Regierungen die Bereitschaft zeigen, genügend Mittel zu investieren. Darüber hinaus sollten Strategien entwickelt werden, die eine effiziente Zuweisung von Ressourcen gewährleisten und eine Infrastruktur zur Verfügung stellen, die auch langfristig für Qualitätssicherung und -verbesserung sorgt. Sofern die Lebensstrukturen und Biographien in unserer Welt immer komplexer werden, wurde es als notwendig erachtet, zentrale und dezentrale Strukturen zu etablieren, die den Bedürfnissen aller Kinder und ihrer Familien gerecht werden.

Als zweites dringliches Problem wurde die Erziehung, Bildung und Betreuung der Kinder unter 3 Jahren eingeschätzt. Die bestehenden Erziehungs- und

Betreuungsstrukturen für diese Altersgruppe wurden als unzureichend und qualitativ minderwertig beurteilt. Die qualitativ hochwertige Versorgung der Kinder von 0 bis 3 Jahren gilt einerseits als notwendig, um allen Kindern einen chancengleichen Start zu ermöglichen, und andererseits, um die Gleichheit der Geschlechter auf dem Arbeitsmarkt zu fördern und eine verantwortliche Vereinbarkeit von Beruf und Familie sicher zu stellen.

Der letzte und dritte Bereich betrifft die Ausbildung der Fachkräfte. Es wurden Verbesserungen in der Auswahl, Ausbildung und Vergütung als notwendig erachtet, insbesondere für das Personal, das Kinder unter 3 Jahren versorgt. In nahezu allen Ländern lässt sich der Trend zu einer mindestens 3-jährigen Hochschulausbildung im Vorschulbereich beobachten. Darüber hinaus wird eine Qualitätsverbesserung durch partizipatorische Ansätze angestrebt, die das pädagogische Personal, die Eltern und die Kinder einbeziehen.

Der Bericht behandelt im Einzelnen
■ kontextuelle (zum Beispiel gesellschaftliche oder ökonomische) Faktoren, die auf die Politik im vorschulischen Bereich Einfluss nehmen,
■ aktuelle politische Entwicklungen im Bereich der Früherziehung und
■ politische Konsequenzen, die aus dem Vergleich der beteiligten Länder resultieren.

Qualitativ hochwertige Lerngelegenheiten für alle Kinder zu schaffen, ist in diesem Bericht eines der Kriterien, an denen die Bestandsaufnahme der gegenwärtigen Situation, die Beobachtung von Trends und Empfehlungen für die Zukunft gemessen werden. Der Bericht gibt Anhaltspunkte für die Gestaltung der Rahmenbedingungen in politischer, gesellschaftlicher, aber auch einrichtungsinterner Hinsicht; er stellt allerdings keine Vorschläge für ein Curriculum zur Verfügung.

Die meisten Länder haben Curricula entwickelt, die darauf abzielen, für alle betroffenen Altersgruppen in den Jahren vor der Einschulung eine qualitativ hochwertige Bildung zu gewährleisten. Die Programme selbst sind an den kulturellen und sozialen Bedingungen der Länder ausgerichtet und stellen Hilfe und Unterstützung für das pädagogische Personal und dessen Kommunikation mit Eltern und Kindern zur Verfügung. Es wird angestrebt, über die gesamte angesprochene Altersspanne hinweg und in allen Formen von Einrichtungen Kontinuität in den Lernprozessen der Kinder zu sichern. Lernprozesse werden dabei sehr breit definiert und umfassen in der Regel einen ganzheitlichen Ansatz, der die Entwicklung und das Wohlbefinden der Kinder in allen Bereichen fördert; eine Reduzierung auf Basiskompetenzen wie literarische oder mathematische Grundbildung ist in der Regel nicht vorge-

Kindergarten, Hort und Krippe

Kleine Auswahl aus dem Buchprogramm

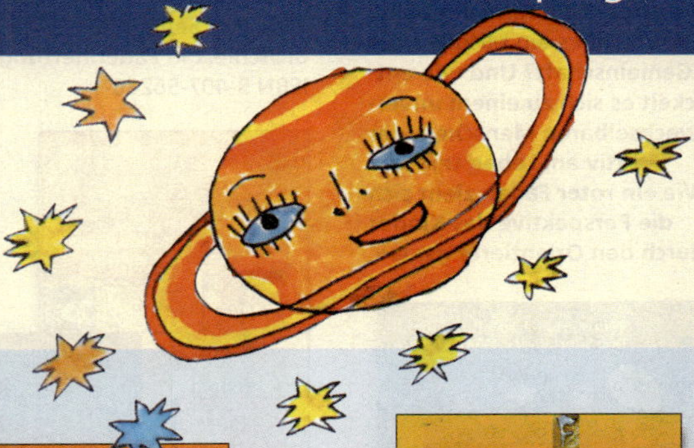

klein&groß

Dolmetschen
für ErzieherInnen

BELTZ

Mireille Hart

Astronomie –
ein Kinderspiel
Sonne, Erde, Mond

jour

Soir

La main à la pâte
Wissenschaft zum Anfassen

BELTZ

Beltz
Handwörterbuch
für Erzieherinnen
und Erzieher

BELTZ

BELTZ

Was will das Kind?
Was braucht es?
Wie erfährt ein Kind die Welt?
Wie wird es ein Mitglied der
Gemeinschaft? Und wie entwickelt es sich zu einem unver-
wechselbaren Menschen, der
aktiv am Leben teil hat?
Wie ein roter Faden zieht sich
die Perspektive des Kindes
durch den Orientierungsplan.

Ministerium für Bildung, Frauen
und Jugend, Rheinland-Pfalz
**Bildungs- und Erziehungs-
empfehlungen für Kindertagesstätten in Rheinland-Pfalz**
2004. 136 Seiten.
Broschiert in Fadenheftung.
ISBN 3-407-56286-1

Ministerium für Kultus, Jugend
und Sport Baden-Württemberg
**Orientierungsplan für Bildung
und Erziehung für die baden-
württembergischen Kindergärten**
Pilotphase. 2005. 128 Seiten.
Broschiert in Fadenheftung.
ISBN 3-407-56338-8

Bayerisches Staatsministerium für
Arbeit und Sozialordnung, Familie
und Frauen / Staatsinstitut für
Frühpädagogik, München
**Der Bayerische Bildungs- und
Erziehungsplan für Kinder in Tages-
einrichtungen bis zur Einschulung**
2., akt. und erw. Auflage 2005.
488 S. Broschiert in Fadenheftung.
ISBN 3-407-56264-0

»In Kindergarten und Grundschule ist das Kind auf wunderbare Weise empfänglich für die Naturwissenschaften: sie ihm zu zeigen, entwickelt seine Persönlichkeit, seine Intelligenz, seinen kritischen Geist und sein Verhältnis zur Welt.« Zusammen mit zahlreichen Kollegen entwickelte Georges Charpak das Projekt »la main à la pâte – Wissenschaft zum Anfassen«.

Ist die Astronomie ein Kinderspiel? Wenn man den pädagogischen Weg einschlägt, den Mireille Hartmann vorschlägt, wird man diese Frage am Ende bejahen.

Mireille Hartmann
Astronomie – ein Kinderspiel. Kometen, Planeten, Sterne
2006. Ca. 224 Seiten. Broschiert.
ISBN 3-407-56337-X

Georges Charpak
Wissenschaft zum Anfassen – Naturwissenschaften in Kindergarten und Grundschule
2006. Ca. 160 Seiten. Broschiert.
ISBN 3-407-56339-6

Mireille Hartmann
Astronomie – ein Kinderspiel. Sonne, Erde, Mond
2006. Ca. 208 Seiten. Broschiert.
ISBN 3-407-56336-1

Nationale Qualitätsinitiative

Das Buch ergänzt den Kriterienkatalog um eine Anleitung zur gezielten Verbesserung der Einrichtungsqualität. Die Materialien begleiten und unterstützen Leitungskräfte und Teams auf dem Weg der systematischen Qualitätsentwicklung von der Selbsteinschätzung bis zur Dokumentation und Sicherung des Erreichten.

Wolfgang Tietze/
Susanne Viernickel (Hrsg.)
Pädagogische Qualität in Tageseinrichtungen für Kinder
Ein nationaler Kriterienkatalog
2., unveränd. Aufl. 2003.
280 Seiten. Broschiert.
ISBN 3-407-56251-9

Mit diesem Qualitätskriterienkatalog liegt ein umfassendes und konzeptübergreifendes Kompendium für »best practice« in Betreuung, Bildung und Erziehung in Kindertageseinrichtungen vor. Die Qualitätskriterien sind 20 Bereichen zugeordnet (z.B. Ruhen und Schlafen, Sicherheit, Bewegung) und berücksichtigen systematisch zentrale Gesichtspunkte pädagogischer Arbeit.

Wolfgang Tietze (Hrsg.)
Pädagogische Qualität entwickeln
Praktische Anleitung und Methodenbausteine für Bildung, Betreuung und Erziehung in Tageseinrichtungen für Kinder von 0 – 6 Jahren
2004. 260 S. Broschiert.
Mit CD-ROM.
ISBN 3-407-56267-5

Rainer Strätz u.a.
Qualität für Schulkinder in Tageseinrichtungen
Ein nationaler Kriterienkatalog
2004. 144 S. Broschiert.
Mit CD-ROM
ISBN 3-407-56294-2

Der Bedarf an Angebotsstrukturen für Schulkinder steigt – neue Angebotsformen ergänzen das klassische Angebot des Hortes. Die Arbeitsgruppe um Rainer Strätz hat Bewertungsmaßstäbe und Instrumente entwickelt, damit die Qualität der unterschiedlichen Angebote festgestellt und weiterentwickelt werden kann. Alle Materialien nun auch auf CD-ROM.

sehen, diese Bereiche sind aber auch nicht ausgeschlossen. Der Trend geht entsprechend zu offenen und flexiblen Curricula, die in Kooperation von pädagogischem Personal, Eltern und Kindern erarbeitet werden und verschiedene methodische und pädagogische Ansätze zulassen. Auf diese Weise wird eine Anpassung an lokale Umstände und Bedürfnisse gewährleistet. Eine erfolgreiche Implementierung dieser Curricula erfordert eine entsprechende Unterstützung des Personals, dessen Fort- und Weiterbildung sowie strukturelle Bedingungen, die pädagogisch hochwertige Ansätze in der Praxis ermöglichen.

Eine der Konsequenzen für die Politik wird darin gesehen, dass eine starke und auf Gleichheit beruhende Partnerschaft mit den Einrichtungen für Kinder im Vorschulalter das lebenslange Lernen von Geburt an fördert. Weiche und behutsame Übergänge im Bildungssystem, dem der Vorschulbereich zugerechnet wird, werden angestrebt; der Bereich der Früherziehung soll explizit als ein wesentlicher Bestandteil des Bildungsprozesses von Kindern angesehen werden. Eine gleichberechtigte und starke Partnerschaft zwischen Politik und Früherziehung ermöglicht es, die unterschiedlichen Sichtweisen und Methoden des Elementar- und des schulischen Systems so zusammenzubringen, dass die Stärken beider Ansätze voneinander profitieren können.

2.6.2 Qualität in der Kindertagesbetreuung

Die pädagogische Qualität von Tageseinrichtungen für Kinder und ihre Auswirkungen auf das Wohl und die Entwicklung von Kindern ist eine Thematik, die internationalen Rang gewonnen hat, wie die OECD-Studie „Starting Strong" beispielhaft zeigt. Sie wird in nahezu allen Industrienationen diskutiert und genießt zunehmend auch in wissenschaftlichen Untersuchungen Beachtung. Das Interesse richtet sich einerseits darauf, Qualitätsstandards und -ziele zu definieren und andererseits auf die Möglichkeiten, diese festzustellen und Systeme zu ihrer Sicherung zu entwickeln (Fthenakis & Textor, 1998; Fthenakis & Oberhuemer, in Druck; Hartmann, Stoll, Chisté & Hajszan, 2000; Moss & Pence, 1994; Tietze, 1998). Bisher bezieht sich die Qualitätsdiskussion allerdings vorwiegend auf die Aspekte Erziehung und Betreuung. Bildungsqualität ist ein relativ neues Feld, für das bisher keine empirischen Untersuchungen vorliegen. Gleichwohl enthält auch die Forschung zur Erziehungs- und Betreuungsqualität wertvolle Hinweise darauf, welche Faktoren der Tagesbetreuung im Besonderen für die kognitive und sprachliche Entwicklung der Kinder förderlich sind. Inhaltlich definierte Lernprozesse haben dabei bislang allerdings keine Berücksichtigung gefunden. So hat sich auch die erste groß angelegte empirische Untersuchung in Deutschland, die Tietze 1998 vorgelegt hat, auf in der Frühpädagogik anerkannte Entwicklungsziele konzentriert, die den Aspekten der Erziehung und Betreuung verpflichtet sind, ohne Bildungsprozesse im engeren Sinne einzubeziehen. Untersucht wurden die Bewältigung von Alltagssituationen, soziale Kompetenz und die Sprachentwicklung.

Im internationalen Feld war die Qualitätsdiskussion in den 80er Jahren überwiegend durch den Versuch geprägt, allgemeingültige Schlüsselelemente oder Standards einer qualitativ hochwertigen Betreuung zu finden (Doherty, 1991; Doherty-Derkowski, 1995; Goelman & Pence, 1987; Kagan & Cohen, 1996). Einrichtungen, die solchen Standards entsprachen, erzielten entsprechend hohe Werte auf gängigen Messinstrumenten wie zum Beispiel der „Early Childhood Environment Rating Scale" (Harms & Clifford, 1980) und der „Day Care Home Environment Rating Scale" (Harms & Clifford, 1982). Diese Vorgehensweise wurde in den 90er Jahren zunehmend kritisiert und relativiert, indem der Blick auf kontext- und kulturspezifische Aspekte der Qualität sowie auf Aspekte der individuellen kindlichen Entwicklung gelenkt wurde; die Diversität der Einrichtungen und Individuen sollten Berücksichtigung finden (Bernhard et al., 1996; Kagitcibasi, 1996; Katz, 1996; Lubeck, 1996; Moss & Pence, 1994; Nsamenang, 1992; Stott & Bowman, 1996).

Fthenakis (1998) hebt hervor, dass sich Erziehungsqualität vor dem Hintergrund der bisherigen Qualitätsdiskussion aus drei unterschiedlichen Perspektiven bestimmen lässt.

- Als ein *relativistisches Konstrukt* wird Qualität als Ausbalancierung der unterschiedlichen Bedürfnisse, Überzeugungen und Wertorientierungen von Erziehenden, Kindern und der sozialen Gemeinschaft verstanden. In diesem Sinne ist Qualität ausschließlich auf der Basis sozialer und demokratisch organisierter Klärungsprozesse zu verstehen, die Qualitätsmerkmale immer wieder neu bestimmen.
- Als ein *dynamisches Konstrukt* bezieht sich Qualität auf verschiedene Veränderungsprozesse. Neben gesellschaftlichen Wandlungen werden beispielsweise auch Generationenunterschiede berücksichtigt. Die kontinuierlichen sozialen Wandlungen machen es notwendig, die Anliegen unterschiedlicher Interessensgruppen immer wieder in Übereinstimmung zu bringen.
- Qualität als *mehrdimensionales, strukturell-prozessuales Konstrukt* dient sowohl der Bestimmung von strukturellen wie auch interaktionalen Dimensionen des Erziehungsprozesses. Praktisch wird Qualität in diesem Sinne als Selbstevaluation und Selbstreflexion des pädagogischen Personals bestimmt.

Die vorliegende Forschung ist vielfach noch der Qualitätsauffassung der 80er Jahre verpflichtet. Sie zeigt jedoch eindrucksvoll, dass das Wohlbefinden und die Entwicklung von Kindern in frühpädagogischen Betreuungseinrichtungen durch Qualitätsdimensionen maßgeblich beeinflusst werden. In der internationalen Literatur stehen drei Qualitätsmerkmale im Vordergrund:

■ *Strukturelle Qualitätselemente* sind beispielsweise die Art der Betreuungseinrichtung, Gruppengröße und Betreuerschlüssel sowie das Ausbildungsniveau der Erzieherin.
■ *Kontextuelle Qualitätselemente* umfassen den Verwaltungsstil der Leitung, Organisationsform und -klima, die Arbeitsbedingungen und Gehälter, die Art und den Umfang der finanziellen Zuwendungen sowie die Vorgaben von Seiten des Staates.
■ Unter der *Prozessqualität* sind die alltäglichen Erfahrungen des Kindes in der Betreuungseinrichtung zu verstehen. Untersucht wurden bisher die Interaktion zwischen Erzieherin und Kind, die Art und der Variationsreichtum an Erfahrungen, die dem Kind ermöglicht werden, die Stabilität im Betreuungsverhältnis sowie der Einbezug der Eltern.

In der deutschsprachigen Literatur kommt zudem seit der Einführung durch Tietze (1998) die *Orientierungsqualität* hinzu, die sich auf die pädagogischen Vorstellungen, Werte und Überzeugungen der an den pädagogischen Prozessen unmittelbar beteiligten Erwachsenen bezieht (vgl. auch Hartmann et al., 2000).

Die Dimensionen der Qualität in der Kindertagesbetreuung wirken sich nachweislich auf die Entwicklung und das Wohlbefinden der Kinder aus. Darüber hinaus gibt es weitere Gründe, die für eine Qualitätssicherung in der Tagesbetreuung sprechen. So sind die ersten 6 Lebensjahre insgesamt für die weitere Entwicklung der emotionalen, sozialen, körperlichen, sprachlichen und kognitiven Prozesse entscheidend (Doherty, 1997). Die sozialen Wandlungsprozesse haben zu Veränderungen in den Familienstrukturen geführt, so dass es Phänomene wie alleinerziehende Mütter und Väter sowie die Berufstätigkeit beider Elternteile notwendig machen, Kinder in Tageseinrichtungen unterzubringen. Lernerfahrungen, die Kinder in traditionellen Familienstrukturen zu Hause erwerben konnten, müssen nun in Einrichtungen ermöglicht werden. Dennoch kann auch ein entwicklungsförderlicher Familienhintergrund eine niedrige Erziehungsqualität in der Tageseinrichtung nicht kompensieren (zum Beispiel Howes, 1990; Peisner-Feinberg & Burchinal, 1997).

In Deutschland wurde die elementarpädagogische Diskussion um Qualität zunächst insbesondere unter Merkmalen der Strukturqualität geführt. Dass Variablen wie Gruppengröße oder Betreuerschlüssel sich tatsächlich maßgeblich auf die kognitive und sonstige Entwicklung der Kinder auswirken, zeigt eine Reihe von Studien eindrucksvoll (zum Beispiel Howes, Smith & Galinsky, 1995; Helburn, 1995). Für die kognitive Entwicklung und die Förderung von Bildungsprozessen sind aber Merkmale der Prozessqualität von besonderer Relevanz. Denn es sind nicht nur spezifische Interaktionsformen, die die kognitive und sprachliche Entwicklung von Kindern fördern, sondern darüber hinaus sind Wissenserwerb und bildungsbezogene Lernprozesse von Kindern auf soziale Ko-Konstruktion angewiesen. Will man also in Deutschland die Qualität der Tageseinrichtungen im Hinblick auf ihr Bildungspotenzial verbessern, so sind die Erzieherin-Kind-Interaktion sowie weitere Prozessmerkmale zu berücksichtigen. In der internationalen Literatur lassen sich die folgenden Aspekte der Prozessqualität identifizieren:

- Erzieherin-Kind-Interaktion
- Entwicklungsangemessene und anregungsreiche Erfahrungswelten
- Stabilität in der Betreuung durch die Erzieherin
- Beteiligung der Eltern

Die Erzieherin-Kind-Interaktion

Das Schlüsselmerkmal einer qualitativ hochwertigen Erziehung und Betreuung bildet die Erzieherin-Kind-Interaktion (Howes & Galinsky, 1995). In internationalen Studien konnten deutliche Zusammenhänge zwischen der Interaktionshäufigkeit von Erzieherin und Kind und der Entwicklung des Kindes hergestellt werden. Kinder, deren Kontakt zur Erzieherin eingeschränkt ist, erkunden ihre Umwelt weniger aktiv und verbringen mehr Zeit mit ziellosem Umherwandern. Sie befinden sich sowohl im Spiel als auch in der sprachlichen Entwicklung auf einem niedrigeren Entwicklungsniveau als Kinder in einer guten Interaktionsstruktur (Lamb, Hwang, Broberg & Bookstein, 1988; Ruopp, Travers, Glantz & Coelen, 1979; Whitebook, Howes & Phillips, 1990).

Sensitivität und Responsivität

Sensitivität und Responsivität sind Verhaltensmerkmale, die für eine entwicklungsförderliche Erzieherin-Kind-Interaktion von besonderer Bedeutung sind. Eine sensitive Erzieherin verhält sich dem Kind gegenüber einfühlsam und unterstützend, und sie beachtet die Stimmung sowie die jeweilige Situation, in der sich das Kind befindet. Eine responsive Erzieherin ist aktiv mit dem Kind befasst und befindet sich mit ihm in einem fortdauernden gegenseitigen Austausch. Responsivität der Erzieherin zeigt sich, wenn sie das Kind ermutigt, seine Ideen und Gefühle auszudrücken, sensibel auf die verbalen und nonverbalen Hinweise des Kindes reagiert, es bei seinen Aktivitäten ermutigt und ihm Fragen stellt, die es zu eigenen Aktivitäten und zum Nachdenken anregen. Allgemeine Aufmunterungen und Ermutigungen des Kindes, etwas zu wagen, sowie sein aktiver Einbezug in soziale Spiele gehören ebenfalls zur Responsivität der Erzieherin.

Es konnte mehrfach belegt werden, dass Kinder unter der Aufsicht von sensitiven und responsiven Erzieherinnen mit höherer Wahrscheinlichkeit eine sichere Bindung zur Erzieherin ausbilden (Helburn, 1995; Galinsky, Howes, Kontos & Shinn, 1994; Whitebook et al., 1990; Goossens & van Ijzendoorn, 1990; Howes & Hamilton, 1992). Eine hohe Bindungssicherheit ist von besonderer Bedeutung, weil Kinder sich nur in einem Umfeld störungsfrei entwickeln und aktiv lernen, in dem sie sich sicher und geborgen fühlen (Howes & Galinsky, 1995). Weitere Studien berichten, dass Kindergartenkinder unter der Aufsicht von sensitiven und responsiven Erzieherinnen stärker an der aktiven Erkundung ihrer Umwelt beteiligt sind, was wiederum ihre Lernmöglichkeiten erhöht (Anderson, Nagle, Roberts & Smith, 1981; Rubenstein & Howes, 1979; Ruopp et al., 1979; Whitebook et al., 1990). Sie zeigen mehr positive Verhaltensweisen in der Gruppe der Gleichaltrigen, insgesamt mehr Sozialkompetenz sowie eine fortgeschrittenere sprachliche und kognitive Entwicklung. Diese Ergebnisse treffen nicht nur für institutionelle, sondern auch für familiale Betreuungsformen zu (Anderson et al., 1981; Carew, 1980; Clarke-Stewart, 1987; Galinsky et al., 1994; Helburn, 1995; Holloway & Reichhart-Erikson, 1988; Melhuish, Mooney, Martin & Lloyd, 1990; Rubenstein & Howes, 1979; Rubenstein & Howes, 1983; Ruopp et al., 1979; Tzelepis, Giblin & Agronow, 1983; Whitebook et al., 1990).

Interesse und Engagement der Erzieherin

Interesse und Engagement der Erzieherin spiegeln sich unmittelbar im Verhalten der Kinder wider: Kinder, deren Erzieherinnen aktives Interesse an den kindlichen Aktivitäten zeigen und ihnen hinreichend Unterstützung zukommen lassen, zeigen ein ausgeprägtes und angstfreies Explorationsverhalten, vermehrt selbstinitiiertes Spielen, positive Interaktionen mit Gleichaltrigen, mehr Sozialkompetenz sowie eine fortgeschrittenere sprachliche und kognitive Entwicklung. Darüber hinaus sind diese Kinder eher aufgaben- als ich-orientiert, d. h. sie konzentrieren sich bei ihren Aufgaben nicht auf persönlichen Erfolg oder Misserfolg, sondern auf die Sache selbst, mit der sie sich beschäftigen. Aufgabenorientierte Kinder sind weniger schnell frustriert und insgesamt in ihren Lernprozessen motivierter und somit erfolgreicher (Anderson et al., 1981; Clarke-Stewart, 1986; Golden, Rosenbluth, Grossi, Policare, Freeman & Brownlee, 1978; Howes, 1990; Ruopp et al., 1979; Whitebook et al., 1990).

Ermutigung zum sprachlichen Austausch

In mehreren Studien konnte ein Zusammenhang aufgezeigt werden zwischen der Häufigkeit von Informationsaustausch und verbaler Stimulation einerseits sowie der sprachlichen und sozialen Entwicklung andererseits. Die Forschung legt nahe, dass der Schlüssel zur Förderung der sprachlichen Entwicklung in einer gemeinsamen Aufmerksamkeitsfokussierung von Erwachsenem und Kind auf eine Aktivität oder ein Objekt liegt, wobei ein fließender und wechselseitiger Austausch von Informationen und Ideen stattfindet (Carew, 1980; Clarke-Stewart, 1987; Golden et al., 1978; McCartney, 1984; Melhuish et al., 1990; Phillips, McCartney & Scarr, 1987; Rubenstein & Howes, 1983; Ruopp et al., 1979). Dieser Befund aus der frühpädagogischen Forschung deckt sich mit Untersuchungen der kognitiven Entwicklungspsychologie, die zeigen, dass verbale Interaktion und ein sensibles, maßgeblich von Seiten der erwachsenen Bezugsperson ausgehendes Sich-aufeinander-Einstellen die kognitive und sprachliche Entwicklung stimulieren (vgl. Bloom, 1998).

Reziproke statt direktive und restriktive Interaktion

Direktives Verhalten der Erzieherin zeichnet sich dadurch aus, dass das Kind in erster Linie Anweisungen von der Erzieherin erhält und dabei wenig Rücksicht auf seine individuellen Bedürfnisse und Wünsche genommen wird. So schlägt sich zum Beispiel ein Interaktionsstil, in dem Diskussionen darüber üblich sind, was das Kind in einer spezifischen Situation tun möchte, in deutlich mehr gegenseitigem verbalem Austausch zwischen Erzieherin und Kind nieder. Solche Interaktionen stimulieren nachweisbar die Sozialkompetenz wie auch die Sprachentwicklung des Kindes, während direktive und restriktive Umgangsformen zu Benachteiligungen in der sprachlichen und kognitiven Entwicklung führen (Berk, 1986; Bryant, Peisner-Feinberg & Clifford, 1993; Carew, 1980; Clarke-Stewart, 1987; Golden et al., 1978; McCartney, 1984; Melhuish et al., 1990; Phillips et al., 1987; Rubenstein & Howes, 1983; Ruopp et al., 1979; Whitebook et al., 1990).

Wertschätzung und Berücksichtigung kultureller Differenz

Kinder aus unterschiedlichen Kulturen sehen und interpretieren die Vorgänge der Welt auf unterschiedliche Weise, sind unterschiedliche soziale Organisationsformen gewöhnt, verwenden unterschiedliche Sprachmuster, verfügen über unterschiedliche Lernstile und zeigen unterschiedliche Konzepte angemessenen Verhaltens. Ein effektiver und qualitativ hochwertiger Umgang der Erzieherin erfordert das Verständnis und die Wertschätzung kultureller Unterschiede sowie die Fähigkeit, die erzieherische Praxis an die unterschiedlichen Kinder anzupassen (Phillips, 1995).

Entwicklungsangemessene und anregungsreiche Erfahrungswelten

Wenn es für die Kinder einen alltäglich-vorhersehbaren, d. h. routinierten Ablauf des Tagesgeschehens gibt, der zugleich genügend flexiblen Raum für ihre individuellen Aktivitäten zulässt, so wirkt sich dies besonders positiv auf ihre sprachliche und kognitive Entwicklung aus (Carew, 1980; Clarke-Stewart & Gruber, 1984; McCartney, 1984; Ruopp et al., 1979; Smith & Connolly, 1986). Die von der Erzieherin ausgewählten Aktivitäten sollten dem Entwicklungsstand der Kinder angemessen sein, d. h. dass die Kinder sich insbesondere angeregt fühlen sollten, ihre Umwelt aktiv zu erkunden. Zudem sollten die kulturellen und anderweitigen Erfahrungen der Kinder sowie ihre Interessen ausdrücklich Berücksichtigung finden (Bredekamp & Rosegrant, 1992). Werden diese Faktoren beachtet, so zeigen die Kinder mehr Kreativität, positivere Interaktionen mit Gleichaltrigen und eine fortgeschrittenere Sprachentwicklung. Befinden sich Kinder in Einrichtungen, in denen auf die entwicklungsspezifischen und kulturellen Unterschiede keine Rücksicht genommen wird, so zeigen sie vermehrt emotionale Belastungsreaktionen und unkoordiniertes Verhalten, das auf Stress hinweist (Burts, Hart, Charlesworth, Fleege, Mosley & Thomasson, 1992; Hirsh-Pasek, Hyson & Rescoria, 1990; Whitebook et al., 1990).

Einfühlsame entwicklungsgemäße Praktiken im Umgang mit den Kindern werden vor allem dann von Erzieherinnen gezeigt, wenn sie über eine hochwertige Ausbildung verfügen, ein angemessener Betreuerschlüssel gegeben ist, sie in kleineren Kindergruppen arbeiten können und sie insgesamt mit ihrer Arbeit zufrieden sind. Qualitativ hochwertige Programme in diesem Sinne zeichnen sich dadurch aus, dass den Kindern verschiedene Spielumfelder zur Verfügung gestellt werden, in die die Erzieherinnen insofern aktiv eingreifen, als sie das Spiel der Kinder erweitern, ihnen helfen, es auszuarbeiten – beispielsweise indem sie kurze Hinweise geben oder entsprechende Materialien zur Verfügung stellen – und insgesamt den Spielraum der Kinder wenig einengen (Dunn, 1993; Friesen, 1992; Phillips, Howes & Whitebook, 1991; Whitebook et al., 1990).

Stabilität in der Betreuung durch die Erzieherin

Eine sichere Bindung des Kindes an einen Fürsorge tragenden Erwachsenen ist seine Basis, von der aus es die Menschen und Dinge in seiner Umwelt angstfrei und neugierig erkunden kann. Die Entwicklung einer derartigen Bindung beruht auf einer stabilen und kontinuierlichen Anwesenheit der Erzieherin, die ihrerseits unmittelbar und sensitiv auf die Bedürfnisse des Kindes eingeht. Ein in diesem Sinne stabiles Betreuungsverhältnis führt zugleich dazu, dass die Erzieherin jedes einzelne Kind zunehmend besser kennt und ihm individuell angemessen begegnet. Eine stabile Anwesenheit der Erzieherin äußert sich in weniger Stressverhalten auf Seiten der Kinder bei der morgendlichen Abgabe und in häufigeren und intensiveren Interaktionen zwischen Erzieherin und Kind (Cummings, 1980; Howes & Rubenstein, 1985, Phillips et al., 1987). Kinder in einer stabilen Betreuungssituation sind zudem aktiver in die Interaktionen mit den Gleichaltrigen eingebunden (Howes, Rodning, Galluzzo & Myers, 1988). 4-jährige Kinder, die bis zu diesem Alter eine kontinuierliche Betreuung erfahren haben, zeigen weniger aggressive Verhaltensweisen als Gleichaltrige, die zwischen dem 18. und 24. Lebensmonat einen Wechsel in der Betreuung erlebt haben (Howes & Hamilton, 1993).

Darüber hinaus belegen drei Studien, dass ein häufiger Wechsel in der Mitarbeiterschaft in Verbindung mit der Interaktionsqualität zwischen Erzieherin und Kind steht (Helburn, 1995; Kontos & Fiene, 1987; Phillips et al., 1987). Eine weitere Studie zeigt, dass Kinder aus Einrichtungen mit einem hohen Personalwechsel in den vergangenen 12 Monaten weniger Bindungssicherheit aufwiesen, mehr Zeit mit ziellosem Umherwandern verbrachten sowie im Spielverhalten weniger elaboriert und in der sprachlichen Entwicklung weniger vorangeschritten waren (Whitebook et al., 1990).

Ein häufiger Personalwechsel ist vielfach durch Arbeitsunzufriedenheit der Erzieherinnen bedingt. Die Arbeitszufriedenheit korrespondiert mit Faktoren wie Einkommen, Arbeitsbedingungen wie dem Betreuerschlüssel, Mitbestimmungsmöglichkeiten in administrativen Angelegenheiten und der Programmentwicklung sowie mit dem Ausmaß an Unterstützung von Seiten der Einrichtungsleitung (Kontos & Stremmel, 1988; Maslach & Pines, 1977; Stremmel, 1991; Whitebook et al., 1990; Whitebook, Howes, Darrah & Friedman, 1982).

Kinder, die häufiger die Betreuungseinrichtung gewechselt haben, zeigen im Umgang mit Gleichaltrigen weniger Sozialkompetenz (Howes & Stewart, 1987). Eine Studie berichtet, dass die Stabilität in der Betreuung einen Vorhersagewert für den Schulerfolg in der ersten Klasse hat. Kinder, die keinen

Wechsel erleben, erzielen also in der ersten Klasse bessere Leistungen als ihre Klassenkameraden, die die Einrichtung gewechselt haben (Howes, 1988).

Beteiligung der Eltern

Ein von Respekt und Vertrauen geprägtes Verhältnis und eine gute Zusammenarbeit der Erzieherinnen mit den Eltern wirkt sich positiv auf die Entwicklung des Kindes aus. Die Kinder zeigen eine erhöhte Sozialkompetenz, die sich in positiven Interaktionen im Kindergarten, und zwar sowohl mit dem Betreuungspersonal als auch mit anderen Kindern niederschlägt (Smith & Hubbard, 1988).

In Einrichtungen, die eine hohe Gesamtqualität in allen Variablen (Struktur, Kontext, Prozess) aufweisen, wird in der Regel auch ernsthaft und intensiv Elternarbeit betrieben. Für die Eltern gibt es in diesen Einrichtungen vielfache Möglichkeiten der Einflussnahme, so zum Beispiel in Form eines Elternbeirats. Das pädagogische Personal und die Leitung der Einrichtung entscheiden letztlich darüber, wie die Elternarbeit gelingt; an ihnen liegt es, ob sich die Eltern willkommen, wertgeschätzt und als gleichberechtigt akzeptiert fühlen (Friesen, 1992; Howes, 1988).

2.6.3 Die internationale Curriculumdiskussion

Die internationale Curriculumdiskussion ist seit den 80er Jahren vor allem durch das Konzept der *entwicklungsangemessenen Praxis* (developmentally appropriate practice) geprägt. Wurde unter Entwicklungsangemessenheit zunächst vor allem verstanden, die frühpädagogische Arbeit so auf entwicklungspsychologische Befunde abzustellen, dass alle Kinder ihrem Entwicklungsstand gemäß gefördert werden können (Bredekamp, 1987), wurde sie zunehmend im Sinne einer kulturellen sowie dem Geschlecht und möglichen Behinderungen angepassten Praxis erweitert. Im Blickpunkt steht dabei das ganze Kind mit seiner physischen, kognitiven, sozialen und emotionalen Entwicklung (Bredekamp & Copple, 1997).

Mit der Ausarbeitung des Konzepts der entwicklungsangemessenen Praxis und im Verbund mit der Qualitätsdiskussion trat ein weiterer Schwerpunkt in den frühkindlichen Curricula auf, nämlich die Berücksichtigung des *pädagogischen Prozesses* und der *Interaktion* zwischen Erzieherin und Kind bzw. Kind und Kind. Die Bedeutung der Interaktion wurde insbesondere für die soziale und emotionale Entwicklung herausgestellt (z. B. Gestwicki, 1999), bekommt aber zunehmend auch eine Bedeutung im Zusammenhang mit der kognitiven Entwicklung, und zwar insbesondere in Curricula, die sich auf sozialkonstruktivistische Theorieansätze stützen (z. B. Berk & Winsler, 1995; Elgas, Lynch, Hieronymus & Moomaw, 1998; Elgas, Rioux, Struewing & Corkwell, 1998).[2]

Entwicklungsangemessene Praxis

Im Jahre 1987 veröffentlichte die US-amerikanische *National Association for the Education of Young Children* (NAEYC)[3] eine Broschüre mit dem Titel „Developmentally appropriate practice in early childhood programs serving children from birth through age eight" (Bredekamp, 1987), die Standards für die Frühpädagogik festlegte. Sie entstand als Reaktion auf den zunehmenden Druck von Seiten der Schulbehörden wie auch der Öffentlichkeit, bereits in den vorschulischen Jahren mit dem formalen Unterricht und der Förderung akademischer Basisfähigkeiten zu beginnen. Auch die Erziehungspraxis im Elementarbereich war in den USA in den 80er Jahren zunehmend in Richtung einer Verschulung gegangen, bei der die Kinder einen lehrerzentrierten, formalisierten Unterricht erhielten, mit Arbeitsblättern und -heften trainiert wurden und ihre Leistungen mit standardisierten und psychometrischen Tests erfasst wurden.

Die Broschüre wurde zu einem der weltweit einflussreichsten Dokumente im Feld der Elementarerziehung. Sie hat das Ziel, solche Praktiken aufzuzeigen, die unter dem Blickwinkel der Entwicklungspsychologie als entwicklungsangemessen für 0- bis 8-jährige Kinder gelten können und zugleich dem individuellen Kind gerecht werden. Der Begriff der entwicklungsangemessenen Praxis bezieht sich somit darauf, die Praxis der Früherziehung so auszurich-

---

2 Die Bedeutung des pädagogischen Prozesses für die kognitive Entwicklung des Kindes dürfte insofern in der Curriculumliteratur erst unsystematisch auftauchen und bisweilen unterschätzt werden, als sich sowohl Bredekamp und Copple (1997) als auch andere Vertreter des entwicklungsangemessenen Ansatzes wie beispielsweise Gestwicki (1999) oder auch Krogh (1997) maßgeblich auf Piaget und die ältere entwicklungspsychologische Literatur stützen, nicht aber auf neue Befunde und Theorien zur kognitiven Entwicklung des Kindes (➤ Kap. 3.2.3) (➤ Kap. 4). Gerade aber die neue Literatur hat aufgezeigt, dass aus der Theorie Piagets eine Vielzahl von Fehleinschätzungen der kindlichen kognitiven Entwicklung resultieren, die durch die spezifischen Aufgabenstellungen im streng konstruktivistischen Paradigma Piagets entstanden sind. Die neuere Forschung berücksichtigt demgegenüber gerade die Art der *Interaktion* zwischen Versuchleiter und Kind und zeigt auf diese Weise besonders für den Vorschulbereich eine Vielzahl von Fähigkeiten, die Piaget nicht sehen konnte (➤ Kap. 3.4) (➤ Kap. 4). So finden sich auch in den Schriften der NAEYC und anderen Vertretern entwicklungsangemessener Praxis keine Hinweise auf die Förderung metakognitiver Kompetenzen von Kindern.
3 Die NAECY ist die weltweit größte und einflussreichste Organisation für den Bereich der Elementarerziehung mit mehr als 100.000 Mitgliedern.

ten, dass sie mit entwicklungspsychologischen Erkenntnissen übereinstimmt, um auf diese Weise jedes einzelne Kind optimal zu fördern. Entwicklungsangemessene Praxis ist kein Curriculum im engeren Sinne, sondern ein Rahmen, der eine Anleitung zur erzieherischen Arbeit mit Kindern im Vorschulalter geben soll (vgl. Bredekamp & Rosegrant, 1992).

Im Gefolge dieser ersten Publikation sahen sich auch andere Organisationen veranlasst, vergleichbare Vorschläge oder Richtlinien zu veröffentlichen – so beispielsweise die *Association for Childhood Education International* (ACEI), die in einem Positionspapier die Bedeutung des kindlichen Spielens hervorhob (Isenberg & Quisenberry, 1988), oder die *National Association of Elementary School Principals* (NAESP), die Qualitätsstandards für die Primarerziehung erließ und damit auch den Primarschulbereich dem Konzept der Entwicklungsangemessenheit anpasste (NAESP, 1990). Die wesentlichen Aussagen des Konzepts der Entwicklungsangemessenheit wurden ebenfalls für Standards und Richtlinien in Kanada, Neuseeland und Australien übernommen (Bredekamp & Copple, 1997; Charlesworth, 1998; Kostelnik, 1993). Die NAEYC veröffentlichte erneut im Jahre 1992, diesmal gemeinsam mit der *National Association of Early Childhood Specialists in State Departments of Education* (NAECS/SDE), ein Werk mit dem Titel „Reaching Potentials: Appropriate Curriculum and Assessment for Young Children" (Vol. 1; Bredekamp & Rosegrant, 1992), das von einer Vielzahl nationaler Organisationen aus dem Erziehungssektor unterstützt wurde. 1995 erschien der zweite Band dieser Anleitungen (Bredekamp & Rosegrant, 1995). Die in diesen Veröffentlichungen der NAEYC festgelegten Standards werden in den USA inzwischen zur Akkreditierung verwendet; somit erhalten nur solche Einrichtungen ein Zertifikat, die in ihrer Praxis den Vorgaben entsprechen.

Schon die erste Veröffentlichung aus dem Jahre 1987 hat eine Vielzahl von Praktikern veranlasst, ihre Erziehungskonzepte umzustellen, und in der Forschung dazu geführt, die Auswirkungen von entwicklungsangemessener wie auch unangemessener Praxis in der Elementarerziehung zu untersuchen. Seinem Einfluss entsprechend hat das Konzept eine lebhafte Debatte ausgelöst, bei der sowohl dessen Grundlagen als auch Reichweite in Frage gestellt wurden. Vielfach wurde dazu aufgefordert, das Konzept neu zu fassen (z. B. Bloch, 1992; Elkind, 1989; Jipson, 1991; Kessler, 1991; Spodek, 1999; Spodek & P. C. Brown 1993). Besonders kritisiert wurde die Tatsache, dass es sich auf ein einziges Merkmal zur Bestimmung der Entwicklungsangemessenheit stützt, nämlich auf Entwicklungstheorien. So hebt Spodek (1999) beispielhaft für viele andere Kritiker hervor, dass Entwicklungstheorien bestenfalls Informationen über entwicklungsangemessene Methoden liefern können, nicht aber über Inhalte, die gelehrt werden sollten. Hinzukommen sollten die kulturelle und die Wissensdimension. Die *kulturelle Dimension* berücksichtigt die gesellschaftlichen Werte und spiegelt insofern wider, wie Kinder normativ sein und sich entwickeln sollten. Die *Wissensdimension* bezieht sich darauf, was Kinder wissen sollten, um sowohl ihr gegenwärtiges als auch ihr zukünftiges Leben erfolgreich zu gestalten. Zudem wurde kritisiert, dass die Diversität der Kinder nicht genügend Berücksichtigung gefunden habe. So stellt Jipson (1991) heraus, dass die kulturelle Vielfältigkeit und die verschiedenen Formen des Lernens und Wissens zu kurz kommen; Kessler (1991) bemängelt, dass die philosophischen und politischen Aspekte, die curriculare Entscheidungen leiten, nicht transparent gemacht werden.

Die Kontroverse um das Konzept der entwicklungsangemessenen Praxis hat dazu geführt, dass Bredekamp und Copple 1997 eine revidierte Form der Standards vorgelegt haben, die sowohl neueres entwicklungspsychologisches Wissen als auch neue politische Trends und die Forderung nach Mainstreaming integriert hat: Es sollten *alle* Kinder ihrem Geschlecht, kulturellen Hintergrund und ihrer Begabung entsprechend gleichermaßen gefördert werden. Insofern bestand eine der wesentlichen Veränderungen in einer erweiterten Definition des Konzepts der Entwicklungsangemessenheit, die nun auch die Beziehungen zwischen dem Alter der Kinder, ihrem kulturellen und ethnischen Hintergrund und ihren individuellen Bedürfnissen und Besonderheiten berücksichtigt hat.

Den Richtlinien der NAEYC zufolge ist entwicklungsangemessene Praxis nunmehr dann realisiert, a) wenn die Erzieherin die vorliegenden Kenntnisse der Entwicklungspsychologie berücksichtigt und nach ihnen die Aktivitäten, Materialien und Erfahrungen der Kinder auswählt, b) wenn sie auf die individuellen Stärken, Bedürfnisse und Interessen der Kinder eingeht und c) wenn sie ihr Wissen über den sozialen und kulturellen Lebenshintergrund des Kindes berücksichtigt, so dass Lernerfahrungen, die sie dem Kind ermöglicht, für das Kind selbst und seine Eltern bedeutungsvoll erscheinen (NAEYC Position Statement, 1997, p. 9).

Ein Auslöser für die Entwicklung des Konzepts der Entwicklungsangemessenheit war die Besorgnis in der Praxis über die zunehmende öffentliche und staatliche Forderung nach formalisierter Instruktion in der Elementarpädagogik. Ein wesentliches Argument gegen verschulte Methoden in der Früherziehung richtet sich auf die Überforderung, die Kinder mit verschulten Methoden erleben, und darauf, dass sie ihre altersspezifischen Potenziale nicht entwickeln können. So hat beispielsweise Elkind (1986; 1989; 2001), der als Präsident der NAEYC die Konzeption des entwicklungsangemessenen Ansatzes stark unterstützt hat, davor gewarnt, dass Kinder durch entwicklungsunangemessene Praxis einer Überforderung ausgesetzt werden, die zu längerfristigen motivationalen, intellektuellen und sozialen Beeinträchtigungen führen kann (vgl. auch Charlesworth, 1989; Schweinhard & Weikart, 1988). Würde man die Methoden der Früherziehung auf einem Kontinuum anordnen, so stünden verschulte Methoden formaler Instruktion auf dem entwicklungs*un*angemessenen Pol, während Methoden, die das Kind veranlassen, in Interaktion mit anderen und seiner physikalischen Umwelt selbst sein Wissen zu konstruieren, auf dem entwicklungsangemessenen Pol verortet werden könnten.

Im Gegensatz zur entwicklungsunangemessenen Praxis betont die entwicklungsangemessene Praxis eine kindzentrierte Perspektive, bei der das Kind und seine Bedürfnisse die primäre Quelle für Curricula bilden. Insofern spielen die Beobachtung der einzelnen Kinder und eine Einschätzung ihrer Bedürfnisse durch die Erzieherin eine besondere Rolle in der entwicklungsangemessenen Praxis (vgl. Elkind, 1989). Diese Einzelbeobachtungen werden gepaart mit Kenntnissen normativer Entwicklung und kulturell geprägten Charakteristika der Kinder, um ein maßgeschneidertes Curriculum zu entwerfen, das die Bedürfnisse aller Kinder – unter Berücksichtigung ihres Alters, Geschlechts, möglichen Behinderungen und ihres kulturellen Hintergrundes – aufgreift und ihnen gerecht wird. Erzieherinnen, die entwicklungsangemessen arbeiten, stellen verschiedene entwicklungsförderliche Möglichkeiten bereit, erwarten aber nicht, dass alle Kinder zu jeder Zeit dasselbe tun und dieselben Entwicklungsresultate zeigen. Indem die kindlichen Lernerfahrungen durch möglichst unterschiedliche Methoden unterstützt werden, wird die Wahrscheinlichkeit erhöht, dass alle individuellen Unterschiede zwischen den Kindern Berücksichtigung finden (Bredekamp & Rosegrant, 1992). So wird auch nicht ein einziges Erziehungs- oder Instruktionskonzept vertreten, sondern es werden sowohl freies Spiel und selbstorganisierte Projektarbeit als auch lehrerzentrierte Instruktion, individuelle Autonomie sowie Gruppenstandards akzeptiert. Zentral ist allerdings bei jedem Vorgehen, dass die kindlichen Bedürfnisse auf einer entwicklungspsychologischen Grundlage zum Ausgangspunkt gemacht werden.

Die Forschung zur entwicklungsangemessenen Praxis zeigt, dass die Kinder insgesamt von diesem pädagogischen Ansatz profitieren, wenn die Ergebnisse auch nicht immer eindeutig sind. Das wesentliche Manko der Forschung besteht darin, dass es keine Untersuchungen gibt, die speziell Curricula nach dem entwicklungsangemessenen Ansatz konstruiert und diese mit entwicklungsungemessenen Curricula systematisch verglichen haben. Die Bedeutung der Entwicklungsangemessenheit lässt sich aber aus Untersuchungen ableiten, die Programme zur Frühförderung wie „Head Start" (Bryant, Burchinal, Lau & Spaling, 1994) oder „High/Scope" (Schweinhart & Weikart, 1988;

Weikart & Schweinhart, 1991) mit konventionellen, entwicklungsunangemessenen Curricula verglichen haben. So wurden Vorteile der Kinder in kognitiven, motivationalen und sozialen Variablen gefunden. Insbesondere die soziale Integration von Kindern aus ethnischen Minoritäten scheint in entwicklungsangemessenen Curricula besser zu gelingen (für einen Überblick s. Hart, Burts & Charlesworth, 1997).

Der pädagogische Prozess

Bruner (1996) hat auf der Grundlage der neueren sozialkonstruktivistischen Forschung zur kognitiven Entwicklungs- und Instruktionspsychologie insgesamt neun Grundsätze abgeleitet, nach denen Erziehung und Unterricht für alle Altersgruppen erfolgen sollten. Einer dieser Grundsätze ist der *Grundsatz der Interaktion*. Die Interaktion nimmt im pädagogischen Geschehen einen zentralen Stellenwert ein, weil die Vermittlung jedes Wissens und jeder Fähigkeit einen sozialen Austausch erfordert – auch wenn er durch stellvertretende Lehrer wie Bücher oder andere Medien erfolgt.

Die zentrale Bedeutung des Interaktionsgeschehens für die Lernprozesse der Kinder wurde maßgeblich durch den Einzug sozialkonstruktivistischer Theorien in die Pädagogik ausgelöst (z. B. Berk & Winsler, 1995). Hinzu kamen Erkenntnisse aus der Forschung zur Interaktion zwischen Mutter und Kind, die gezeigt haben, wie verschiedene Interaktionsstile die kognitive Entwicklung des Kindes beeinflussen (z. B. Nelson, 1996, pp. 165 ff.; Meins & Fernyhough, 1999), sowie Studien, die im Rahmen der Qualitätssicherung durchgeführt wurden (➤ Kap. 2.6.2). So sehen auch Bredekamp und Copple (1997, pp. 128) das Interaktionsverhalten einer Erzieherin in Bezug auf die Förderung von Lernprozessen als entscheidend an. Sie ist im entwicklungsangemessenen Ansatz dann optimal realisiert, wenn die Erzieherin das Kind in seinen eigeninitiierten Aktivitäten unterstützt. Sie erweitert beispielsweise das Denken und die Lernprozesse des Kindes, indem sie Problemstellungen vorgibt, Fragen stellt, Vorschläge unterbreitet, Aufgaben schwieriger und komplexer gestaltet, Informationen und Materialien zur Verfügung stellt oder das Kind so unterstützt, dass es seine Lernprozesse konsolidieren und auf das nächste Entwicklungsniveau gelangen kann.

Diese Vorschläge für eine entwicklungsangemessene Praxis sind recht allgemein gehalten, sie geben aber einen Rahmen vor, an dem sich die Erzieherin zur Gestaltung ihrer Interaktionen mit dem Kind orientieren kann. Für die einzelne Erzieherin ist es allerdings schwierig, auf dieser Grundlage ihr Alltagshandeln in der Tageseinrichtung tatsächlich entwicklungsangemessen zu gestalten. Um dem Bedürfnis der Praxis nach einer konkreten Handlungsanleitung gerecht zu werden, hat Carol Gestwicki erstmals 1995 ein Handbuch vorgelegt, das konkrete Vorschläge zur Umsetzung des entwicklungsangemessenen Ansatzes in die Praxis enthält. Hier kommt der Interaktion zwischen Erzieherin und Kind ein besonderer Stellenwert zu. So führt die Autorin in der zweiten Auflage des Handbuchs (Gestwicki, 1999) beispielsweise detailreich aus, wie eine Erzieherin die Selbstregulation eines Kindes stärken kann. Allerdings fehlen auch hier Hinweise für die gezielte Förderung kognitiver und metakognitiver Fähigkeiten. Zudem sind die Vorschläge nicht evaluiert worden. Sie zeigen aber an, in welche Richtung die Erstellung eines interaktionsorientierten Curriculums gehen kann.

Eine wesentliche Komponente der Selbstregulation besteht in der Lenkung und Eindämmung der Verhaltensimpulse, die Kinder spontan zeigen. Um ihr Verhalten – auch ihr kognitives Verhalten – gezielt zu lenken, müssen Kinder lernen, ihre spontane allseitige Aufmerksamkeitszuwendung zu kontrollieren und zu konzentrieren. Die dafür notwendige Selbstkontrolle wird durch verschiedene Interaktionsformen vermittelt (vgl. Gestwicki, 1999, p. 175 ff.)

Allgemein ist die Anleitung zur Selbstkontrolle im günstigen Fall:
- *Positiv*: Dem Kind wird vermittelt, was es tun soll, anstatt zu thematisieren, was es falsch gemacht hat.
- *Lehr-orientiert*: Der Erzieherin steht eine Auswahl von Techniken zur Verfügung, die dem Kind helfen, einen Sinn dafür zu entwickeln, wie es sich auf angemessene Weise verhalten kann. Katz (1984) hat es so ausgedrückt, dass eine Erzieherin sich stets fragen können sollte, was sie dem Kind in der Situation beibringen kann („What can I be teaching the children in this situation?").
- *Kooperativ*: Erwachsene und Kinder arbeiten gemeinsam daran, eine Situation zu korrigieren.

In einem entwicklungsangemessenen Rahmen zeigt die Interaktion mit den Kindern die folgenden Merkmale *nicht*:
- Erwachsene sollten es unterlassen, ihre Macht zu betonen, um Regeln durchzusetzen oder Auseinandersetzungen zu beenden.
- Erwachsene sollten sich bei ihrem Verhalten nicht auf die Gewissheit stützen, dass sie die Macht haben, unakzeptables Verhalten zu bestrafen (Verhaltenslenkung durch Drohungen).
- Gezeigtes Verhalten der Kinder sollte nicht einfach gestoppt werden, ohne Alternativen aufzuzeigen.
- Erwachsene sollten keine offene Verärgerung über die begrenzten Möglichkeiten von Kindern, Selbstkontrolle zu üben, zeigen.

Zehn positive Verhaltensstrategien tragen zu einer entwicklungsangemessenen Förderung selbstkontrollierten Verhaltens bei. Im Folgenden werden die ersten drei exemplarisch ausgeführt:

Eine Vorbildfunktion einnehmen

Erwachsene können Kindern vieles vermitteln, indem sie selbst Verhaltensweisen zeigen, die Kinder lernen sollen. Durch Identifikation mit bewunderten und geliebten Erwachsenen entwickeln Kinder den Wunsch, sich so zu verhalten wie das Vorbild und wie es dem Erwachsenen gefallen würde. Beispielsweise sollte der Erwachsene die Gefühle des Kindes einfühlsam aussprechen. Sätze wie „Ich sehe, dass du sehr traurig bist. Was kann ich tun, damit es dir wieder besser geht?" vermitteln dem Kind Akzeptanz und geben ihm zugleich ein Vorbild, wie es den Gefühlen anderer respektvoll begegnen kann.

Positive Aussagen treffen

Erzieherinnen wissen, dass Kindergartenkinder noch viel darüber zu lernen haben, wie man sich in der Welt richtig verhält. Entsprechend sollten sie den Lernprozess der Kinder nicht überfrachten, indem sie ihnen sagen, was sie *nicht* tun sollen, sondern sie sollten die Kinder genau wissen lassen, welches Verhalten akzeptabel ist. Verhaltensregeln sollen klar ausgesprochen werden. Manche dieser positiven Aussagen enthalten neue Informationen, manche sind lediglich kleine Erinnerungsstützen. Statt Imperative zu gebrauchen („Setzt euch hin!") wird gesagt, wie es richtig ist: „Wir sitzen jetzt alle" oder „beim Malen sitzen". Mit solchen kurzen und positiven Aussagen vermitteln Erwachsene ihr Vertrauen, dass die Kinder ihr Verhalten selbst kontrollieren können. Wenn Erwachsene davon ausgehen, dass die Kinder selbst das Richtige tun wollen, werden die Kinder in diese Erwartung hineinwachsen: z. B. „Puzzleteile bleiben auf dem Tisch liegen!", „Gehen!" oder „Die Hände bleiben bei der eigenen Arbeit!".

Beachtung und Bekräftigung

Positive Aufmerksamkeit ist eine wirksame Form von Bekräftigung. Die Begriffe Bekräftigung und Beachtung werden hier benutzt, um zu zeigen, dass es darum geht, den Kindern zu vermitteln, dass ihre positiven und richtigen Verhaltensweisen bemerkt und gewürdigt werden.

Weitere Möglichkeiten in der Interaktion wären:
- Alternative Verhaltensmöglichkeiten zeigen
- Grenzen setzen
- Wahlmöglichkeiten lassen
- Konsequenzen des eigenen Verhaltens erleben lassen
- Diskussionen zur Problemlösung
- Dem Kind mitteilen, wie man sein Verhalten erlebt
- Rückzugsmöglichkeiten einräumen

Die Beispiele zeigen, wie die Erzieherin die Interaktion mit den Kindern gestalten kann, um ihre Selbstregulation zu fördern. In dem ausführlichen Handbuch von Gestwicki (1999) fehlen allerdings Hinweise für die gezielte Förderung kognitiver und metakognitiver Kompetenzen. Diese Lücke geht maßgeblich auf die theoretische Verankerung des entwicklungsangemessenen Ansatzes im Paradigma Piagets zurück, der die Eigenaktivität des Kindes betont und die Interaktionsprozesse vernachlässigt hat. So hat die Curriculumdiskussion, die im Gefolge der entwicklungsangemessenen Praxis eingesetzt hat, zwar einerseits zu einer erhöhten Aufmerksamkeit dem Interaktionsgeschehen gegenüber geführt und praktische Handlungsanleitungen hervorgebracht. Mit welchen interaktiven Mitteln aber die kognitive Entwicklung, metakognitive Prozesse und lernmethodische Kompetenzen gefördert werden können, wurde nicht Gegenstand der Diskussion. Es ist eine gewissermaßen neben dieser Diskussionslinie liegende Richtung, die die kognitive Entwicklung mit dem Interaktionsgeschehen verknüpft. Diese wurde durch sozialkonstruktivistische Theorien inspiriert, hat aber noch nicht eine solche Verbreitung gefunden wie der entwicklungsangemessene Ansatz. Eine Ausnahme von dieser Regel sind die Methoden, die Ingrid Pramling in Schweden entwickelt hat; sie werden in Kapitel 5 vorgestellt.

3.1 Konstruktivismus in Entwicklungspsychologie und Pädagogik   72
     3.1.1   Der radikale Konstruktivismus   72
     3.1.2   Der Sozialkonstruktivismus   73
     3.1.3   Konstruktivismus in pädagogischen Anwendungskontexten   75
     3.1.4   Relevanz für die Frühpädagogik   81
3.2 Die konstruktivistische Entwicklungspsychologie Piagets   83
     3.2.1   Die sensumotorische Phase des Kleinkindes   85
     3.2.2   Die präoperationale Phase des Vorschulkindes   86
     3.2.3   Die konkret-operationale Phase des Schulkindes   89
     3.2.4   Piagets Erziehungskonzept   90
3.3 Eine Revision der Theorie Piagets   91
     3.3.1   Untersuchungen zum Säuglings- und Kleinkindalter   91
     3.3.2   Untersuchungen zum Vorschulalter   96
     3.3.3   Theoretische Schlussfolgerungen   106
     3.3.4   Konsequenzen für die Praxis   108
3.4 Die soziokulturelle Theorie Wygotskis   109
     3.4.1   Grundprinzipien von Lernen und Entwicklung   110
     3.4.2   Konsequenzen für die Praxis   115

3

Theoretische Grundlagen zur lernmethodischen Kompetenz

3.1 Konstruktivismus in Entwicklungs-psychologie und Pädagogik

Moderne Konzepte des Lernens sind in der Regel konstruktivistisch orientiert, d. h. sie stellen die Eigenaktivität des Kindes in den Vordergrund und verwerfen hergebrachte Vorstellungen eines Wissenstransfers vom Lehrenden zum Lernenden. Der Begriff des Konstruktivismus wird dabei recht uneinheitlich gehandhabt. In der pädagogischen, der entwicklungs- und pädagogisch-psychologischen Literatur werden im wesentlichen drei konstruktivistische Strömungen voneinander unterschieden: der radikale Konstruktivismus, ein sozialer Konstruktivismus sowie eine Variante, die die mentale Konstruktion von Realität in pädagogischen Anwendungskontexten in den Mittelpunkt stellt (vgl. z. B. Gerstenmaier & Mandl, 2000; O´Connor, 1998; Oerter & Noam, 1999). Es ließen sich auch andere Unterteilungskriterien finden (s. z. B. Gerstenmaier & Mandl, 1995, Oerter, 2001), denn die Grenzen zwischen den Formen des Konstruktivismus verlaufen eher fließend und werden zum Zwecke der Übersichtlichkeit in der Regel recht willkürlich gesetzt.

3.1.1 Der radikale Konstruktivismus

Mit dem sogenannten radikalen Konstruktivismus ist eine erkenntnistheoretische Position angesprochen, die in den 70er und 80er Jahren entstanden ist und einerseits auf die Biologen Humberto Maturana und Francisco J. Varela (z. B. 1987) zurückgeht sowie andererseits auf den Wiener Physiker Heinz von Foerster (z. B. 1996) und den Kognitionswissenschaftler Ernst von Glasersfeld (z. B. 1996). Im radikalen Konstruktivismus wird die Auffassung vertreten, dass jegliche Wahrnehmung eine Konstruktion des Individuums darstellt und somit objektive Erkenntnis unmöglich ist. Es gibt in dieser Position keine ontologische Realität. Jedem Subjekt ist ausschließlich die eigene Realität zugänglich; darüber hinaus etwas zu erkennen, ist unmöglich. Glasersfeld (1996) bezeichnet diese Position, in der ausschließlich die eigene Realität des Subjekts existiert, als *epistemischen Solipsismus*. Mit der modernen Neurobiologie geht Glasersfeld (1996) davon aus, dass Wahrnehmung über das Gehirn als einem operational geschlossenen System erfolgt. Dies bedeutet, dass von außen nur das eindringt, was aufgrund der neuronalen Strukturen wahrgenommen werden kann. Es gibt kein Abbild einer äußeren Realität, sondern ausschließlich innere Konstruktionen, die durch die Struktur des kognitiven Systems determiniert sind. Information wird nicht vorgefunden, sondern nach Maßgabe der Strukturdeterminanten des Systems aus den über die Sensoren eingehenden Impulse erst erzeugt. Dementsprechend kann es keine *Wahrheit* in der Erkenntnis geben; ob die Konstruktion des Subjekts richtig oder falsch ist, kann nicht beantwortet werden. Der Begriff der Wahrheit wird durch den der *Viabilität* ersetzt: Eine Konstruktion ist dann viabel, wenn sie zur Anpassung des Subjekts an die Gegebenheiten beiträgt.

Auf diesen Grundlagen fasst Glasersfeld (1996) die Grundprinzipien des radikalen Konstruktivismus wie folgt zusammen:

„1.(a) Wissen wird nicht passiv aufgenommen, weder durch die Sinnesorgane noch durch Kommunikation. (b) Wissen wird vom denkenden Subjekt aktiv aufgebaut. 2.(a) Die Funktion der Kognition ist adaptiver Art, und zwar im biologischen Sinne des Wortes, und zielt auf Passung oder Viabilität; (b) Kognition dient der Organisation der Erfahrungswelt des Subjekts und nicht der ‚Erkenntnis‘ einer objektiven ontologischen Realität." (Glasersfeld, 1996, S. 96)

Insgesamt ist der radikale Konstruktivismus stark durch die Biologie geprägt. Maturana und Varela haben ihre Theorien auf biologischen Experimenten begründet; Glasersfeld ist durch die auf biologische Grundlagen zurückgehenden Gedanken bei Piaget besonders geprägt, insbesondere durch die Ideen zur Adaption von Organismen (➤ Kap. 3.2). Die eher „sozialkonstruktivistische Seite" der piagetschen Theorie – wie etwa seine Annahmen über die Rolle der Peers in der kognitiven Entwicklung (Piaget, 1954/1995) – fand keinen Eingang. Man könnte auch Piaget selbst als einen radikalen Konstruktivisten bezeichnen; so erscheint er zumindest im Lichte jener Kritiker, die das soziale Moment in seiner Theorie, in der das Erkenntnis konstruierende Kind als einzelnes im Vordergrund steht, vernachlässigt sehen (z. B. Bruner, 1996; Nelson, 1985, 1996).

3.1.2 Der Sozialkonstruktivismus

Der Sozialkonstruktivismus geht maßgeblich auf die sozialpsychologischen Theorien von C. H. Cooley (1902/1970) und G. H. Mead (1934/1974) zurück. In jüngerer Zeit, seit seiner Entdeckung in den 70er und seiner breiten Rezeption in den 80er Jahren, lässt sich auch Wygotski (1979) dem Sozialkonstruktivismus zurechnen. In der entwicklungs- und pädagogisch-psychologischen Literatur ist es sogar durchaus üblich, Wygotski mit der Richtung des Sozialkonstruktivismus gleichzusetzen und in Abgrenzung dazu Piaget mit einem *epistemischen* oder *kognitivem Konstruktivismus*. Während in der entwicklungs- und pädagogisch-psychologischen Literatur sozialkonstruktivistische Positionen relativ neu sind (z. B. Bruner, 1996; Nelson, 1996; Palincsar, 1998), sind sie in der Soziologie (z. B. Berger & Luckmann, 1970), Anthropologie (z. B. Geertz, 1999) und in einigen ethnologischen Ansätzen (z. B. Rogoff, Mistry, Göncü & Mosier, 1993) seit längerem etabliert.

In der psychologischen Literatur wird der Begriff des Sozialkonstruktivismus auch unter dem Stichwort des *postmodernen Konstruktivismus* behandelt (Cobb & Yackel, 1996; Prawat, 1996). Annemarie Palincsar (1998) sieht die Gemeinsamkeit postmoderner konstruktivistischer Ansätze darin, dass sie die Vorstellung ablehnen, „dass Wissen im Individuum lokalisierbar ist. Lernen und Verstehen werden als genuin soziale Aktivitäten aufgefasst; kulturelle Aktivitäten und Werkzeuge (von Symbolsystemen über Gegenstände bis zur Sprache) werden als integrale Bestandteile der geistigen Entwicklung betrachtet." (p. 348; Übers. v. d. Verf.)

Das Interesse der kognitiven und pädagogischen Psychologie an postmodernen konstruktivistischen Perspektiven geht auf einen Paradigmenwechsel zurück, den Voss, Wiley und Carretero (1995) als eine „soziokulturelle Revolution" beschrieben haben. Wurden intellektuelle Fähigkeiten und Lernen zuvor aus einer individuumsbezogenen Perspektive betrachtet, so hat sich in den letzten Jahrzehnten zunehmend die Auffassung durchgesetzt, dass intellektuelle Fähigkeiten durch soziale Interaktion erworben und entwickelt werden. Mit diesem Perspektivenwechsel wuchs ebenfalls das Interesse der Forschung am Lerngeschehen außerhalb schulischer Kontexte wie der Familie, der Gruppe der Gleichaltrigen oder dem Beruf.

So sind Denken, Lernen und Wissen aus dieser Perspektive nicht nur sozial beeinflusst oder geformt, sondern als genuin soziale Phänomene zu behandeln (s. Rogoff, 1997). In diesem Sinne gelten Kognition als kollaborativer Prozess und Gedanken als internalisiertes Sprechen. Entsprechend kann das Ziel entwicklungspsychologischer Forschung darin gesehen werden, die Transformation sozial geteilter Aktivitäten in individuelle internalisierte Prozesse zu untersuchen, zu deren Verständnis immer die ganze Person im Kontext zu betrachten ist (Bruner, 1996; John-Steiner & Mahn, 1996).

In diesem Sinne führt Nelson (1986) in Abgrenzung zu Piaget und anderen kognitiv-konstruktivistischen Autoren auch das Interesse des Kindes an seiner physikalischen Umwelt auf Bedeutungsstrukturen zurück, die sozial erworben und dem Kind nach Maßgabe seiner Entwicklung zugänglich sind. Frühe Formen der Bedeutungsrepräsentation werden in der Theorie Nelsons (1985, 1986, 1996) als Schemata (Event Representations) konzipiert, die das

Kind aus wiederkehrenden Ereignissen und sozialen Routinen (Events) seines Alltags gewinnt. Diese Repräsentanzen bestimmen ebenfalls das Verständnis für die physikalischen Objekte und die Anziehungskraft, die sie gewinnen: „Social interactions are as much a part of such events as the physical objects that are embedded within them. In fact, objects take on meaning only within events" (Nelson, 1986, p. 240). Insofern gilt auch hier der Entwicklungs- und Lernprozess als sozial vermittelt.

Jenseits einzelner und in der Regel äußerst sophistizierter Kritikpunkte, die sozialkonstruktivistisch orientierte Autoren aneinander finden (s. z. B. Nelsons, 1996, p. 19 f., Kritik an Rogoff), lässt sich zusammenfassend sagen, dass in sozialkonstruktivistischen Positionen das solipsistische Moment, das dem radikalen Konstruktivismus innewohnt, aufgehoben wird. Hier ist es nicht das isolierte Individuum, das in Auseinandersetzung mit der physikalischen Welt Wissen konstruiert, sondern es geht um den von Anfang an in soziale Zusammenhänge eingebetteten ganzen Menschen, der soziale Bedeutung entschlüsselt und mit anderen ko-konstruiert. Nelson (1996) schreibt in diesem Zusammenhang: „The primary cognitive task of the human child is to make sense of his or her situated place in the world in order to take a skillful part in its activities" (p. 5, im Original mit Hervorhebung). Dem eigenen Platz in der Welt Sinn zu verleihen, heißt soziale Bedeutungen zu verstehen, denn nur auf diesem Wege ist es möglich, an der sozialen Welt teilzuhaben und sich aktiv beteiligen zu können. Aus dieser Perspektive sind Bedeutungs- und Wissenskonstruktion genuin soziale Prozesse.

3.1.3 Konstruktivismus in pädagogischen Anwendungskontexten

Im dritten konstruktivistischen Bereich fließen Positionen eines epistemischen oder kognitiven und eines sozialen Konstruktivismus zusammen. Diese Richtung prägt die aktuelle Theoriebildung und Forschung in den Bereichen der Lern- (bzw. Wissens-) und Instruktionspsychologie. Einige Autoren greifen zur Formulierung ihrer Prinzipien gleichermaßen auf Piaget wie auch auf Wygotski zurück, ohne sie in ein widersprüchliches Verhältnis zu stellen. So formuliert Jonassen (1994) acht übergreifende Charakteristika für konstruktivistisch fundierte Lernumgebungen:

Konstruktivistische Lernumgebungen
- stellen authentische Aufgaben in bedeutungshaltigen Kontexten zur Verfügung (statt kontextloser abstrakter Instruktion).
- betonen die Wissenskonstruktion und nicht die Wissensreproduktion.

- erschaffen Lernumwelten, die lebensechte Problemstellungen oder individuelle Einzelfälle enthalten, statt vorgefertigte Instruktionsabläufe anzubieten.
- stellen verschiedene Möglichkeiten zur Verfügung, die Realität zu interpretieren.
- repräsentieren auf diese Weise die Komplexität der realen Welt und vermeiden unnötige Vereinfachungen.
- ermuntern zur Reflexion eigener Erfahrungen und des eigenen Lernfortschritts (Metakognition).
- ermöglichen kontext- und inhaltsabhängige Wissenskonstruktion.
- unterstützen eine kollaborative Wissenskonstruktion, die durch soziale Regeln und Aushandeln bestimmt wird, nicht Konkurrenz zwischen Lernern.

Das Interesse der Unterrichtspsychologie speziell an sozialkonstruktivistischen Paradigmen resultiert im wesentlichen aus den kognitionspsychologischen Entwicklungen und den Schlussfolgerungen, die man aus ihnen in Bezug auf Lehren und Lernen ziehen kann. Insbesondere Befunde der Expertiseforschung (→ Kap. 3.3.3) führten zu der Einsicht, dass das laute Denken von Experten beim Lösen von Problemen aus ihrem Expertisebereich als ein Mittel herangezogen werden kann, um ihre überlegenen Problemlösestrategien auch für Novizen zugänglich zu machen. So konnte beispielsweise im Bereich des Lesens und Textverstehens gezeigt werden, das Schüler davon profitieren, dass der Lehrer während des Textlesens den Schülern modellhaft zeigt, wie sie unverständliche Begriffe aus dem Kontext erschließen können (Duffy et al., 1986).

Um eine integrierte konstruktivistische Lernumgebung zu etablieren und Lernprozesse in ihr untersuchen zu können, hat Ann Brown in mehr als 10-jähriger Praxis- und Forschungsarbeit ein Programm mit dem Titel FCL – „Fostering Communities of Learners" entwickelt (vgl. A. L. Brown, 1997). Es handelt sich hier um einen Prototyp konstruktivistischer Lernumgebungen, der die Aspekte von Jonassen (1994) aufgreift und realisiert. Die Förderung und Entwicklung einer Gemeinschaft von Lernenden zielt im Kern darauf ab, in Erziehungseinrichtungen ein Umfeld zu schaffen, in dem Kindern lernen, Formen des Arbeitens und Denkens zu entwickeln, mit denen sie sich in Lerngemeinschaften Sachgebiete erschließen. Langfristig geht es darum, sowohl die Inhalte tiefgreifend zu verstehen als auch Methoden des Lernens zu erwerben. Brown (1997) charakterisiert die Inhalte, die es zu lernen gilt, als „serious matters" und meint damit altersangemessene wissenschaftsähnliche Aufgabenstellungen, die sich den Kindern als „wirkliche Fragen" stellen.

Bruner (1996, S. 86) hebt in einer Würdigung des Programms vier Aspekte heraus, die FCL auszeichnen und es zu einem zugleich metakognitiven und sozialkonstruktivistischen sozialen Lernumfeld machen.

- Das erste Charakteristikum betrifft die aktive und bewusste *Selbstkontrolle* des Kindes über seine mentalen Prozesse (Agency). Metakognitive und selbstregulatorische Fähigkeiten werden gezielt gefördert und schließlich in einem etablierten Programm als Kompetenz des Kindes vorausgesetzt, auf dem weitere Lernprozesse aufbauen.
- Das zweite Charakteristikum spricht die *Reflexivität* des Kindes an und beschreibt das Bestreben des Lernenden, die Lerngegenstände nicht nur oberflächlich oder auswendig zu lernen, sondern ihnen einen Sinn zu verleihen und sie in einer tiefergehenden Bedeutung des Begriffs zu *verstehen*. Wie Verstehensprozesse gefördert und durch das Kind gesteuert und kontrolliert werden können, wird durch einzelne Prozeduren veranschaulicht, wie beispielsweise sinnvolle Fragen zu formulieren oder den fraglichen Sachverhalt in eigenen Worten zusammenzufassen.
- Der dritte Aspekt besteht in einer Form der *Zusammenarbeit* (Collaboration), die die Diversität der individuellen Kinder, die sich in einer Lerngemeinschaft finden, gezielt nutzt. Auch hierfür gibt es Anleitungen und Regeln, die auf eine sinnvolle Zusammenarbeit der Kinder abzielen. Beispielhaft ist das Gruppenpuzzle nach Aronson (vgl. Aronson, Blaney, Stephan, Sikes & Snapp, 1978) – eine Methode, in der sich Kinder in Gruppen zu Experten für bestimmte Teilfragen ausbilden, auf deren Wissen die Kinder anderer Gruppen angewiesen sind, um das behandelte Themengebiet vollständig verstehen und vorgegebene oder selbst entwickelte Arbeitsaufträge erfüllen zu können. Kooperative Lernformen lassen sich bereits bei Grundschulkindern effektiv einsetzen. Dass auch Kindergartenkinder von dieser Methode profitieren können, ist sehr wahrscheinlich (Borsch, Jürgen-Lohmann & Giesen, 2002).
- Der vierte Aspekt ist die Bildung einer *Lernkultur*. Der Begriff der Kultur beschreibt in diesem Kontext eine bestimmte Art zu leben und zu denken, die von der Gemeinschaft konstruiert, ausgehandelt, institutionalisiert und schließlich so etabliert wird, dass gewissermaßen eine eigene, von allen Mitgliedern geteilte „Realität" entsteht, auf die sich alle wie selbstverständlich beziehen. In einer Lernkultur ist die Atmosphäre lernorientiert, nicht leistungsorientiert. Das heißt, dass jeder sein Denken ausprobieren und Fragen stellen kann, ohne Angst haben zu müssen, beurteilt oder beschämt zu werden.

Diese Charakteristika sind als übergeordnete Prinzipien zu verstehen, die eine praktische Umsetzung des Programms anleiten sollen und zu einem gänzlich neuen Lernumfeld führen, das sich von hergebrachten qualitativ deutlich unterscheidet. Brown warnte wiederholt davor, einzelne Elemente als Oberflächenmerkmale oder in einem technokratischen Sinne als fertige Prozeduren zu verstehen, die herkömmlichen Lernformen nur gelegentlich zugefügt werden müssen. Entscheidend ist die Integration in eine Lernkultur (z. B. Brown & Campione, 1994, 1996). Ein Erfolg im Sinne der angestrebten Lernziele hängt maßgeblich davon ab, die Prozesse des Lerngeschehens so zu gestalten, dass die zugrunde liegenden Prinzipien in Kraft treten können und umgesetzt werden.

FCL hat sich aus der Forschung Browns zu metakognitiven Prozessen im Lerngeschehen in mehr als zwei Jahrzehnten entwickelt. Die ersten Arbeiten in den 70er Jahren haben aufgedeckt, dass die typischen Lernschwierigkeiten jüngerer Kinder weniger auf fehlende Gedächtniskapazitäten oder einen Mangel an Reife zurückgehen, sondern dass sie spontan nicht solche Strategien einsetzen, über die ältere Kinder verfügen. Wurden zum Beispiel auch jüngere Kinder geschult, Strategien wie Klassifizieren oder Zusammenfassen zur Lösung von Gedächtnisaufgaben zu nutzen, verbesserten sich ihre Leistungen (z. B. Brown, 1978). Dennoch konnten die Kinder die gelernten Strategien in neuen Problemstellungen nach wie vor nicht spontan einsetzen; das Problem des Transfers war damit also nicht gelöst. Die Forschung zeigte immer deutlicher, dass jüngere Kinder wenig Verständnis für Lernprozesse im Allgemeinen haben; es fehlt ihnen insbesondere die Reflexivität, die notwendig ist, um das eigene Lernen zu steuern, zu überwachen und Fehler zu korrigieren. An diesem metakognitiven Problem setzen alle Programme an, die sich zur Aufgabe gesetzt haben, eine Gemeinschaft von Lernenden zu fördern. Zu nennen wären hier beispielhaft die folgenden Programme:

- Reciprocal Teaching (Palincsar & Brown, 1984, 1986)
- Communities of Learners (Brown & Campione, 1994, 1996; Cognition and Technology Group at Vanderbilt [CTGV], 1994)
- The Ideal Student (Pressley, El-Dinary, Marks, R. Brown & Stein, 1992)
- Project Rightstart (Griffin, Case & Siegler, 1994).

Im Folgenden sollen exemplarisch zwei Instruktionsmodelle vorgestellt werden, die aus kognitiv- und sozialkonstruktivistischen Ansätzen hervorgegangen sind: Das *reziproke Lehren* als Prototyp einer sozialkonstruktivistisch orientierten Methode und die *Anchored Instruction*, die eher im kognitiven Konstruktivismus verankert ist. Beide Modelle tragen aber auch Züge der jeweils anderen Theorie.

Das *reziproke Lehren* wurde ursprünglich für Lesegruppen in der Schule mit dem Ziel entwickelt, das Verstehen von Texten zu fördern (Brown & Palincsar, 1989; Palincsar & Brown, 1984, 1986). Den Schülern soll dabei geholfen werden, solche kognitiven Strategien zu erwerben, die notwendig sind, um eigenständig und unabhängig mit Texten lernen zu können – eine wesentliche lernmethodische Kompetenz. Das Verfahren des reziproken Lehrens beruht darauf, dass die Lehrerin und die Schüler über einen Text sprechen, den sie gemeinsam lesen, und zwar indem sie das Gespräch durch den Einsatz von vier kognitiven Strategien systematisch strukturieren:

■ Einen Text selbständig zusammenfassen
■ Fragen zum Text formulieren
■ Klären von Unverstandenem
■ Vorhersagen über den Textfortgang treffen.

Der Unterricht geht so vonstatten, dass die Schüler in diesen Strategien unterwiesen werden und sie am Text üben. Anfangs zeigt die Lehrerin den Schülern, wie man die Strategien einsetzt, indem sie selbst als Modell fungiert. Sie zeigt den Schülern, wie man sich einen Text erschließt, indem sie beispielsweise die Überschrift vorliest und sich dann laut denkend selbst fragt, wovon der Text handeln könnte. Nachdem sie den Umgang mit den Strategien durch lautes Denken vorgemacht hat, stellt sie den Schülern entsprechende Fragen. Im fortschreitenden Üben übernehmen die Schüler immer mehr die Rolle der Lehrerin und unterweisen sich gegenseitig in der Anwendung der Strategien. Dies macht das reziproke Moment aus: der Wechsel zwischen Lehrer- und Schülerrolle. Die Kinder werden also zunehmend in die Lage versetzt, sich gegenseitig zu unterrichten. Zuletzt kann jeder Schüler die Strategien eigenständig und automatisiert beim Lesen von Texten anwenden und hat damit die Fähigkeit erworben, Texte zu verstehen und aus Texten zu lernen.

Diese Methode ist in der Zwischenzeit gut untersucht und hat sich als äußerst effektiv erwiesen (Rosenshine & Meister, 1994). Rosenshine und Meister heben zwei wirksame Prinzipien hervor: Den Kindern werden zum einen mit den Strategien kognitive Werkzeuge im Sinne Wygotskis (➤ Kap. 3.4) an die Hand gegeben, mit denen sie die Aufgabe „Textverstehen" meistern können. Zum zweiten werden die Strategien auf die Art und Weise vermittelt, die Wygotski zufolge Lernen in der kulturellen Alltagspraxis im Allgemeinen auszeichnet: Interpersonale Praxis wird internalisiert und zu einem intrapsychischen Prozess. Damit wird Lernen als authentisch und sinnvoll erlebt und nicht von den Lernprozessen abgespalten, die das Kind in der „realen Welt" seines außerschulischen Alltags erlebt.

Brown und Campione (1996) heben die folgenden Prinzipien hervor, die Lerngemeinschaften im Allgemeinen kennzeichnen:

Umgebungsaspekte
- Soziale Gemeinschaft von Lernern
- Lehrerin/Erzieherin als Modell, Trainerin, Moderatorin

Dialog und Diskurs
- Reziproke Dialoge
- Die Klasse als Interpretations- und Sinnerschließungsgemeinschaft

Metakognitives Umfeld
- Selbst- und „Andere"-Regulation
- Selbstbeobachtung beim Verstehen
- Aktive Suche nach Bedeutung
- Aktive, strategische Art des Lernens

Ein eher aus der Tradition Piagets stammendes Verfahren ist die *Anchored Instruction* nach John Bransford und der „Cognition and Technology Group at Vanderbilt" ([CTGV] Bransford & Stein, 1993; CTGV, 1990, 1993). Ausgangspunkt der Überlegungen dieser Forschergruppe war das Problem des „trägen Wissens", d. h. des üblichen in der Schule erworbenen Wissens, das zwar vorhanden, aber in spezifischen Problemsituationen nicht abruf- und anwendbar ist (vgl. auch Renkl, 2001). Um diesem Problem Abhilfe zu schaffen, versucht der Ansatz, die Schüler aktiver in die Lernsituation einzubeziehen, indem der Unterricht in einem interessanten Gegenstand verankert oder *situiert* wird. Die Lernumgebungen werden mit der Zielsetzung gestaltet, Lernen und Denken bei der Aufgabenbearbeitung so anzuregen, dass übergreifende effektive Problemlösestrategien und kritisches Denken nachhaltig erworben werden. Zu diesem Zweck werden mit Hilfe neuer Technologien (v. a. Video) die Lerninhalte in sinnvollen, problemorientierten und lebensnahen Kontexten präsentiert. Bekannt geworden sind beispielsweise die „Jasper Woodbury Problem Solving Series". Es handelt sich dabei um eine auf Videodisc präsentierte Abenteuerserie, mit deren Hilfe mathematische Konzepte für die Mittelstufe vermittelt werden. Die Präsentation geht weit über typische Textaufgaben hinaus. Die Schüler sehen sich ein Videosegment an, um die Situation und die Problemstellung zu verstehen. Zusätzlich erhalten sie Arbeitsaufträge und Hilfestellungen. Es handelt sich bei den Videosequenzen um narrative Episoden, in denen ein inhaltlich spannendes Problem aufgeworfen wird, beispielsweise eine Entführung. Innerhalb der Episode gibt es verschiedene Problemstellungen, die die Kinder oder Jugendlichen lösen können, indem sie verschiedene Rechenprozeduren anwenden. Evaluationen zeigen sowohl in leistungsbezogenen als auch in motivationalen Parametern den Erfolg der Programme.

3.1.4 Relevanz für die Frühpädagogik

In der gegenwärtigen empirisch orientierten internationalen pädagogischen Literatur spielt der Konstruktivismus eine zentrale Rolle; er ist das vorherrschende Paradigma, und zwar zunehmend in seiner sozialen Ausrichtung. In einer Übersichtsarbeit über individuelle und soziale Aspekte des Lernens kommen Salomon und Perkins (1998) zu dem Schluss: „Social learning is in the air" (p. 1). In der Frühpädagogik ist nach wie vor der Ansatz Piagets und die Idee der Eigenkonstruktivität des Kindes überrepräsentiert. Sozialkonstruktivistische Programme finden ihre Anwendung eher in der Forschung als in der Praxis und eher in der schulbezogenen Unterrichtspsychologie als in der Frühpädagogik. Gleichwohl sind die Ideen Wygotskis auch in der Frühpädagogik zunehmend präsent, wenn auch Curricula fehlen, die sozialkonstruktivistische Ideen so konsequent umsetzen, wie es der FCL-Ansatz beispielsweise tut. Die Entwicklung sozialkonstruktivistischer Curricula für den Vorschulbereich würde erfordern, dass sowohl Inhalte als auch Methoden altersadäquat spezifiziert werden. Ann Brown hat dies gemeinsam mit Kollegen beispielhaft anhand eines Biologiecurriculums für den Grundschulbereich aufgezeigt (Brown, Campione, Webber & McGilly, 1992; Brown, Metz & Campione, 1996). Das Curriculum knüpft an die Idee der Entwicklungsangemessenheit an, und zwar auf der Grundlage des Verständnisses, das Grundschulkinder für biologische Phänomene mitbringen (➤ Kap. 4.1.2). Damit unterscheidet es sich von üblichen entwicklungsangemessenen Curricula, die der Theorie Piagets folgend keine thematisch-inhaltlichen Spezifikationen vornehmen, sondern die Denkprozesse der Kinder auf einem strukturellen, inhaltsunabhängigen Niveau betrachten (➤ Kap. 3.3).

Die Form der Interaktion innerhalb des Curriculums erinnert an sokratische Dialoge, die die Kinder zum Nachdenken stimulieren, ohne Lösungen vorwegzunehmen. Ein Dialog, den Brown et al. (1996) beispielhaft darstellen, fand zwischen einer Grundschullehrerin und einzelnen Schülern statt. Das Unterrichtsthema war der Unterschied zwischen Fleisch- und Pflanzenfressern. Als ein Junge nach den Unterschieden gefragt wurde, konnte er sie zunächst angeben. Die Lehrerin brachte dann ein Gegenbeispiel ein, um zu überprüfen, ob der Junge tatsächlich die Konzepte so erworben hatte, dass er sie anwenden konnte. Sie fragte, was ein Gepard fressen würde, wenn es in der afrikanischen Steppe kein Fleisch mehr gäbe und ob er dann auch Pflanzen fressen könne. Der Junge antwortete, der Gepard könne durchaus auch Pflanzen fressen, allerdings nur, wenn er bereits von Kindesbeinen an daran gewöhnt sei; erwachsene Geparden könnten dies nicht. Ein anderes Kind äußerte auf dieselbe Frage, dass auch ein Gepard zum Pflanzenfresser werden könne, weil Menschen ja auch Vegetarier werden können. Beide Antworten zeigen, dass die Kinder spezifische Theorien angewandt haben, um das Problem zu lösen, dass sie aber das Konzept, das erfragt worden war, nicht tiefgehend verstanden haben. Im ersten Fall wurde eine intuitive Entwicklungstheorie angewandt, im zweiten eine intuitive Analogiebildung zwischen Mensch und Tier. Als der erste Junge ein halbes Jahr später wieder befragt wurde, konnte er das Problem korrekt lösen. Er wurde auch gefragt, was eine Gazelle fressen würde, wenn sie kein Gras und keine anderen Pflanzen mehr finden könne. Der Junge konnte antworten, dass sie kein Fleisch fressen kann, weil sie nicht die richtigen Zähne dafür habe und auch ihr Verdauungssystem so organisiert sei, dass sie nur Pflanzen verdauen kann. Er hatte somit die zugrunde liegenden Prinzipien verstanden. Die Lehrerin hatte dem Jungen die richtige Antwort nicht vorgegeben, sondern er hatte sie sich selbst erarbeitet, weil er durch die Fragen der Lehrerin auf ein Problem aufmerksam geworden war, das er zuvor nicht gesehen hatte.

Diese Form, Kinder zum eigenen Nachdenken zu motivieren, machen Brown et al. (1996) an einem weiteren Beispiel zum Thema Ökologie und Umweltwissenschaft deutlich. Man kann für dieses Wissensgebiet nicht erwarten, dass Grundschulkinder die zugrunde liegenden biochemischen und genetischen Aspekte verstehen. Um solche Inhalte auf das Niveau der Kinder herunterzuholen, wurden die Schüler in die Welt der Naturwissenschaftler aus dem 19. Jahrhundert eingeführt; in die Welt jener Naturwissenschaftler also, die ebenfalls keine Kenntnisse der modernen Biochemie oder Genetik aufwiesen. Die dahinter liegende Idee bestand darin, dass die Schüler zu einem späteren Zeitpunkt, wenn sie in die moderne Wissenschaft eingeführt werden, gewissermaßen denselben Wissensdurst entwickelt haben würden, wie die historischen Wissenschaftler. Hier besteht also die Idee eines spiralförmigen Curriculums (Bruner, 1960/1970, 1966/1974), bei dem identische Sachverhalte auf verschiedenen Entwicklungsniveaus erneut dargeboten werden. Zugleich sollte ein solches Curriculum in dem Sinne entwicklungsangemessen gestaltet werden, dass es auf die intuitiven Theorien der Kinder und ihr alterstypisches Verständnis für biologische Fragen zurückgreift. So ist beispielsweise die Unterscheidung zwischen belebten und unbelebten Objekten für Kinder im Alter von 6 Jahren von großem Interesse, entwickelt sich jedoch über die Grundschuljahre weiter fort, wenn die Kinder beispielsweise zunehmend die Gemeinsamkeiten zwischen Tieren und Pflanzen verstehen und sich über solche Ausnahmen wie Hefe oder Viren zu wundern beginnen (➤ Kap. 4.1.2). Mit dem Fortschreiten gelangen die Kinder zu tieferen Einsichten in das jeweilige Fachgebiet. So ist es auch nicht gleichgültig, welche Inhalte in einem Curriculum behandelt werden, sondern es sollte genau so aufgebaut sein, dass die Themen zu einem späteren Zeitpunkt sinnvoll aufgegriffen und fortentwickelt werden können. Dies würde freilich eine Kooperation der vorschulischen Einrichtungen mit den schulischen voraussetzen.

3.2 Die konstruktivistische Entwicklungspsychologie Piagets

Zu den Theorien, die die Elementarpädagogik im Bereich der kognitiven Förderung besonders stark beeinflusst haben, gehören die konstruktivistischen kognitiven Modelle von Jean Piaget. Der Kern konstruktivistischer Entwicklungstheorien besteht in der Auffassung, dass Individuen ihr Wissen selbsttätig und aktiv auf der Grundlage ihrer Erfahrungen konstruieren. Kinder haben dieser Auffassung zufolge bereits von Geburt an ein gewisses Verständnis für die Vorgänge in ihrer Umgebung, das ihnen hilft, die erlebten Vorgänge immer tiefer und umfassender zu begreifen. Jede neue Information wiederum führt dazu, die Interpretation von Erfahrungen zu verändern, so dass ein Zyklus entsteht, der sich über die gesamte Lebensspanne erstreckt. Der Kerngedanke besteht bei Piaget darin, dass sich der Mensch in diesem Zyklus zunehmend seiner Umwelt anpasst.

Piagets Hauptinteresse liegt auf der Organisation von Denkstrukturen und kognitiven Inhalten. Kognitives Verhalten beruht seiner Ansicht nach nicht bloß auf einer Ansammlung oder assoziativen Verknüpfung von Inhalten, sondern ist nach bestimmten Gesichtspunkten in hohem Maße geordnet und organisiert. Dahinter steht die Vorstellung, dass der Mensch prinzipiell eine Organisation seines Wissens anstrebt. Diese Organisation von Wissen und Information dient Piaget zufolge der Anpassung des Menschen an seine Umwelt. Piaget gebraucht hier den aus der Biologie entnommenen Begriff der *Adaption*. Die wesentlichen Prozesse der Adaption sind die beiden sich komplementär ergänzenden Mechanismen der *Assimilation* und der *Akkommodation*. Bei der Assimilation handelt es sich um einen Prozess, der die Umgestaltung der Realität in einer Weise ermöglicht, die es dem Individuum erlaubt, seine bisherigen kognitiven Strukturen – sein Wissen und Können – in Beziehung zur Umwelt zu setzen; bei der Akkommodation werden die eigenen kognitiven Strukturen und Verhaltensformen an die externe Realität angepasst. Der Organismus verhält sich beim Erfahrungserwerb nicht passiv, sondern er konstruiert die Umwelt auf eine Weise, die zu seinen Erfahrungsstrukturen passt. Auf diese Weise kann jedes neue Wissen an das bestehende Vorwissen angepasst werden. Ein Beispiel für die Assimilation wäre ein Kind, das einen Tisch zu einem Haus werden lässt, indem es unter ihn kriecht, oder das einen abgebrochenen Ast als Gewehr gebraucht. Ein anderes Beispiel wäre ein Kleinkind, das gerade gelernt hat, mit einem Klötzchen auf Gegenstände zu schlagen und dieses Schema an jedem Gegenstand, der ihm begegnet, anwendet.

Akkommodation hat eine mehr reaktive Funktion; sie tritt nur auf, wenn es eine Störung oder Diskrepanz gibt, für die noch kein bewährtes Schema existiert. In diesem Fall müssen die kognitiven Strukturen an die Realität der Umwelt angepasst werden. Auf diese Weise kann bestehendes Wissen verändert und erweitert werden. Mit Akkommodation hat man es zu tun, wenn Kinder etwas Neues lernen, sei es ein Lied oder einen Bewegungsablauf, oder wenn sie sich beim Bauen mit Klötzchen den physikalischen Gesetzen anpassen müssen und beispielsweise bei einem Turm das Fundament breiter bauen müssen als die Spitze und nicht umgekehrt, damit er nicht zusammenfällt. Um das Beispiel mit dem Kleinkind aufzugreifen, so läge Akkommodation vor, wenn das Kind immer wieder neue Gegenstände zum Schlagen verwendet und herausfindet, dass ein Klötzchen effektiver ist als ein Kissen, um einen lauten Ton zu erzeugen.

Diesem Modell zufolge sind Erkenntnisprozesse dann besonders gewinnbringend, wenn sich Assimilation und Akkommodation im Gleichgewicht befinden. Piaget hat dieses Gleichgewicht als *Äquilibration* bezeichnet. Äquilibrationsprozesse sind notwendig, damit die Entwicklung voranschreitet und nicht auf einer Stufe stehen bleibt. Für Piaget war Disäquilibration, also ein Ungleichgewicht, der entscheidende Motor der Entwicklung. Der Aufbau immer komplexerer Strukturen resultiert aus Erfahrungen des Ungleichgewichts, also aus fehlenden Assimilationsmöglichkeiten. Wenn etwas an bestehende Strukturen nicht angepasst werden kann, kommt es zu Akkommodation und in diesem Sinne zum Lernen von Neuem. Neben fehlgeschlagenen Assimilationsmöglichkeiten führen kognitive Konflikte und somit Widersprüche zwischen verschiedenen Assimilationsversuchen zu kognitiver Fortentwicklung.

Kognitive Entwicklung wurde von Piaget als Abfolge von qualitativ unterschiedlichen Stufen beschrieben. Entwicklung ist hier also kein linearer Prozess, bei dem einzelne Elemente additiv aufeinander aufbauen, sondern es kommt zu Sprüngen in der Entwicklung, bei denen der ganze kognitive Apparat auf einem höheren Niveau neu strukturiert wird. Piaget unterscheidet vier kognitive Stufen bis zum Alter von ca. 12 Jahren, also bis zur Pubertät:

- Sensumotorische Phase (bis 2 Jahre)[4]
- Präoperationale Phase (2 bis 6 Jahre)
- Konkret-operationale Phase (6 bis 12 Jahre)
- Formal-operationale Phase (ab 12 Jahre)

---

4 Alle Altersangaben sind als grobe Richtwerte zu verstehen, nicht als exakte Zahlen.

Aus den Ergebnissen einer Reihe von Experimenten leitete Piaget die wesentlichen Charakteristika der von ihm angenommenen Entwicklungsstufen ab, die im Folgenden für die hier interessierende Altersgruppe, nämlich die 0- bis 10-Jährigen, beschrieben werden.

3.2.1 Die sensumotorische Phase des Kleinkindes

Die sensumotorische Phase des Kleinkindes zeichnet sich dadurch aus, dass das Kind noch über keine eigene Vorstellungstätigkeit verfügt. Sein Verhalten ist ausschließlich durch das Zusammenwirken von motorischer Aktivität und Wahrnehmungseindrücken bestimmt – deshalb der Begriff der Sensumotorik. Piaget beschreibt das Beispiel seiner Tochter, die im Alter von 10 bis 11 Monaten auf das wiederholte und gleichmäßige Öffnen und Schließen seiner Augen zunächst nicht reagierte. Plötzlich im 11. Lebensmonat zeigte sie angesichts der sich öffnenden und schließenden Augen ein rhythmisches Öffnen und Schließen ihrer Hand, etwas später öffnete und schloss sie ihren Mund. Piaget interpretiert dieses Verhalten als eine motorisch-symbolische Darstellung der beobachteten Augenbewegung. Die Entstehung der *Symbolfunktion* ist einer der wesentlichen Prozesse, der die sensumotorische Phase auszeichnet. Sie ermöglicht es dem Kind, die Realität, so wie es sie erkannt hat, durch erste Vorstellungsbilder, Gesten, Gegenstände oder Wörter *geistig* zu repräsentieren.

Neben solchen Symbolhandlungen ist das Konzept der *Objektpermanenz* für die sensumotorische Phase kennzeichnend, es stellt einen Meilenstein der Entwicklung dar. Das Konzept der Objektpermanenz besagt, dass ein Gegenstand auch dann in der Vorstellung des Kindes weiter existiert, wenn es ihn nicht sehen kann. Versteckt man einen interessanten Gegenstand vor den Augen eines Kleinkindes beispielsweise unter einem Kissen, so scheint er für das Kind nicht mehr vorhanden zu sein. Es scheint nach der Devise „aus den Augen, aus dem Sinn" zu reagieren und zeigt keine Anstrengung, nach dem Spielzeug zu suchen. Erst zwischen dem 4. und 8. Lebensmonat beginnen Kinder, sich aktiv auf das verdeckte Spielzeug hin zu bewegen. Piaget interpretierte diese Verhaltensänderung als Aufbau einer inneren Repräsentation, also als Aufbau eines inneren Bildes, mit dem es erst möglich wird, nach einem Spielzeug zu suchen, das man nicht sehen kann und das nicht an die Sensumotorik geknüpft ist, sondern allein als inneres Bild existiert.

Das dritte kennzeichnende Phänomen der sensumotorischen Phase ist der *A-nicht-B-Fehler*, der eng mit der Objektpermanenz zusammenhängt. Er zeigt sich, wenn ein Spielzeug für das Kind sichtbar auf den Tisch gestellt und mit einem Tuch zugedeckt wird. Anschließend wird das Spielzeug wieder hervorgezogen und auf der anderen Seite des Tisches platziert. Sowohl die Ursprungs- als auch die neue Stelle werden dann wieder vor den Augen des Kindes verdeckt. Wird das Kind nun gefragt, unter welchem Tuch sich das Spielzeug befindet, so zeigt es erstaunlicherweise auf die Ursprungsstelle. Dieses Verhalten erklärt Piaget damit, dass das Kind noch kein vollgültiges Verständnis von der Permanenz der Objekte unabhängig von ihrer Lage im Raum und eigenen Handlungen entwickelt hat. Erst mit 12 bis 18 Monaten zeigen die Kinder zunächst nach einer Probesuche bei A auch Suchverhalten bei B, bis es zur sofortigen Suche am Ort B kommt. Diese Entwicklungssequenz zeigt Piaget zufolge, dass der A-nicht-B-Fehler in einer kognitiven Ursache begründet liegt.

Das vierte sich entwickelnde Charakteristikum der sensumotorischen Phase ist das *Nachahmungsverhalten*. In den ersten Lebensmonaten ist die Nachahmung an die Anwesenheit des Modells geknüpft; es handelt sich also um eine sensumotorische Nachahmung. Imitiert werden Laute oder einfache Bewegungen des Modells. Eine *verzögerte Nachahmung* aber, in Abwesenheit des Modells, kann nur dann entstehen, wenn das beobachtete Verhalten als inneres Modell repräsentiert wird, wenn also Objektpermanenz gegeben ist. Insbesondere die zeitlich verzögerte Nachahmung ist Piaget zufolge ein Anzeichen dafür, dass eine innere Repräsentation des beobachteten Verhaltens vorliegt. Den Ergebnissen Piagets folgend kann somit ein Kind erst im Alter von 18 bis 24 Monaten eine geistige Repräsentation über das Modellverhalten aufbauen, das ihm eine zeitlich verzögerte Nachahmung ermöglicht.

3.2.2 Die präoperationale Phase des Vorschulkindes

Der sensumotorischen folgt die präoperationale Phase, in der die *Symbolfunktion* eine zentrale Rolle einnimmt. Das Kind weiß ab dem 2. Lebensjahr, dass ein Symbol für ein Objekt stehen kann. Es erwirbt darüber hinaus ein Konzept qualitativer Identität, d. h. es versteht, dass die Identität eines Gegenstandes, zum Beispiel Knetgummi, gewahrt bleibt, auch wenn die Form verändert wird.

Ein wesentliches Konzept, das die präoperationale Phase kennzeichnet, ist das *egozentrische Denken* des Kindes. Piaget verwendet den Begriff des Egozentrismus mit leicht unterschiedlicher Bedeutung, so beispielsweise, um die fehlende Fähigkeit des Kindes zu kennzeichnen, sich in den Blickwinkel eines anderen hineinzuversetzen, die Rolle eines anderen einzunehmen oder die eigene Sichtweise als eine unter verschiedenen zu verstehen. So fühlt sich ein Kind dieses Alters zum Beispiel nicht veranlasst, seine Äußerungen zu begründen, und es zweifelt nicht daran, dass seine Äußerungen von anderen verstanden werden – es kommt gar nicht auf den Gedanken nachzufragen, ob verstanden wurde, was es meint. Dieser kommunikative Egozentrismus wird erst nach und nach überwunden, so dass das Kind lernt, seine Kommunikation am Verständnishorizont seines Gegenübers auszurichten.

Die klassische Demonstration des kindlichen Egozentrismus ist der so genannte Drei-Berge-Versuch (vgl. Aebli, Montada & Schneider, 1968). Einem etwa 4-jähringen Kind wird ein Modell mit drei deutlich unterschiedlich ausgeformten Bergen vorgelegt. Nun wird es aufgefordert, aus verschiedenen Fotos die Ansicht auszuwählen, die es selbst hat. Diese Aufgaben bewältigen 4-Jährige ohne Probleme. Nun wird das Kind an eine andere Position geführt, von wo es die richtige Auswahl treffen soll. Auch dies gelingt ihm ohne Schwierigkeiten. Schließlich wird es an seine Ausgangsposition zurückgeführt und soll wiederum die Ansicht auswählen, die es von Position 2 aus hatte. Diese Aufgabe können 4-Jährige noch nicht bewältigen; sie wählen in aller Regel wiederum die Ansicht von Position 1 aus, nämlich der Position, auf der sie sich gerade befinden.

Zu den egozentrischen Denkstrukturen des Kindes in der präoperationalen Phase zählen auch das finalistische, das artifizielle und das animistische Denken. Dies kommt Piaget zufolge jeweils durch eine fehlerhafte Assimilation zustande. Im *finalistischen* Denken werden Naturerscheinungen als sinnvoll und zweckmäßig erklärt, so beispielsweise, dass Steine dafür da sind, Häuser zu bauen. Das *artifizielle* Denken zeigt sich darin, dass Kinder denken, die Welt sei von Menschen gemacht. Hier kommt ein Konzept des „Herstellens" und „Tuns" zum Vorschein, das sich beispielsweise darin äußert, dass Kinder fragen, wer den Berg gemacht hat, oder sie denken, er sei von besonders „starken Leuten" gemacht worden. Beim *animistischen* Denken werden unbelebte Gegenstände wie belebte behandelt. Das Kind deutet zum Beispiel die ziehenden Wolken als Lebewesen, die sich wie Tiere aktiv fortbewegen. Hier wird eine Form des Denkens deutlich, die Piaget als *präkausal* bezeichnet hat – also die Vernachlässigung adäquater kausaler Mechanismen. Kinder beschränken sich in ihren Erklärungen für die Ursachen von beispielsweise physikalischen Ereignissen nicht auf den physikalischen Bereich, sondern suchen auch in Bereichen der Psychologie (Wünsche, Absichten) oder Biologie nach Ursachen. Das präkausale Denken zeigt sich noch deutlicher darin, dass die Kinder vielfach gar keine Hypothese darüber entwickelt haben, auf welche Ursache eine Wirkung zurückgehen könnte. So fragte Piaget (1926/1978) zum Beispiel Kinder danach, warum Schiffe schwimmen oder

der Mond seine Form verändert. Vorschulkinder bleiben hier vielfach eine Antwort schuldig.

Der Egozentrismus wird Piaget zufolge durch sozialen Austausch überwunden, indem Widersprüche und Konflikte zwischen verschiedenen Sichtweisen deutlich werden. Neben dem Egozentrismus ist ein weiteres Charakteristikum dieser Phase die *Zentrierung der Aufmerksamkeit* auf ein Merkmal eines Gegenstandes, wobei andere Merkmale außer Acht gelassen werden. Diese Besonderheit des präoperationalen Denkens zeigt sich beispielsweise in einem fehlenden Verständnis der *Unveränderlichkeit (Invarianz) von Mengen*. Ein klassischer Versuch besteht darin, dass zwei Gläser mit unterschiedlichem Durchmesser und unterschiedlicher Höhe nebeneinander auf den Tisch gestellt werden. Dann wird die Flüssigkeit aus dem breiteren, niedrigeren Glas in das höhere, schmalere umgefüllt, und das Kind wird gefragt, ob in dem höheren Glas nun gleich viel oder mehr oder weniger drin sei als in dem breiteren. Die typische Antwort des Kindes in der präoperationalen Phase besteht darin, dass das höhere Gefäß nun mehr enthalte. Das Kind kann offensichtlich die Dimensionen Höhe und Umfang nicht gleichzeitig berücksichtigen und in einem Urteil integrieren, so dass es allein aus der Flüssigkeitssäule schließt, es habe eine Veränderung der Menge stattgefunden. Vergleichbar werden auch Anzahl, Gewicht und Volumen von Kindern als veränderlich betrachtet, wenn die Form oder die Anordnung sich ändert. Legt man beispielsweise dieselbe Anzahl von Knöpfen einmal dicht nebeneinander und einmal weiter voneinander entfernt, so denkt das Kind, die längere Reihe enthalte mehr Knöpfe (Piaget & Szeminska, 1965).

Piaget hat das Phänomen der Zentrierung auf eine fehlende Beweglichkeit des Denkens zurückgeführt, die in dem Maße nachlässt, in dem das Kind zunehmend *dezentriert* und die Erfassung und Integration verschiedener Aspekte häufiger wird. Zentrierungen findet man bei Kindern bis zum fünften Lebensjahr auch im moralischen Urteilen. So glaubt beispielsweise ein Kind in der präoperationalen Phase, es sei schlimmer, zehn Tassen versehentlich zu zerschlagen als eine Tasse voller Wut auf den Boden zu schmettern; das Kind beachtet hier lediglich den Handlungsausgang, nicht die Intention.

Eine weitere typische Erscheinung dieser Phase besteht Piaget zufolge im Verständnis der *Klasseninklusion*, also im Verständnis der Tatsache, dass Oberkategorien die Unterkategorien bereits enthalten. So sind die Kinder zunächst angesichts der Frage verwirrt, ob es auf der Welt mehr Kinder oder mehr Mädchen gibt, und antworten möglicherweise, es gäbe mehr Mädchen.

Auf dieser Stufe des Denkens kommt es immer wieder zu Widersprüchen, die dem Kind selbst zunächst nicht bewusst sind. Dies geschieht erst, wenn das

Kind im sozialen Austausch die Widersprüche entdeckt. Für Piaget besteht die vorrangige Bedeutung der sozialen Umwelt für die Wissenskonstruktion darin, dass sie auf soziokognitive Konflikte aufmerksam macht, die ihrerseits zu höheren Stufen des Denkens und Lernens animieren. Die soziale Umwelt hat hier die Funktion, Entwicklungen anzustoßen.

3.2.3 Die konkret-operationale Phase des Schulkindes

Die konkret-operationale Phase, die etwa im Einschulungsalter einsetzt, führt das Kind zu neuen kognitiven Errungenschaften. Piaget hat die Meilensteine dieser Phase in einer sehr abstrakten und logisch-mathematischen Weise dargestellt, auf die hier nicht eingegangen werden soll. Exemplarisch werden zwei der Bereiche, in denen die Beschränkungen der präoperationalen Phase überwunden werden, herausgegriffen. Diese sind die *Seriation* bzw. Reihenbildung nach einer Dimension und der *Zahlbegriff*.

Die Entwicklung der *Seriation* lässt sich anhand der Aufgabe, unterschiedlich lange Stäbe der Größe nach zu ordnen, darstellen (Piaget & Inhelder, 1972). Wenn jüngere Kinder aufgefordert werden, eine Menge von beispielsweise 6 Stäben der Größe nach zu sortieren, sind sie oftmals nicht in der Lage, alle Stäbe zu sortieren. Sie bilden beispielsweise 3 Paare, wobei sie jeweils einen kürzeren und einen längeren Stab kombinieren, oder sie bauen eine Treppe, deren oberer Teil zwar aussieht, als seien die Stäbe sortiert, tatsächlich aber haben sie die Basis der Stäbe vernachlässigt und legen beispielsweise Stab 3 nach Stab 4, indem sie ihn hoch rutschen lassen.

Zu einem späteren Zeitpunkt gelingt es den Kindern zwar, die Stäbe nach einigem Probieren richtig zu reihen, sie können aber nur erst einen kleinen und dann einen großen Stab legen. Das führt zum Beispiel dazu, dass die Kinder dann, wenn ein kleiner Reststab übrig bleibt, den ganzen Aufbau wieder zerstören und von vorne anfangen. Erst mit dem 6. Lebensjahr können die Kinder das ganze System der Stäbe im Blick behalten und sie sowohl vorwärts als auch rückwärts richtig einfügen. Erst wenn dies gelingt, ist Piaget zufolge die Seriation nach einer Dimension vollgültig entwickelt.

Der *Zahlbegriff* setzt das Verständnis des Kindes voraus, dass die Anzahl von Dingen unabhängig von ihrer Anordnung konstant (invariant) bleibt. Ein 4-jähriges Kind denkt, dass eine Reihe derselben Anzahl von Knöpfen, die weiter auseinander liegen, mehr Knöpfe enthalte. Ein 5-jähriges Kind kann die Knöpfe zählen und kommt dennoch zu der Erkenntnis, dass die längere

Reihe mehr Knöpfe umfasst. Das Kind verwendet zwar Zahlworte, hat aber ihre Bedeutung noch nicht erkannt. Erst mit ungefähr 6 Jahren verfügt das Kind über die Fähigkeit, alle Objekte abzuzählen. Diese Operation setzt nach Piaget die Vereinigung zweier Denkstrukturen voraus. Einerseits müssen Objekte abgezählt werden können, was die Fähigkeit zur Klassenbildung erfordert. Beispielsweise darf das Kind nicht zwischen roten und blauen Knöpfen unterscheiden, sondern muss sie alle als Objekte derselben Klasse „Knöpfe" zählen. Zum zweiten muss das Kind verstehen, dass jedes Objekt nur einmal und der Reihe nach gezählt werden darf. Jüngere Kinder neigen zum Beispiel dazu, einzelne Objekte mehrfach zu zählen. Auch hier liegt eine Leistung der Klassenbildung vor, denn das Kind muss das Kardinalzahlprinzip verstanden haben, welches besagt, dass jede Zahl die niedrigeren Zahlen mit einschließt. Die Menge 6 enthält demzufolge die Menge 5, die wiederum die Menge 4 enthält usw.

3.2.4 Piagets Erziehungskonzept

Von Piaget stammt das Konzept der Entwicklung als einem selbstkonstruktiven Prozess, dem die Auffassung zugrunde liegt, dass das Kind kognitive Strukturen in Interaktion mit der Umwelt entwickelt. Die Eigenaktivität betonend lehnte Piaget Reifungstheorien ab. Was die Entwicklung vorantreibe, sei nicht in zunehmender Reife suchen, sondern in Äquilibrationsprozessen, die zum Aufbau komplexerer und angemessenerer Struktursysteme führen. Auch die Möglichkeiten von Erwachsenen, in die Ausbildung der Strukturen einzugreifen, sieht Piaget als gering an. Das Kind muss seiner Auffassung nach in aktiver Auseinandersetzung mit der Umwelt seine Strukturen selbst ausbilden und alle – auch die fehlerhaften – Stufen durchlaufen, bis es die einzelnen Konzepte vollgültig entwickelt hat; denn das Stufenkonzept impliziert, dass keine Stufe übersprungen werden kann.

Die Schule als Institution wurde von Piaget entsprechend kritisch betrachtet. Er vertrat das Konzept der „Aktiven Schule", die die Dominanz des Lehrers und seiner Autorität ablehnte, weil sie das Kind daran hindere, die Wahrheit zu entdecken. In seinen pädagogischen Ideen steht das Kind als eigenständige Persönlichkeit ganz im Mittelpunkt. An seinen Bedürfnissen und den Fragen, die sich dem Kind „wirklich" stellen, anzusetzen, war das Ziel der neuen Pädagogik, die Piaget vertrat. Der traditionellen Schule, die auf Wissensvermittlung und das Wort des Lehrers setze, widersetzte sich Piaget vehement, denn auswendig gelerntes und von Autoritäten übernommenes Wissen bleibt seiner Meinung nach einem tiefen Verständnis unzugänglich. Die neue Schule bestand für Piaget darin, dass sie neue Methoden einsetze, nämlich die der

Aktiven Schule. Die Grundsätze lagen in der Freiheit und Eigentätigkeit des Kindes, in seinen Interessen und Bedürfnissen. Als geeignete Methode, die „natürliche" Entwicklung des Kindes zu fördern, sah Piaget die Gruppenarbeit. Seiner Ansicht nach setzt solch ein freiwilliger Zusammenschluss von Kindern Kooperationsbereitschaft voraus, was dem Kind wiederum hilft, seinen Egozentrismus zu überwinden, da es mit anderen Kindern so verhandeln muss, dass individuelle Interessen und gemeinschaftliche Anliegen in Übereinstimmung gebracht werden. Insofern lagen hier eher persönlichkeitsbildende und sozial förderliche Ziele vor. Ob durch diese Arbeitsformen allerdings die kognitive Entwicklung gefördert würde, blieb unbeantwortet (vgl. Piaget, 1998/1999).

3.3 Eine Revision der Theorie Piagets

3.3.1 Untersuchungen zum Säuglings- und Kleinkindalter

Piagets Auffassung vom Lernen hat die Entwicklungspsychologie seit den 60er Jahren maßgeblich geprägt. Seither sind jedoch einige seiner Annahmen revidiert worden.

Imitation

Piaget vertrat die Auffassung, dass Kinder erst im Alter von 18 bis 24 Monaten die Fähigkeit zur verzögerten Imitation besitzen, nämlich dann, wenn sie eine innere Repräsentation des beobachteten Verhaltens entwickelt haben, die Objektpermanenz. Unmittelbare und einfache Imitation sollte im Alter von 4 bis 8 Monaten möglich sein. Einer der ersten, der diese Thesen kritisch geprüft hat, war Andrew Meltzoff. Meltzoff und Moore haben 1977 erstmals gezeigt, dass bereits Neugeborene im Alter von 2 bis 3 Wochen einfache Fingerbewegungen sowie das Herausstrecken der Zunge, das Öffnen des Mundes sowie das Schürzen der Lippen von einem erwachsenen Modell imitieren. In mehr als 20 unterschiedlichen Studien hat Meltzoff (1997) seine Befunde bestätigen können, so dass die Frage nach den zugrunde liegenden Mechanismen auftrat.

Als eine Möglichkeit wurde die Hypothese diskutiert, dass Säuglinge während der Interaktion mit der Mutter bereits in den ersten Lebenswochen die Fähigkeit des Imitierens erwerben. Um diese Annahme zu testen, wurden Neugeborene noch in der Entbindungsklinik untersucht; die Babys waren im Durchschnitt 32 Stunden alt. Auch diese Säuglinge, die in ihrem Leben bisher wenig Gelegenheit zur Interaktion mit der Mutter hatten, zeigten ein Imitationsverhalten. Somit kann angenommen werden, dass es bereits von Geburt an eine gewisse Anlage zur Nachahmung gibt (Meltzoff & Moore, 1983, 1989). Meltzoff und Moore (1997) erklären dieses Phänomen mit einem Modell, das einen *intermodalen Abgleich* annimmt. Das bedeutet, dass Säuglinge, obwohl sie ihr eigenes Gesicht nicht sehen können, dennoch wahrnehmen oder spüren, was sie tun. Durch die Eigenwahrnehmung ihres Körpers können sie ihre Lippen- oder Zungenbewegung überwachen und vergleichen das Gefühlte mit dem, was sie sehen. Das, was sie sehen, und das, was sie tun, entsprechen also einander. Die Hypothese besagt somit, dass Säuglinge und Kinder das Nachahmen nicht erst lernen müssen, sondern von Geburt an über die Fähigkeit verfügen, Imitation als Lernmittel einzusetzen.

Meltzoff (1988) hat ebenfalls das Imitationsverhalten von Kleinkindern untersucht und herausgefunden, dass bereits 1-Jährige zu einer verzögerten Imitation nach einem Zeitintervall von einer Woche in der Lage sind. Laut Piaget dürfte dies erst mit 24 Monaten der Fall sein, weil es die Symbolbildung voraussetzt. In einer dieser Untersuchungen wurde 1-jährigen Kindern der Umgang mit Gegenständen vorgeführt. Ein Gegenstand war eine flache Schachtel mit einem gelben Deckel, die auf einem Tisch lag. Das erwachsene Modell sah zunächst die Schachtel an, beugte dann den Kopf auf den Deckel und berührte ihn mit der Stirn. Kam der Kontakt zwischen Stirn und Schachtel zustande, leuchtete der gelbe Deckel auf. Die Kinder durften dieses Vorgehen zunächst nur beobachten und die Schachtel nicht berühren. Als ihnen dieselbe Schachtel eine Woche später – diesmal mit der Möglichkeit sie anzufassen – noch einmal vorgelegt wurde, ahmten 67% der Kinder die Berührung des Kopfes mit der Schachtel spontan nach. In einer Vergleichsgruppe, die zuvor mit der Schachtel spielen durfte, aber kein Modell gesehen hatte, zeigte keines der Kinder dieses Verhalten. Für Meltzoff war dies ein Beleg dafür, dass Kinder durch Imitation lernen, mit Objekten umzugehen, auch wenn sie ein so ungewöhnliches Verhalten sehen, wie die Stirn auf eine Schachtel zu legen. Es gehe den Kindern, wie er argumentierte, nicht nur darum, ein Ziel zu erreichen, nämlich die Schachtel zum Leuchten zu bringen, sondern auch darum, die Mittel zu verwenden, die sie gesehen hatten, nämlich den Kopf auf den Deckel zu beugen. Diesen Befunden zufolge scheint Imitation ein universelles Lerninstrument zu sein, das auch dann greift, wenn das gelernte Verhalten als solches wenig Sinn zu ergeben scheint.

Mit dieser Antwort, dass Kinder jedes, auch wenig sinnvoll erscheinendes Verhalten nachahmen, gaben sich Gergely, Bekkering und Kiraly (2002) nicht zufrieden. Die Kinder haben – so ihre Überlegung – dieses ungewöhnliche Verhalten vermutlich nicht als sinnlos angesehen, sondern sie müssen in ihm irgendeine Bedeutung erkannt haben. Die Kinder könnten sich zum Beispiel überlegt haben, dass der Erwachsene die Hände frei hatte und also einen bestimmten Grund gehabt haben muss, die Kopfbewegung zu zeigen. Um diese Vermutung zu überprüfen, wiederholten sie den Versuch von Meltzoff (1988) in abgewandelter Form. In einer Bedingung hatte der Erwachsene eine Decke über den Schultern, tat so, als ob er frieren würde, und hielt die Decke mit den Händen zusammen. Dann beugte er dem Experiment Meltzoffs entsprechend den Kopf über die Schachtel. In dieser Untersuchung senkten nur noch 21 % der Kinder eine Woche später den Kopf auf die Schachtel, die meisten brachten sie mit den Händen zum Leuchten. Die Kinder scheinen sich tatsächlich überlegt zu haben, dass der Erwachsene nur deshalb den Kopf benutzt hatte, weil er mit den Händen die Decke festhalten musste. Sie selbst mussten nichts festhalten und konnten die Schachtel also auch eben so gut mit den Händen zum Leuchten bringen.

Aus dieser Studie lässt sich ableiten, dass das Imitationsverhalten von Kindern weit über pures Nachahmen hinausgeht. Die Imitation ist bereits bei 1-jährigen Kindern ein mit Nachdenken verbundener Prozess, in dem der Sinn der eingesetzten Mittel („Benutze ich den Kopf oder die Hände?") im Verhältnis zu den gegebenen Bedingungen („Sind die Hände beschäftigt oder nicht?") überprüft wird. Insofern zeigt diese Studie auch, dass Imitation bereits bei Kleinkindern einen Prozess der Bedeutungskonstruktion beinhaltet, der Lernen vermittelt.

Objektpermanenz

Einige Autoren haben die These aufgestellt, dass Kinder vor dem 9. Lebensmonat in der klassischen Objektpermanenzaufgabe von Piaget das verdeckte Objekt nicht etwa deshalb nicht suchen, weil sie kein mentales Konzept darüber aufgebaut haben, sondern weil sie noch nicht über die motorischen Fähigkeiten verfügen, es zu suchen (zum Beispiel Baillargeon, Spelke & Wasserman, 1985; Bower, 1974). Piaget (1959/1969) selbst war aufgrund seiner Studien zu dem Ergebnis gelangt, dass Kinder erst im 9. Lebensmonat beginnen, nach dem Objekt zu suchen, weil sie zuvor die notwendige Koordination zwischen Motorik und Wahrnehmung noch nicht entwickelt haben; im Wesentlichen sah er die Objektpermanenz jedoch als kognitives Problem an, nicht als motorisches. Gerade aber das Problem der unreifen Motorik hat verschiedene Wissenschaftler dazu veranlasst, neue Untersuchungsverfahren zu entwickeln, um motorische von kognitiven Komponenten zu trennen.

Bower (1974) konnte zeigen, dass Säuglinge bereits im Alter von 20 Tagen Überraschung zeigen – gemessen an der Veränderung der Herzfrequenz –, wenn ein vor ihnen platziertes Objekt kurzzeitig von einem Schirm verdeckt wird und nach Lüftung des Schirms nicht wieder erscheint. Eine Erklärung für diesen Befund könnte darin liegen, dass die Säuglinge bereits über einen Wahrnehmungsmechanismus verfügen, der sie darauf aufmerksam macht, dass eine Abweichung von den normalen Regeln, nach denen Objekte verschwinden, aufgetreten ist. Vor einem ähnlichen Hintergrund hat Renée Baillargeon (1986, 1987) die Objektpermanenz von Kindern in einer Vielzahl von Studien untersucht. Sie hat sich auf das Verständnis der Kinder dafür konzentriert, dass ein fester Körper nach den Regeln der Physik einen anderen festen Körper normalerweise nicht durchdringen kann. Zeigt das Kind Überraschung, wenn dieses Ereignis dennoch auftritt, insbesondere wenn das durchdrungene Objekt zeitweilig nicht sichtbar ist, so müssen die Kinder doch über ein rudimentäres Konzept der Objektpermanenz verfügen.

Baillargeon et al. (1985) haben in ihrem Habituationsexperiment 5 Monate alten Säuglingen zuerst einen beweglichen Schirm gezeigt, der sich – aus der Seitenansicht betrachtet – ähnlich wie ein Scheibenwischer im 180-Grad-Bogen bewegte. Obwohl die Säuglinge dieses Ereignis zunächst mit großem Interesse beobachteten, ließ ihre Aufmerksamkeit nach einiger Zeit nach. Diesen Effekt nennt man *Habituation* (= Gewöhnung). Tritt *Dishabituation* ein, also der Effekt, dass sie sich dem Ereignis wieder zuwenden, kann man daraus schließen, dass die Säuglinge irgend etwas wahrgenommen haben, das einen gewissen Neuigkeitswert hat, ihrer Erwartung widerspricht und aus diesem Grunde wiederum interessant für sie geworden ist. In dem Experiment von Baillargeon et al. (1985) wurde nach der Habituation der Säuglinge an den auf- und niedergehenden Schirm eine hölzerne Box direkt in die Bahn des Schirms gestellt. Zu Beginn des Versuchs konnten die Säuglinge die Box sehen, sie verschwand dann aber aus ihrem Sichtfeld, sobald der Schirm sich vollständig abgesenkt hatte. Es gab ein *mögliches* Ereignis für das keine Dishabituation erwartet wurde, und ein *unmögliches* Ereignis, bei dem man von einer erneuten Aufmerksamkeitszuwendung des Säuglings ausging. Beim möglichen Ereignis bewegte sich der Schirm nur bis zu der Stelle, an der sich die Box befand, so dass er sie berührte, den 180-Grad-Bogen nicht zu Ende beschrieb und sich wieder nach oben bewegte. Beim unmöglichen Ereignis klappte der Schirm bis zur Box, berührte sie, bewegte sich dann aber weiter, als sei die Box gar nicht vorhanden, bis der Halbkreis absolviert war. Dies war durch einen „Trick" möglich, indem nämlich eine versteckte Hebebühne die Box absenkte. Die Kinder zeigten beim unmöglichen Ereignis größeres Erstaunen als beim möglichen. Obwohl der Schirm also die Box verdeckte, „wussten" sie, dass sie weiterhin existieren musste, so dass der Schirm die Bahn eigentlich nicht beschreiben konnte. Die Ergebnisse zeigen, dass bereits Kinder im Alter von 4,5 Monaten über Objektpermanenz verfügen. In veränderten Versuchsanordnungen konnten diese Befunde mehrfach bestätigt werden, und es zeigte sich, dass Kinder je nach Versuchsaufbau bereits mit 3 Monaten wissen, dass Objekte auch dann nicht verschwinden, wenn man sie nicht mehr sieht und sie ihre Gestalt nicht ohne äußere Einwirkung verändern können (Baillargeon, 1994).

Der A-nicht-B-Fehler

Der A-nicht-B-Fehler ist neben der klassischen Such-Aufgabe Piagets eines der am häufigsten untersuchten Phänome in der Entwicklungspsychologie der frühen Kindheit. Die traditionelle Interpretation lautet auch hier, dass dieser Fehler auf ein fehlendes Konzept der Objektpermanenz zurückgeht (→ Kap. 3.2.1). In jüngerer Zeit wurde er auf verschiedene Faktoren zurückgeführt, so zum Beispiel auf Gedächtnisphänomene, das räumliche Wissen der Kinder und auf motorische Hemmungsprozesse bei der Suche an Punkt B. In einem aktuellen Übersichtsartikel wird argumentiert, dass diese Erklärungen zwar alle ein Körnchen Wahrheit enthalten, dass sie aber keine konsistente Erklärung des Phänomens anzubieten vermögen (Smith, Thelen, Titzer & McLin, 1999).

In einer eigenen Theorie nehmen Smith et al. (1999) eine *dynamische Systemperspektive* ein. Dynamische Systemperspektiven sehen den Geist des Kindes, seinen Körper sowie die physikalische und soziale Welt als ein integriertes System, das zur Entwicklung neuer Fähigkeiten und Verhaltensweisen führt. Die Entwicklung des Kindes wird als selbstorganisatorisch in dem Sinne angesehen, dass neue Verhaltensmuster aus der Interaktion der verschiedenen Komponenten des Systems resultieren, ohne dass die Umwelt spezifisch auf das Kind einwirken müsste; die Umwelt ist statt dessen Bestandteil des Systems und wird ihrerseits durch die anderen Systemkomponenten beeinflusst (Thelen & Smith, 1997). Smith et al. (1999) schlagen auf dieser theoretischen Grundlage die Erklärung vor, dass der Rückgriff der Kinder auf Punkt A das Produkt solcher systemischen Prozesse sei. Die Autoren haben die klassische A-nicht-B-Aufgabe modifiziert und an sechs Untersuchungen aufgezeigt, dass nicht das fehlerhafte Verständnis der Kinder für die Permanenz des Objekts ausschlaggebend ist. Vielmehr ist eine Vielzahl interagierender Prozesse beteiligt. Sie fanden heraus, dass zielgerichtetes Verhalten (wie das Greifen nach einem Punkt) ein selbstorganisierter Prozess ist, der vielfache Interaktionen zwischen visuellem Input, Blickrichtung, der eigenen Position im Raum und dem Gedächtnis für vorangegangene ähnliche Ereignisse beinhaltet. Kinder mit vorhergehenden Erfahrungen sind beispielsweise weniger geneigt, den A-nicht-B-Fehler zu zeigen, weil sie daraus gelernt haben – oder anders gewendet: Je mehr Erfahrungen Kinder mit der A-nicht-B-Aufgabe gesammelt haben, um so wirksamer sind ihre Suchstrategien. Sofern auch die Außenwelt als Systembestandteil verstanden wird, muss sie als einflussreiche Größe immer mit berücksichtigt werden, um das Verhalten der Kinder erklären und vorhersagen zu können. Denn selbst bei älteren Kindern und Erwachsenen kann man in konflikthaften und emotional belastenden Situationen mit dem A-nicht-B-Fehler rechnen. Insofern sollte man sich nicht auf Erklärungen, die nur eine Ursache für solche Verhaltensweisen annehmen, beschränken, sondern alle komplexen Interaktionsprozesse berücksichtigen. Aus diesen Gründen distanzieren sich neuere Forschungen von einer spezifisch entwicklungspsychologischen Erklärung und sehen qualitative Veränderungen nicht an entwicklungsgebundene Stufen geknüpft, sondern an Veränderungen im System, die während jeder Lebensphase auftreten können.

3.3.2 Untersuchungen zum Vorschulalter

Animistisches Denken

Für Piaget (Piaget & Inhelder, 1966/1972, 1966/1979) gehören das animistische Denken bzw. die fehlende Unterscheidungsfähigkeit zwischen belebten und unbelebten Objekten zu den typischen „Fehlern" des Kindes in der präoperationalen Phase (➤ Kap. 3.2.2). Die neuere Forschung hat aber gezeigt, dass bereits Säuglinge klare Unterscheidungen zwischen beiden Objektkategorien treffen können. So haben Mandler und McDonough (1993) Kinder zwischen 9 und 11 Monaten an verschiedene Spielzeuge gewöhnt (habituiert), die verschiedenen Kategorien angehörten. Eine Kategorien war zum Beispiel „Fahrzeug" und wurde durch ein Motorrad, einen Traktor, einen LKW und einen Bus repräsentiert. Anschließend erhielten die Kinder ein neues Objekt der vertrauten Kategorie, das sie vorher nicht gesehen hatten, zum Beispiel einen Personenwagen, und zusätzlich ein Objekt einer kontrastierenden Kategorie, beispielsweise ein Pferd als Exemplar der Kategorie „Tier". Die Kinder reagierten gegenüber dem Pferd mit stärkerer Aufmerksamkeitszuwendung als gegenüber dem Personenwagen; offensichtlich empfanden sie die neue, kontrastierende Kategorie als interessanter als die bereits bekannte, an die sie habituiert waren. Entsprechende Ergebnisse zeigten sich auch bei einem Vergleich von zwei sich sehr ähnelnden Kategorien, zum Beispiel Vögel mit Flugzeugen. Diese Befunde lassen sich als Anzeichen für den Beginn konzeptueller Unterscheidungen zwischen belebten und unbelebten Objekten werten. Da nicht auszuschließen war, dass die Kinder die Unterscheidung aufgrund äußerer Merkmale wie Räder versus Hufe getroffen hatten, hat Carey (1985) zum Beispiel 3- bis 4-jährige Kinder Aussagen über lebende und Stofftiere treffen lassen, um zu prüfen, inwieweit die Kinder die konzeptuelle Differenz zwischen belebten und unbelebten Objekten verstehen. Sie stellte fest, dass innere Eigenschaften, wie zum Beispiel „hat eine Milz", nur bei echten Tieren vermutet wurden. Äußere Eigenschaften spielen dennoch eine Rolle. Gerade jüngere Kinder übertragen biologische Eigenschaften um so eher, je ähnlicher das Testobjekt dem Menschen ist, also beispielsweise bei einem Stoffaffen eher als bei einem Wurm. Carey (1985) hat aus solchen Befunden geschlossen, dass Kinder ihre eigenen Theorien über bestimmte Sachverhalte aufbauen. Diese *intuitiven Theorien* helfen den Kindern – ähnlich wie wissenschaftliche Theorien dem Wissenschaftler –, die Welt zu verstehen und zu erklären. Welche Phänomene einem Theoriebereich angehören, hängt davon ab, auf welcher Grundlage die Theorie aufgebaut wird. Um eine Theorie über Lebewesen zu entwickeln, würden Erwachsene nach gemeinsamen Funktionen suchen, wie zum Beispiel Wachstum, Stoffwechsel oder Fortpflanzung. Kinder bauen ihre Theorie hingegen am Kriterium der Verhaltensähnlichkeit auf, so dass Stoffaffe und Mensch für sie enger zusammen gehören als Wurm und Mensch. Dies erklärt zum Beispiel auch die Tatsache, dass Vorschulkinder Pflanzen spontan nicht den Lebewesen zurechnen (➤ Kap. 4.1.2).

In Deutschland hat Sabina Pauen (1996 a) das Zusammenwirken von Wissen und Wahrnehmung bei Kindern im Kindergarten- und Vorschulalter untersucht. Den Kindern wurden Bilder von je zwei Artefakten (künstliche „Lebewesen" wie Stofftiere oder andere Objekte) und zwei Lebewesen (Tiere oder Pflanzen) gemeinsam vorgelegt. Die Objekte eines Paares wichen lediglich in einem Detail voneinander ab, das bei beiden Paaren dieselbe Funktion erfüllte. Die Kinder wurden auf dieses Detail aufmerksam gemacht und erhielten dann die Aufgabe, jeweils ein Paar zu trennen, mit der Begründung, dass es „in Wirklichkeit" nicht zusammengehöre. Kinder im Alter von 4 bis 5 Jahren trennten die Lebewesen häufiger voneinander als die Artefakte. Sie vertraten zum Beispiel die Ansicht, dass zwei Mäuse mit verschiedenen Schwänzen getrennt werden müssten, während zwei Kassettenrekorder mit unterschiedlichen Henkeln zusammenbleiben sollten; in beiden Fällen wurde den Kindern gesagt, dass dieser Teil zum Aufhängen an einem Ast dienen würde (identische Funktion).

Die Karten mit den Zeichnungen wurden auch Erwachsenen gezeigt, die noch deutlicher als die Kinder unterschieden und dabei argumentierten, dass bei den Lebewesen Unterschiede in der Erscheinung auf tieferliegende Unterschiede zurückgeführt werden könnten, zum Beispiel auf unterschiedliche Erbanlagen, und daher eine Aufteilung in Unterklassen nahe liege. Bei den Artefakten dagegen hätten die unterschiedlich aussehenden Teile dieselbe Funktion, weshalb man sie nicht trennen müsse. Obwohl die Kindergartenkinder ihre Entscheidung noch nicht erklären konnten, kann man davon ausgehen, dass sie eine ähnliche Logik verfolgt haben. Die Kinder haben damit, so kann man schließen, den substantiellen Unterschied zwischen belebten und unbelebten Objekten verstanden.

In einer aktuellen Übersichtsarbeit kommen S. Gelman und Opfer (in press) zu dem Resultat, dass die Fähigkeit zur Unterscheidung zwischen belebten und unbelebten Objekten als fundamental in dem Sinne zu bezeichnen ist, dass sie bereits sehr früh in der Kindheit auftritt, sich als resistent gegen Irritationen erweist und in einer Vielzahl unterschiedlicher Aufgabenstellungen gefunden werden kann. Tatsächlich ist es so, dass die Befundlage Piagets Annahmen über den Animismus deutlich widerspricht, insbesondere der These, dass er ein Charakteristikum der präoperationalen Phase darstellt und erst im Grundschulalter überwunden wird. R. Gelman (1990) zufolge stellt diese Unterscheidung so etwas wie ein Grundprinzip dar, das die Erfahrungen der Kinder bereits sehr früh organisiert; es handelt sich somit um ein Prinzip, das weniger gelernt werden muss, als dass es vielmehr selbst das Lernen steuert und organisiert. Offen sind bisher die Fragen, ob diese Unterscheidungsfähigkeit bereits von Geburt an im Gehirn fest „verschaltet" ist, ob sie eine domänenspezifische Kapazität beschreibt oder das Resultat früher Lernerfahrungen darstellt, die Kinder bereits von Geburt an machen. Auf welcher Grundlage Kinder die Unterscheidung treffen, lässt sich heute deutlich beantworten. Sie tun es sowohl aufgrund hervorstechender Eigenschaften, wie zum Beispiel ob das Objekt ein Gesicht hat, als auch aufgrund dynamischer Merkmale, wie zum Beispiel ob das Objekt sich bewegt oder zielgerichtetes Verhalten zeigt. Keines dieser Merkmale wirkt aber allein, denn Kinder können sehr wohl auch einen Computer mit Gesicht als unbelebt einschätzen. Als offen sehen S. Gelman und Opfer (in press) allerdings die Frage an, wie deutlich die Unterscheidung zukünftig ausfallen wird, wenn Roboter den Lebewesen immer ähnlicher werden.

Perspektivenübernahme

Einer der ersten Entwicklungspsychologen, der die These vom Egozentrismus des Kindes in der präoperationalen Phase einer kritischen Prüfung unterzogen hat, war John Flavell (Flavell, Everett, Croft & Flavell, 1981; Masangkay, McCluskey, McIntyre, Sims-Knight, Vaughn & Flavell, 1974). Er hat mit seiner Arbeitsgruppe gezeigt, dass 4- bis 5-jährige Kinder ein Bild sehr wohl aus der eigenen wie auch aus der Perspektive eines anderen betrachten können, dass sie also nicht in einer egozentrischen Perspektive gefangen sind, wie Piaget in seinem Drei-Berge-Versuch zu belegen versuchte (➤ Kap. 3.2.2). In einer Untersuchung wurde den Kindern das Bild mit der Seitenansicht einer Schildkröte gezeigt. Der Versuchsleiter drehte das Bild mehrfach und teilte dabei dem Kind verschiedene Perspektiven mit, wie er nun die Schildkröte sehe; beispielsweise auf dem Rücken liegend oder auf den Hinterbeinen stehend. Die Kinder wurden jeweils abwechselnd gefragt, wie sie die Schildkröte sehen und wie der Versuchsleiter sie sehen würde. Die 4- bis 5-jährigen Kinder konnten beide Fragen richtig beantworten; sie konnten sowohl die eigene wie auch die Perspektive des gegenüber sitzenden Versuchsleiters einnehmen. 3-jährige Kinder waren dazu noch nicht in der Lage. Sie haben die Schildkröte konsistent aus ihrer eigenen Perspektive beschrieben.

Hughes und Donaldson (1979) haben gezeigt, dass Kinder im Vorschulalter, die die piagetsche Aufgabe nicht bewältigen, sehr wohl in der Lage sind, eine vergleichbare Aufgabe richtig zu lösen, wenn sie sozial realistisch gestaltet und in eine Geschichte eingekleidet ist; so beispielsweise wenn es darum geht, einen Jungen, der etwas gestohlen hat, vor einem Polizisten zu verstecken.

Doch auch bei noch jüngeren Kindern findet man nicht durchgängig Anzeichen für Egozentrismus. Lempers, Flavell und Flavell (1977) berichten, dass schon 2-Jährige, wenn man sie bittet, ihrer Mutter ein Bild zu zeigen, das Bild so drehen, dass die Mutter es sehen kann und nicht sie selbst. Flavell et al. (1981) kommen aufgrund solcher Ergebnisse zu einer Unterteilung der Perspektivenübernahme auf zwei Entwicklungsebenen: Auf Ebene 1 können bereits 2-jährige Kinder verstehen, dass sie selbst etwas sehen können, was ein anderer nicht sieht. Sie können berücksichtigen, dass es unterschiedliche Perspektiven gibt. Auf Ebene 2 verstehen 4-Jährige, dass ein Objekt aus unterschiedlichen Wahrnehmungsperspektiven eine unterschiedliche Erscheinung haben kann, dass die Schildkröte für sie beispielsweise auf den Beinen steht, für den Versuchsleiter aber auf dem Rücken liegt. Sie können somit nicht nur berücksichtigen, dass es unterschiedliche Perspektiven gibt, sondern diese auch beschreiben. Die Befunde stehen der Annahme Piagets, dass das präoperationale Kind in seinen Urteilen durchgängig aus der egozentrischen Perspektive argumentiere, deutlich entgegen. Für die pädagogische Praxis ergibt sich daraus die Konsequenz, dass der Gruppe nicht in erster Linie die Funktion zukommt, den Egozentrismus zu überwinden, sondern dass sie als Ressource des Lernens genutzt werden kann.

Theory of Mind – Theorien des Denkens

Piaget vertrat die Ansicht, dass das präoperationale Vorschulkind nicht in der Lage sei, zwischen physikalischer und mentaler Welt zu unterscheiden, also beispielsweise einen Traum für Realität hält oder äußerlich Beobachtbares wie Sprechen und Handeln mit mentalen Vorgängen wie Träumen und Denken verwechselt (Piaget, 1926/1978). Die zentrale Frage lautet in diesem Zusammenhang, wie Kinder lernen, zwischen der Welt des Denkens und der Welt der Dinge zu differenzieren. Die neuere entwicklungspsychologische Forschung hat gezeigt, dass Kinder im Alter von 2 bis 3 Jahren sich noch nicht richtig in das Denken und Wissen anderer Menschen hineinversetzen können. So gelingt es ihnen zum Beispiel nicht, andere überzeugend zu täuschen – denn sie müssen erst eine Theorie des Denkens, eine *Theory of Mind*, entwickeln. Mit ungefähr 4 Jahren findet hier ein Meilenstein der Entwicklung statt. Kinder können nun in ihr Denken und Handeln die Perspektive des anderen und seine Überzeugungen – das, was er *denkt* – mit einbeziehen.

Eine klare Unterscheidung zwischen der Welt der Dinge und des Denkens findet sich, anders als Piaget noch annahm, bereits bei 3-Jährigen. So konnte beispielsweise gezeigt werden, dass 3-jährige Kinder verstehen, dass man nur einen realen Hund streicheln und füttern kann, nicht aber einen vorgestellten (Wellman & Estes, 1986). Kinder dieses Alters begreifen ebenfalls, dass Gedanken individuell und für andere nicht zugänglich sind. So zeigen sie in einfach gestalteten Aufgaben durchaus ein Verständnis dafür, dass nur sie selbst ihre eigenen Vorstellungen und Gedanken „sehen" können, andere aber nicht (Estes, Wellman & Woolley, 1989). Und sie verstehen ebenfalls, dass sie selbst empfinden können, ein Plätzchen schmeckt gut, während andere es nicht mögen; sie denken also nicht, dass das Plätzchen als solches gut schmeckt und erheben nicht ihre eigene Perspektive zum Absoluten (Flavell, Flavell, Green & Moses, 1990). 3-Jährige wissen somit bereits einiges über den menschlichen Geist, und sie wissen, dass er sich von der Welt der Dinge unterscheidet. Sie sind allerdings noch nicht dazu fähig, das Denken eines anderen in ihre Urteile und ihr eigenes Denken einzubeziehen. Die ersten, die diese Schwierigkeit der 3-Jährigen aufgezeigt haben, waren die Österreicher Heinz Wimmer und Josef Perner (1983). Ihre Untersuchungen bauen auf der Überlegung auf, dass ein Mensch, der eine Theorie des Denkens entwickelt hat, in der Lage sein müsste, zu erkennen, was es für eine andere Person bedeutet, wenn sie aufgrund einer *falschen Überzeugung* handelt. Auf dieser Grundlage haben sie Kindern den Sketch „Maxi und die Schokolade" mit Puppen vorspielen und erzählen lassen. Die Geschichte lautet:

Die Mutter kommt vom Einkaufen zurück. Sie bringt Schokolade zum Kuchenbacken mit. Maxi hilft ihr, die Sachen einzuräumen. Er fragt sie: „Wo soll ich die Schokolade hintun?" „In den blauen Schrank", sagt die Mutter. [...] Maxi tut die Schokolade in den blauen Schrank [eine Spielzeugschokolade wird in den blauen Schrank gelegt]. Maxi erinnert sich genau, wo er die Schokolade hingelegt hat, so dass er später zurückkommen und sich ein Stück holen kann. Er liebt Schokolade. Dann geht er auf den Spielplatz [die Maxi-Puppe wird aus der Szene herausgenommen]. Die Mutter fängt mit den Vorbereitungen für den Kuchen an und nimmt die Schokolade aus dem blauen Schrank. Sie tut etwas davon in den Teig und legt die Schokolade dann *nicht* in den blauen, sondern in den grünen Schrank. [Die Spielzeugschokolade wird von der blauen in die grüne Schachtel gelegt]. Dann fällt ihr ein, dass sie vergessen hat, Eier zu kaufen. Sie geht zur Nachbarin, um nach Eiern zu fragen. Da kommt Maxi vom Spielplatz. Er ist hungrig und möchte etwas Schokolade essen. [Die Maxi-Puppe erscheint wieder in der Szene]. Er weiß noch ganz genau, wo er die Schokolade hingelegt hat. – [Testfrage] Wo wird Maxi nach der Schokolade suchen? (aus Wimmer & Perner, 1983, p. 109; Übers. v. d. Verf.)

Diese Untersuchung wie auch viele Folgestudien zeigen, dass Kinder zwischen 3 und 5 Jahren einen enormen Entwicklungsfortschritt machen. 3-jährige Kinder antworten konsistent, Maxi werde die Schokolade im grünen Schrank suchen. Sie haben noch kein Konzept der Überzeugung bzw. der falschen Überzeugung entwickelt und haben den Sachverhalt noch nicht verstanden, dass man aufgrund seiner Überzeugungen handelt, nicht aufgrund der realen Tatsachen. Das Antwortverhalten der 3-Jährigen ändert sich auch dann nicht, wenn man sie auffordert, bevor sie antworten, noch einmal gründlich nachzudenken oder wenn man sie darauf hinweist, dass Maxi nicht sehen konnte, wie die Mutter die Schokolade in den grünen Schrank gelegt hat (Wimmer & Perner, 1983; Perner, Leekam & Wimmer, 1987). Erst die 4- bis 5-jährigen Kinder verstehen, dass Maxi eine Überzeugung hat, von der sie selbst wissen, dass sie falsch ist. Aus dieser falschen Überzeugung leiten sie die richtige Handlungsvorhersage ab. Sie antworten auf die Testfrage, dass Maxi die Schokolade im blauen Schrank suchen wird und nicht im grünen. Selbst eine noch einfacher konstruierte Aufgabe konnten die 3-Jährigen nicht lösen. Ihnen wurde eine Schachtel Smarties gezeigt; daraufhin wurden sie gefragt, was sich ihrer Meinung nach in der Schachtel befinde. Alle Kinder antworteten spontan: „Smarties!". Dann wurde die Schachtel geöffnet, und zum Erstaunen der Kinder fand sich ein Bleistift darin. Auf die anschließende Frage, was ein Freund von ihnen meine, was sich in der Schachtel befinde, antworteten alle 3-Jährigen, der Freund werde meinen, es sei ein Bleistift in der Schachtel (Perner et al., 1987). Auch wenn man die 3-jährigen Kinder fragte, was sie früher gedacht hätten, was in der Schachtel sei, antworteten sie, sie hätten gedacht, es sei ein Bleistift darin (Astington & Gopnik, 1988).

Insgesamt scheinen 3-Jährige noch nicht dazu im Stande zu sein, klar zwischen dem zu unterscheiden, was der Fall ist und was jemand glaubt, dass es der Fall ist. Sie können sich nicht einmal erinnern, dass sie selbst etwas geglaubt haben, von dem sie nun wissen, dass es sich anders verhält. Zwischen dem 3. und 4. Lebensjahr absolvieren Kinder einen Wendepunkt in ihrer Entwicklung, indem sie eine sogenannte *repräsentationale Theorie des Denkens* entwickeln (z. B. Perner, 1991; Wellman, 1990). Diese Theorie des Denkens ist eine spezifische kognitive Fähigkeit, um andere Menschen als intentional Handelnde zu begreifen, das heißt, ihre Gedanken als theoretische Konzepte von intentionalen Zuständen wie glauben und wünschen zu interpretieren. Kinder beginnen um das 4. Lebensjahr zunehmend zu verstehen, dass mit dem Denken nicht einfach die Realität abgebildet wird, sondern dass diese gewissermaßen *geschaffen* werden kann. Denken ist etwas Aktives, das seinerseits eine gedachte Realität hervorbringt. Somit verstehen sie auch, dass Menschen nicht immer so handeln, wie die Realität es vorschreibt, sondern dass sie ihr Handeln nach ihren Überzeugungen richten: Wenn sie *denken*, die Realität sei auf eine bestimmte Weise gestaltet, werden sie auch ihrer Überzeugung gemäß handeln, selbst wenn die Realität eine andere ist. Insofern ist auch der Nachweis geführt, dass Kinder im Vorschulalter – anders als Piaget noch annahm – sehr wohl zwischen physikalischer und mentaler Welt zu unterscheiden vermögen und beispielsweise nicht prinzipiell ihre Phantasien oder Träume für die Realität halten.

Symbolisierung

Piaget zufolge geht die Symbolfunktion aus der sensumotorischen Nachahmung hervor. Anfangs ist die Nachahmung noch an die Anwesenheit des Modells geknüpft, erst im Alter von etwa 2 Jahren geschieht sie in Abwesenheit des Vorbildes und mit zeitlicher Verzögerung. Die verzögerte Nachahmung ist für Piaget der entscheidende Indikator, dass ein äußerlich wahrgenommenes Vorbild durch ein ‚inneres Modell' ersetzt worden ist (Piaget, 1959/1969). Dieses innere Bild ist die erste Form eines Symbols, es symbolisiert die Realität, so wie das Kind sie erkannt hat. Mit dem Erscheinen der Symbolfunktion kommt es Piaget zufolge „zu einem grundlegenden Wandel im Seelenleben des Kindes. Dank ihr kann sich das Kind jetzt mit Hilfe eines beliebigen Bedeutungsträgers eine derzeit nicht bestehende Situation vergegenwärtigen. Man sieht dann auch, wie das Übungsspiel vom Symbolspiel überlagert wird" (Piaget, 1954/1995, S. 83).

Äußere Darstellungen als Symbole zu verwenden, setzt zweierlei voraus: Erstens die Erkenntnis, dass ein Symbol für etwas anderes steht und nicht für sich selbst, zweitens, dass in einem symbolischen Verhältnis ein qualitativer Unterschied zwischen dem Symbol und dem, worauf es in der Realität verweist, dem so genannten Referenten, besteht. Eine Landschaft unterscheidet sich beispielsweise qualitativ maßgeblich von ihrem Symbol, einer Landkarte. Judy DeLoache (1995) hat die Entwicklung des symbolischen Verständnisses im Kindesalter bei außersprachlichen und nicht schriftlichen Symbolen, wie zum Beispiel Bildern, Videoaufnahmen und Modellen untersucht. Auch in diesen Studien zeigt sich, dass Kinder nicht *eine* Struktur der Symbolisierung erwerben, sondern dass kontextabhängige Faktoren darüber bestimmen, ob sie ein Symbol als Informationsquelle einsetzen können, um sich in der Realität zurecht zu finden.

Ab einem Alter von 2½ Jahren – mit 2 Jahren allerdings noch nicht – können Kinder Bilder nutzen, um ein im Raum verstecktes Spielzeug zu finden, das auf dem Bild eingezeichnet ist. Dabei ist es gleichgültig, ob sie eine Weitwinkelaufnahme des Raums vorgelegt bekommen oder eine Zeichnung (DeLoache, 1987, 1991; DeLoache & Burns, 1994). Dasselbe Resultat lässt sich mit Videofilmen erzielen (Troseth & DeLoache, 1998). Damit sind Bilder die ersten Symbole, die Kinder in ihrer Entwicklung verstehen. An derselben Aufgabe scheitern aber Kinder im Alter von 2½ Jahren, wenn sie statt eines Bildes oder Films ein Spielzeugmodell des Raums vorgelegt bekommen und ein Miniaturspielzeug, das sie im Modell gesehen haben, im realen Raum als großes Spielzeug suchen sollen. Diese Aufgabe bewältigen erst 3-jährige Kinder (DeLoache, 1987, 1991, 1995). Das Problem der jüngeren Kinder scheint darin zu bestehen, die Beziehung zwischen Modell und Realität zu erkennen. Es gelingt allerdings auch 2½-Jährigen, das versteckte Spielzeug im Raum zu finden, wenn das Modell fast ebenso groß ist wie der Originalraum (DeLoache, Kolstad & Anderson, 1991).

Um diese Schwierigkeit der jüngeren Kinder zu erklären, hat DeLoache (1987, 1991, 1995) eine Theorie der zweifachen Repräsentation (dual representation) aufgestellt. Um ein Modell, beispielsweise das eines Raumes, als Informationsquelle zur Orientierung zu nutzen, muss das Kind gleichzeitig sowohl seine abstrakte als auch seine konkrete Bedeutung verstehen. In dem Maße, in dem ein Kind seine Aufmerksamkeit den Eigenschaften des als Symbol stehenden Objekts selbst zuwendet, wird es immer schwieriger, seinen repräsentationalen Charakter – seine stellvertretende Funktion für etwas anderes – zu begreifen. Je jünger Kinder sind, umso schwerer fällt es ihnen, sich von den wirklich vorhandenen Eigenschaften des Objekts abzuwenden und das Symbol stellvertretend für etwas anderes zu sehen. So scheinen sich Objekte, die für ein Kind sehr attraktiv sind, beispielsweise ein Pfirsich, weniger als Symbol zu eignen (vgl. DeLoache, Miller & Pierroutsakos, 1998, p. 819). Diese Hypothese konnte deutlich bestätigt werden. So vermochten beispielsweise 2½-jährige Kinder ein Modell dann als Informationsquelle zu nutzen, wenn es hinter einer Glasscheibe stand, so dass sie es nicht anfassen konnten und das Modell dadurch weniger Ablenkungscharakter besaß (DeLoache, 1995).

Die Hypothese der zweifachen Repräsentation wurde in einem sehr originellen Experiment überprüft, indem den Kindern erzählt wurde, es gäbe eine „Schrumpf-Maschine", mit der man Räume einschrumpfen könne, so dass sie klein werden. Zuerst wurde den 2½-Jährigen ein zeltartiger, beweglicher Raum gezeigt, danach ein kleines Modell dieses Raums. Die Kinder waren von der Realität der „Schrumpf-Maschine" durch eine Simulation mit einem geräuschvollen Gerät, der „Schrumpf-Maschine", überzeugt worden. Der Kerngedanke dahinter bestand darin, dass es nicht mehr nötig ist, das Modell in seiner abstrakten Eigenschaft als Symbol zu interpretieren, wenn die Kinder glauben, dass es sich um denselben Raum – einmal geschrumpft, einmal in Originalgröße – handelt. Das Modell ist somit in den Augen der Kinder also kein Symbol mehr, sondern der real existierende Raum. Tatsächlich gelang es den zweieinhalbjährigen Kindern, unter diesen Bedingungen die Informationen vom Modell auf die Realität zu übertragen (DeLoache, Miller & Rosengren, 1997).

Für die Pädagogik resultiert aus diesen Befunden, dass eine Förderung der Symbolisierung auf einem abstrakten Niveau erfolgen sollte. Eine konkrete und realistische Gestaltung von Symbolen, wie zum Beispiel Modellen, fördert bei Kindern keineswegs die Erkenntnis, dass diese stellvertretend für etwas anderes stehen können. So ist eine Puppenstube für Kinder kein Symbol für ein Haus, sondern ein eigenständiges Spielzeug von hohem Aufforderungscharakter.

Der Erhalt von Mengen

An den üblichen Aufgaben Piagets zur Mengeninvarianz wurde häufig kritisiert, dass sowohl die Instruktion des Versuchsleiters, als auch der Aufbau der Situation für die Kinder zu komplex sei, um richtig verstanden zu werden. In der piagetschen Aufgabe werden beispielsweise zuerst eine Reihe mit roten Knöpfen und dann eine Reihe mit derselben Anzahl blauer Knöpfe im gleichen Abstand auf den Tisch gelegt. Der Versuchsleiter fragt das Kind, welche Reihe mehr Knöpfe enthalte. Wenn das Kind antwortet, dass beide Reihen gleich viele Knöpfe enthalten, und der Versuchsleiter daraufhin eine Reihe weiter auseinanderlegt und zum zweiten Mal dieselbe Frage stellt, könnte das Kind annehmen, es habe einen Fehler gemacht und der Versuchsleiter gebe ihm einen Hinweis, dass die Reihe, die weiter auseinanderliegt, auch mehr Knöpfe enthalte. In dieser typischen Piaget-Aufgabe können die Kinder erst im Schulalter die richtige Antwort geben, so dass Piaget schloss, Kinder in der präoperationalen Phase hätten das Konzept der Mengeninvarianz noch nicht erworben.

McGarrigle und Donaldson (1974–1975) haben diese These untersucht, indem sie die Aufgabe abgewandelt haben. Sie führten einen „frechen Teddybären" ein, der im zweiten Versuchsdurchgang eine der beiden Reihen durcheinander brachte, so dass die Knöpfe in dieser Reihe näher zusammenlagen. Sie fanden heraus, dass schon 80 % der 4- bis 5-jährigen Kinder vor diesem plausiblen Hintergrund auf die Frage richtig antworteten, dass es immer noch gleich viele Knöpfe seien. In der Standardbedingung fanden nur rund 22 % die richtige Antwort.

Rochel Gelman (1972) hat gezeigt, dass auch schon 3-jährige Kinder insofern über das Konzept der Mengeninvarianz verfügen, als sie bereits einen Zahlbegriff entwickelt haben. Sie hat ihren Versuchspersonen in einem Spiel Reihen mit zwei und drei Spielzeugmäusen vorgelegt, in denen die Mäuse jeweils gleich weit voneinander entfernt auf einer kleinen Platte befestigt waren. Die Mäuse wurden in ein Spiel eingebunden, in dem die Mäusereihen zunächst von einer Dose verdeckt waren. Den Kindern wurde gesagt, dass die Reihen mit den drei Mäusen immer die „Gewinner" seien. Die Kinder durften unter die Dosen schauen, und sollten sagen, ob sie Gewinner oder Verlierer gefunden haben. Für die Gewinner bekamen sie einen Preis. In einem zweiten Versuchsdurchgang wurden die Mäusereihen in unterschiedlichen Anordnungen präsentiert, so dass die Reihe mit den drei Mäusen mal kürzer, die mit den zwei Mäusen mal länger aussah. Die Kinder wurden durch diese Anordnungen nicht irritiert, sondern konnten immer noch die 3er-Reihen richtig als Gewinner identifizieren. In diesem Experiment zeigt sich, dass der Zahlbegriff eine Voraussetzung für das Invarianzverständnis sein kann, nicht aber, wie Piaget annahm, die Invarianz dem Zahlbegriff vorausgeht.

Klahr und Wallace (1976) gehen davon aus, dass Kinder das Verständnis für die Invarianz durch den Umgang mit kleinen Mengen bis vier, die sie auf einen Blick abschätzen können, erwerben. Diese bei der Mengenschätzung erworbene Fähigkeit werde dann auf größere Mengen generalisiert. Tatsächlich konnte Cowan (1979) zeigen, dass bereits 4-jährige Kinder die Invarianzaufgabe lösen können, wenn die Reihen nicht mehr als vier Knöpfe enthalten.

Klasseninklusion

Ähnlich wie bei den Aufgaben zur Mengeninvarianz haben Markman und Seibert (1976) die Aufgabenstellungen zur Klasseninklusion abgewandelt und herausgefunden, dass die Kinder die Fragen besser beantworten konnten, wenn nicht Klassen-, sondern Sammelbegriffe verwendet wurden. Die Originalfragen bei Piaget lauteten beispielsweise: „Sind auf dem Bild mehr Kinder oder mehr Mädchen?" Der Begriff „Kinder" repräsentiert die Oberklasse und ist für Kinder sehr schwer zu verstehen, weil die Aufgabenstellung erfordert, dass sie die gesamte Klasse (Kinder) im Gedächtnis behalten, während sie ihre Aufmerksamkeit gleichzeitig der Unterklasse (Mädchen) zuwenden. Markman und Seibert haben statt dessen Sammelbegriffe (Familie) verwendet und die Kinder zum Beispiel gefragt, während ihnen ein Bild mit Fröschen gezeigt wurde: „Hier ist eine Froschfamilie. Das ist die Mutter und das ist der Vaterfrosch, und dies sind die Babyfrösche; und alle zusammen sind die Froschfamilie. Welches Kind hat mehr Frösche: das Kind, das die Babyfrösche hat, oder das Kind, das die Froschfamilie hat?". Die Ergebnisse zeigen, dass es sowohl Kindergartenkindern als auch Erstklässlern weitaus weniger Schwierigkeiten haben, die Fragen richtig zu beantworten, wenn statt Klassenbegriffen Sammelbegriffe verwendet werden. Zwar kann man bei solchen Formulierungen zweifeln, ob es sich überhaupt noch um Klasseninklusionsaufgaben im Sinne Piagets handelt; seiner Theorie zufolge müssten aber dieselben logischen Strukturen zugrunde liegen, so dass die Oberflächenerscheinung der Aufgabenstellung ohne Auswirkungen auf die Antworten der Kinder sein sollte.

3.3.3 Theoretische Schlussfolgerungen

Die Befunde zeigen, dass zwei zentrale Annahmen der Theorie Piagets sich nicht bestätigen lassen. Zum einen scheinen die von Piaget beschriebenen stufenspezifischen Defizite und Denkfehler nicht als tiefenstrukturelles Problem zu bestehen. Die Leistung der Kinder scheint weniger von ihren stufenspezifischen kognitiven Strukturen abzuhängen, als von der Formulierung und Präsentation der Aufgaben, mit denen die Kinder getestet werden. Aus diesem Problem leitet sich auch ein zweiter Aspekt ab. Piaget nahm nämlich an, dass die Strukturen des Denkens für alle Inhaltsbereiche gelten und sich beispielsweise die Zentrierung auf eine Dimension beim Vorschulkind ebenso in physikalischen Invarianzaufgaben wie im moralischen Urteil zeige, wenn es beispielsweise antwortet, es sei schlimmer, 10 Tassen versehentlich fallen zu lassen, als eine voller Wut zu zerschmettern (➤ Kap. 3.2.2). Eine solche Inhaltsunspezifität scheint aber tatsächlich nicht zuzutreffen, denn wie beispielsweise die Untersuchungen von Flavell zur Perspektivenübernahme zeigen, entwickelt sich diese selbst in Stadien, geht aber nicht aus einem universellen Egozentrismus hervor, der das Vorschulkind vollständig prägen würde.

Eine der ersten, die die Bereichsspezifität kognitiver Leistungen aufzeigen konnte und damit von der Idee einer zugrunde liegenden Struktur abrückte, war Michelene Chi (1978), die die Auswirkungen von Vorwissen auf die Gedächtnisleistung von Experten und Novizen (Anfängern) auf dem Gebiet des Schachspiels untersucht hat. Schach bietet sich für die Forschung als Wissensbereich deshalb besonders an, weil die Kenntnis auf diesem Gebiet sehr eng gefasst ist und mit anderen Wissensbereichen keine Zusammenhänge (Korrelationen) aufweist. Schach gilt insofern auch als „Drosophila der Psychologie" – so wie der überschaubare Chromosomensatz der Fruchtfliege (Drosophila melanogaster) zum ersten bedeutsamen Experimentierfeld der Genforschung wurde. Chi hat in ihrer Untersuchung erfahrenen und unerfahrenen Schachspielern typische Schachstellungen auf einem Brett kurzzeitig präsentiert, die sie unmittelbar danach auf einem leeren Schachbrett erneut aufbauen sollten. In dieser Studie fungierten 10-jährige Kinder als Experten, während die Novizen erwachsene Probanden waren. Hier ließ sich die Bedeutung des Vorwissens für die Bewältigung der Aufgaben deutlich demonstrieren, denn die jungen Experten konnten mehr Stellungen und diese fehlerfreier als die erwachsenen Novizen aus dem Gedächtnis nachbauen. Es war also nicht das Alter oder der altersstufenspezifische Entwicklungsstand der Versuchspersonen für den Lernerfolg ausschlaggebend, sondern allein das Vorwissen auf dem Gebiet des Schachspiels. In einer Kontrollaufgabe, in der Zahlenreihen erinnert werden sollten, erzielten die Erwachsenen wiederum deutlich bessere Ergebnisse.

Solche und ähnliche Befunde haben Ann Brown und Judy DeLoache (1978) veranlasst, Kinder als „universelle Novizen" zu bezeichnen, die sich von Erwachsenen vor allem dadurch unterscheiden, dass sie über weniger Wissen verfügen. Aus dieser Sichtweise ist die geistige Entwicklung des Kindes mit dem Erwerb von Expertise in bestimmten Inhaltsbereichen vergleichbar. Somit sind es nicht universelle Strukturen des Denkens, die dem Erwerb von Wissen und Verständnis in allen Inhaltsbereichen zugrunde liegen, wie Piaget annahm, sondern das Wissen selbst ist eine Voraussetzung für die Lernprozesse der Kinder.

3.3.4 Konsequenzen für die Praxis

Aus den genannten Befunden, die dazu veranlasst haben, die Theorie Piagets stark zu revidieren und vom Stufenkonzept weitgehend abzurücken, lassen sich neben entwicklungstheoretischen Schlussfolgerungen ebenfalls Konsequenzen für die Praxis ableiten. Denn die Aufgabenstellungen in den neueren Untersuchungen verweisen durchweg darauf, dass die abstrakten und zum Teil sehr komplex formulierten Aufgaben Piagets die Fähigkeiten der Kinder konsistent unterschätzt haben. Die Aufgaben Piagets und seine Thesen über die zugrunde liegenden Strukturen des Denkens sind Standardparadigmata der Entwicklungspsychologie geworden; sie haben unsere heutigen Kenntnisse über die kognitiven Fähigkeiten der Kinder jedoch vor allem durch anschließende Revisionen erweitert. Gerade für die präoperationale Phase musste die Konsequenz im piagetschen Paradigma lauten, dass das Vorschulkind sich vor allem durch Defizite auszeichnet; durch das, was es noch nicht kann, und durch seine charakteristischen Denkfehler. Diese vermeintlichen Denkfehler muten Erwachsene „drollig" und „niedlich" an; damit lenken sie den Blick aber weg von den tatsächlichen Kompetenzen der Kinder dieses Alters.

Die zentrale Erkenntnis besteht aber nicht nur darin, dass die Fähigkeiten der Kinder unterschätzt worden sind, sondern auch, dass der Typus der Aufgabe darüber entscheidet, welche Fähigkeiten Kinder an den Tag legen. Damit hat man es letztlich auch in der Forschung mit einem Konzept der Entwicklungsangemessenheit zu tun (➤ Kap. 2.6.3). Kinder lösen nur solche Aufgaben, deren Struktur sie auf der Grundlage ihres Erfahrungshorizonts und ihres kognitiven Entwicklungsstandes verstehen können. Um tatsächliche qualitative Sprünge in der Entwicklung entdecken zu können, also echte Entwicklungsfortschritte, die neue Fähigkeiten hervorbringen – wie beispielsweise die in der repräsentationalen Theorie des Denkens von Kindern im 4. Lebensjahr –, ist eine Vielzahl verschiedener Aufgabenstellungen mit Variationen einzusetzen, die die tatsächlichen Fähigkeiten und die Grenzen des kognitiven Systems gleichsam umkreisen und vollständig ausloten. Solche Aufgaben geben der Praxis Auskunft darüber, was von Kindern verschiedener Altersstufen erwartet werden kann, und geben letztlich Aufschluss darüber, warum ihnen in einer bestimmten Altersstufe bestimmte Fehler unterlaufen – oder anders formuliert: auf welche charakteristische Weise sie den Anforderungen bestimmter Lebenssituationen begegnen.

Theorien, die bereichsspezifisches Wissen annehmen, sind hier für die Praxis weitaus instruktiver als allgemeine Entwicklungstheorien. Sie weisen darauf hin, dass es zum einen Aufgabe der Tagesbetreuungspraxis sein muss, die Wissens- und Erfahrungsbasis der Kinder zu erweitern und teilweise – bei stark erfahrungsdeprivierten Kindern – sogar neu aufzubauen. Sofern zum anderen zentrale Wissensbereiche in der Forschung extrahiert wurden, geben sie Hinweise darauf, welche Wissensbereiche förderwürdig und förderbedürftig erscheinen. Theorien bereichsspezifischen Wissens werden damit zu einer wesentlichen Ressource curricularer Konzepte in der Tagesbetreuung, die ihre inhaltliche Relevanz nicht aus den schulischen Curricula beziehen und den Kindergarten zur Vorbereitungsinstitution auf die Schule reduzieren, sondern die aus der Entwicklung der Kinder selbst, so wie sie in unserer Kultur und Gesellschaft stattfindet, abgeleitet werden können. Es handelt sich damit um Entwicklungsbereiche eigenen Rechts, die dem Anspruch der Kinder auf eine ihren vielfältigen Fähigkeiten entsprechende Förderung gerecht werden.

3.4 Die soziokulturelle Theorie Wygotskis

Die Theorie Wygotskis, die in der Frühpädagogik erst allmählich Einfluss gewinnt, wird auch als *soziokulturelle Theorie* bezeichnet. Sie zielt im Wesentlichen auf ein Verständnis der Art und Weise, wie soziale und kulturelle Faktoren den Lernprozess des Kindes und dessen Entwicklung beeinflussen. Für Wygotski gehen Lernprozesse der Entwicklung voran und leiten sie. Damit unterscheidet sich diese Theorie deutlich von der Position Piagets, für den die Entwicklung neuer kognitiver Strukturen eine Voraussetzung späterer Lernprozesse darstellte. Dies ist für Piaget der dominante Prozess, während Lernen der Entwicklung nachfolgt und die bereits erworbenen Strukturen durch Assimilationsprozesse festigt. In der Theorie Wygotskis hingegen sind die Lernprozesse dominant und treiben die Entwicklung voran, soweit das Kind durch kompetente Partner unterwiesen wird – aus Wygotskis Sicht gibt es keine Entwicklung ohne Lernen. Für die Lernprozesse sind soziale Interaktionen des Kindes und seine Teilnahme an authentischen kulturellen Praktiken notwendige Voraussetzungen. Wygotski versuchte somit nicht wie Piaget, das Kind außerhalb des sozialen Kontexts zu betrachten und universelle Prinzipien der kognitiven Entwicklung aufzustellen. Vielmehr sah er den sozialen Kontext als integralen Bestandteil und zugleich als das Mittel an, welches das Lernen und damit die Entwicklung formt und vorantreibt (Behrend, Rosengren & Perlmutter, 1992; Berk & Winsler, 1995; Bodrova & Leong, 1996; A. Brown, Metz & Campione, 1996; Miller, 1983/1993).

3.4.1 Grundprinzipien von Lernen und Entwicklung

Die Kerngedanken der Theorie Wygotskis lassen sich anhand von acht Prinzipien darstellen (Berk & Winsler, 1995; Bodrova & Leong, 1996; Miller, 1983/1993):

- *Interkulturelle Variation*: Weil Kulturen sich maßgeblich darin unterscheiden, welche sozialen Praktiken sie betreiben und welche Werkzeuge sie dafür benutzen, variieren auch die höheren mentalen Funktionen zwischen den Kulturen.
- *Zwei Linien der Entwicklung*: Es gibt zwei unterschiedliche Linien, denen die kindliche Entwicklung folgt: eine natürliche und eine kulturelle Linie. Die natürliche Linie bezieht sich auf das biologisch gesteuerte Wachstum und auf Reifungsprozesse der physiologischen und mentalen Strukturen. Die kulturelle Linie beschreibt zum einen die Prozesse, mit denen das Kind lernt, die kulturellen Werkzeuge zu gebrauchen, zum anderen die Entwicklung des spezifisch kulturell geformten Bewusstseins, das aus der Teilhabe an den kulturellen Praktiken resultiert.
- *Niedrigere und höhere geistige Funktionen*: Den biologischen und kulturellen Entwicklungslinien vergleichbar, kann das menschliche Verhalten in niedrigere und höhere mentale Funktionen unterteilt werden. Niedrigere mentale Funktionen werden mit anderen höher entwickelten Spezies geteilt, während höhere mentale Funktionen für den Menschen spezifisch sind. Sie umfassen den Gebrauch von Sprache, Symbolsystemen und anderen kulturellen Werkzeugen, die das menschliche Denken formen und vielfach erst ermöglichen. Die höheren geistigen Funktionen verändern und reorganisieren im Laufe der Entwicklung auch die niedrigeren geistigen Funktionen.
- *Das Grundgesetz der Entwicklung*: Das Grundgesetz der Entwicklung besagt, dass jede Funktion in der kindlichen Entwicklung auf zwei Ebenen auftritt: Zunächst erscheint es auf der sozialen oder interpersonalen Ebene und dann auf der psychischen oder individuellen Ebene. Alle mentalen Funktionen haben dem Grundgesetz der Entwicklung zufolge soziale Ursprünge, die im Verlaufe der Entwicklung verinnerlicht werden.
- *Sprache als zentrales mentales Werkzeug*: Die Sprache wird als das zentrale geistige Werkzeug angesehen, mit dem Menschen ihre Handlungen steuern. Sie hilft dabei, die geistigen Prozesse zu organisieren, formt die höheren Ebenen des Denkens, und sie ist ein wichtiges Instrument, um gedankliche Prozesse zu regulieren.
- *Die entwicklungsbezogene oder genetische Methode*: Das menschliche Verhalten kann Wygotski zufolge nur dann verstanden werden, wenn man seine Entwicklung oder Geschichte betrachtet. Um das Wesen eines Verhal-

tens zu verstehen, müsse man sich anschauen, wie es sich im Verlauf seiner Entwicklung ausgeformt hat.

- *Die Erziehung leitet die Entwicklung*: Formale Erziehung und andere kulturelle Formen der Sozialisation sind der Schlüssel zur Entwicklung des Kindes auf seinem Weg ins Erwachsenenalter.
- *Die Zone der nächsten Entwicklung*: Die Zone der nächsten Entwicklung ist jene – hypothetisch angenommene – Phase, in der Lernen und Entwicklung stattfinden. Sie wird durch die Distanz zwischen den Problemen definiert, die ein Kind bereits unabhängig lösen kann und denjenigen, die es mit Hilfe eines Erwachsenen oder eines kompetenteren Kindes bewältigt.

Für Wygotski waren diese Prinzipien nicht nur in theoretischer Hinsicht relevant, sie hatten sich vor allem auch in der Praxis zu bewähren. Insofern ist auch die Forschung im Gefolge Wygotskis praxisnäher und mehr am erzieherischen Kontext ausgerichtet als die Forschung, die durch Piaget stimuliert wurde.

Eine der grundlegenden Annahmen Wygotskis besteht darin, dass alle für den Menschen spezifischen, höheren geistigen Funktionen aus sozialen und kulturellen Kontexten hervorgehen und von den Mitgliedern dieser Kontexte geteilt werden. Sie sind für den Einzelnen adaptiv, indem sie zu solchen Fähigkeiten und Fertigkeiten führen, die für eine erfolgreiche Anpassung an die spezifische Kultur notwendig sind. Insofern berücksichtigt die soziokulturelle Theorie die große Bandbreite und Diversität der kognitiven Fähigkeiten, die Menschen in Abhängigkeit von ihrer Lebenswelt zeigen. Um die individuelle Entwicklung verstehen zu können, ist es notwendig, die sozialen Strukturen und Beziehungen zu verstehen, denen der Einzelne angehört.

Kognitive Konzepte, wie beispielsweise die Invarianz im Sinne Piagets, verstehen und erwerben zu können, setzt voraus, dass Kinder in ihren alltäglichen Aktivitäten in solche kulturellen Praktiken eingebunden sind, die diese Konzepte fördern. So lernen in der westlichen Kultur zum Beispiel viele Kinder, Gerechtigkeit als gleiche Verteilung von Ressourcen aufzufassen; es entspricht den westlichen kulturellen Werten, dass jeder, wenn etwas verteilt wird, die gleiche Menge bekommen sollte. Aus diesem Grunde haben Kinder in unserer Gesellschaft eine Vielzahl von Möglichkeiten, Dinge gleich zu verteilen: Jedes Kind bekommt im Kindergarten fünf Blätter Buntpapier oder auf dem Kindergeburtstag drei Schokoküsse. Auf diese Weise sehen die Kinder häufig dieselbe Menge in unterschiedlichen Gruppierungen – und verstehen relativ früh die Invarianz der Menge (Light & Perret-Clermont, 1989). In Kulturen hingegen, die solche Praktiken nicht fördern, erwerben die Kinder das Invarianzkonzept erst später (z. B. Fahrmeier, 1978).

Soziale Praktiken formen aber nicht nur die Entwicklung, sondern stimulieren sie auch. Für Piaget bestand der entwicklungsförderliche Einfluss der sozialen Gruppe vor allem in unterschiedlichen Meinungen und kognitiven Konflikten zwischen Gleichaltrigen, die zu einer Reorganisation der kognitiven Strukturen anregen und dem Kind helfen sollten, seinen Egozentrismus zu überwinden. Wygotski sieht demgegenüber die stimulierende Funktion der Gruppe in der *Zusammenarbeit* als Quelle kognitiver Entwicklung. Durch kooperative Dialoge mit fortgeschritteneren Kindern lernen Kinder während der gemeinsamen Arbeit an interessanten Aufgaben auf jene Weise zu denken und zu handeln, die in ihrer Kultur üblich ist. Die fortgeschritteneren Interaktionspartner bieten dem Kind eine Anleitung oder Führung, durch die es lernt, kulturell wichtige Aufgaben zu meistern. Die Kommunikation mit diesen Partnern wird vom Kind verinnerlicht und zum Bestandteil seines Denkens. Auf diese Weise lernt es, seine eigenen Handlungen zunehmend eigenständig zu leiten und seine Fähigkeiten autonom und selbstregulativ einzusetzen (van der Veer & Valsiner, 1991).

Untersuchungen, die aus dieser Perspektive entstanden sind, zeigen, dass die *Qualität der Interaktion* für die Lernprozesse entscheidend ist. Nicht Konflikte und fehlende Übereinstimmung treiben die Entwicklung voran, sondern eine Einigung bei unterschiedlichen Meinungen, geteilte Verantwortung zwischen den Teilnehmern und ein Diskussionsstil, der Kooperation und gegenseitigen Respekt ausdrückt (z. B. Perlmutter, Behrend, Kuo & Muller, 1989). Die Kinder profitieren dabei am meisten, wenn sie mit einem Experten als Partner interagieren, der sie auf dem Gebiet, mit dem sie sich beschäftigen, weiter entwickelt. Er kann dem Kind zeigen, wie es ein neues Problem auf eine Weise angehen kann, die ihm bisher unbekannt war (Radziszewska & Rogoff, 1988). Barbara Rogoff hat diese Art des sozialen Austauschs, der die kognitive Entwicklung am stärksten zu stimulieren scheint, als *geleitete Teilnahme* (guided participation) bezeichnet (Rogoff, 1997; Rogoff, Mistry, Göncü & Mosier, 1993). Damit bezeichnet sie die aktive Einbezogenheit von Kindern in kulturelle Praktiken, bei denen sie durch ihre Interaktionspartner angeleitet, unterstützt und herausgefordert werden, so dass sie in diesem Kontext verschiedene Fähigkeiten erwerben.

Ein weiterer in diesem Zusammenhang zentraler Begriff ist der des *Scaffolding* (= Gerüst). Die Metapher des Gerüsts bezeichnet ein Unterstützungssystem, bei dem der Erwachsene seine Bemühungen in der Interaktion sensibel an das Kind anpasst. Der Begriff wurde nicht von Wygotski, sondern im Rahmen der weiterentwickelten soziokulturellen Theorie von Wood geprägt (Wood & Middleton, 1975; Wood, Bruner & Ross, 1976; Wood, 1989). Wood et al. (1975) haben in ihrer Studie untersucht, wie häufig der Erwachsene bei einer

Problemlöseaufgabe, die er mit dem Kind gemeinsam bearbeitet, eingreift, korrigiert, kleine Anleitungen und Hilfestellungen gibt und auf diese Weise die Lernprozesse des Kindes beeinflusst. Bruner (1983) beschreibt Scaffolding als eine Interaktionsform zwischen Erwachsenem und Kind, die nach dem Motto verläuft: „Wo zunächst ein Zuschauer ist, soll anschließend ein Teilnehmer sein" (p. 60; Übers. v. d. Verf.). Diese zunehmende Teilhaberschaft des Kindes geschieht, indem der Erwachsene die Kommunikation zunächst an die aktuellen Fähigkeiten des Kindes anpasst. Zunehmend stellt er dann die notwendige Unterstützung und Hilfestellung bereit, mit der das Kind eine etwas über seine Fähigkeiten hinausgehende Aufgabe – die also in die nächste Zone seiner Entwicklung fällt – lösen kann. Dabei gibt er dem Kind auch vermehrt Hinweise darauf, wie es selbst mehr Verantwortung für die Lösung übernehmen kann, so dass es schließlich die geforderte Fähigkeit eigenständig ausführt. Die Unterstützung von Seiten des Erwachsenen wird somit zunehmend zurückgefahren. Scaffolding kann durch ein modellhaftes Vorführen von Seiten des Erwachsenen eingeleitet werden oder dadurch, dass Kind und Erwachsener sich in Kooperation der Aufgabe zuwenden (vgl. Palincsar & Brown, 1984, 1986); entscheidend ist in beiden Fällen, dass der Erwachsene das Kind nicht nur bei der Lösung der Aufgabe unterstützt, sondern ihm hilft, die Aufgabe zunehmend eigenständig zu bearbeiten, indem er sich immer mehr zurücknimmt und das Kind selbst die Überlegungen und Strategien ausführen lässt, die es zuvor mit seiner Unterstützung erlernt hat. Palincsar und Brown (1984, 1986) haben den Scaffolding-Prozess anschaulich in ihrem Programm zum Erwerb von Textverständnis, Reciprocal Teaching, beschrieben.

Ein weiterer Aspekt, der in der Theorie Wygotskis einen herausgehobenen Stellenwert einnimmt, ist die *Sprache*. Jede sprachliche Interaktion ist gewissermaßen durchdrungen von der kulturellen Perspektive der Gemeinschaft, in der das Kind lebt; jede Interaktion mit dem Kind vermittelt diese Perspektive. Diese kulturelle Durchdringung, auch in begrenzten Interaktionen, wie zum Beispiel beim gemeinsamen Bilderbuchanschauen von Mutter und Kind, hat Bruner als „Format" bezeichnet und damit jene Matrix der Interaktion beschrieben, in der die Mutter in der Interaktion mit dem Kind zugleich die kanonisierten Interaktionsformen der sozialen Gemeinschaft vermittelt (Ninio & Bruner, 1978; Ratner & Bruner, 1978). Auch hier kommt das *Grundgesetz der Entwicklung* zur Anwendung: Vermittelt über das Soziale entsteht das Individuelle. Der Transfer des Sozialen verläuft dabei über zwei Mechanismen: Erstens durch den Gebrauch von Zeichen oder Symbolen und zweitens durch die Internalisierung dieser Zeichen.

Der Gebrauch von Zeichen oder Symbolen, die Wygotski auch als *geistige Werkzeuge* bezeichnet hat, bilden das Bindeglied zwischen dem Sozialen und dem Individuellen. Die soziale Gemeinschaft hat eine Vielzahl solcher Zeichen entwickelt, wie zum Beispiel Zahlen und algebraische Symbole, die Schriftsprache, Diagramme und Landkarten oder auch Kunstwerke. Der Sprache kommt dabei eine besondere Position zu, denn sie ist das am häufigsten gebrauchte menschliche Repräsentationssystem. Diese geistigen Werkzeuge funktionieren ähnlich wie technische Werkzeuge. Mit einem Hammer beispielsweise können physikalische Objekte bearbeitet und verändert werden – mit ihm verändert der Mensch seine Umwelt. Die Sprache funktioniert vergleichbar; sie stellt ein Mittel dar, mit dem der Mensch sein Denken und Verhalten beeinflusst, und zwar sowohl das eigene als auch das anderer Menschen. Die Besonderheit von Symbolen, und insbesondere der Sprache, besteht darin, dass sie auf sozialen Konventionen basieren. Sie sind Ausdruck der kulturellen Entwicklung der Gemeinschaft, in der sie entstanden sind, und insofern immer auch in den soziokulturellen Kontext eingebunden, wobei der Zweck von Symbolen in der Kommunikation liegt. Über Sprache findet Kommunikation statt, werden soziale Kontakte hergestellt, werden Mitmenschen beeinflusst. Erst später in der kindlichen Entwicklung wird sie ein Werkzeug, das die Steuerung eigener Gedanken und Handlungen ermöglicht.

Dieser Internalisierungsprozess, in dem die Sprache zum individuellen Mittel wird, ist nicht etwa ein bloßes Übertragen des Sozialen auf das Individuelle, das Kind ist dabei vielmehr in dem Sinne aktiv, dass es seine mentalen Prozesse in Kooperation und Kommunikation mit anderen aufbaut, während es in kulturell bedeutsame Praktiken eingebunden ist. Das Zusammenwirken von Kind und kundigem Interaktionspartner – in der Regel dem Erwachsenen – führt zur Entwicklung der von beiden geteilten Zeichensysteme. Die Kinder übernehmen die Zeichen also auf eine aktive und konstruktive Weise, nicht etwa passiv. Auf diese Weise werden das Bewusstsein des Kindes und seine Selbstregulation geformt und aufgebaut.

Der Übergang einzelner Symbolsysteme oder Praktiken vom Sozialen zum Individuellen geschieht in der *Zone der nächsten Entwicklung*. Diese hypothetisch angenommene Zwischenstufe der Entwicklung ist der Bereich, in dem das Kind durch Interaktion neue kognitive Fähigkeiten aufbaut. Wygotski (1930–1935/1992) hat die Zone der nächsten Entwicklung eingeführt, um sich gegen die traditionelle Intelligenzdiagnostik abzugrenzen, die lediglich den aktuellen Status der geistigen Entwicklung des Kindes erfasst. Solche Statusdiagnostik wird der eigentlichen Qualität geistiger Fähigkeiten, die sich in einem steten Wandlungsprozess befinden, nicht gerecht; denn gerade aus pädagogischer Sicht sind jene Fähigkeiten von Relevanz, die das Kind als nächstes entwickeln wird und aktuell mit Hilfe eines kompetenten Partners ausführen kann. In diesem Sinne hat Wygotski die Zone der nächsten Entwicklung definiert als die Distanz zwischen dem aktuellen Entwicklungsniveau, das durch unabhängiges Problemlösen gekennzeichnet ist, und dem Niveau der potentiellen Entwicklung, das sich in der Fähigkeit des Kindes zeigt, Probleme unter der Leitung eines kompetenten Partners ausführen zu können. Genau jene Aufgaben, die das Kind noch nicht eigenständig, sondern in der Zusammenarbeit mit einem Experten ausführen kann, helfen dem Kind, diejenigen Fähigkeiten auszubilden, die sich aktuell in der Entwicklung befinden. Insofern kann die Zone der nächsten Entwicklung als individuelle sensible Entwicklungsphase oder individuelles Zeitfenster für spezifische Lernprozesse verstanden werden, die die Entwicklung des Kindes vorantreiben. Und genau in der Zone der nächsten Entwicklung greift der Scaffolding-Prozess, der in Kapitel 4.2.2 näher erläutert wird.

3.4.2 Konsequenzen für die Praxis

Aus der Theorie Wygotskis ergibt sich eine Vielzahl von Möglichkeiten, die kognitive Entwicklung von Kindern im Vor- und Grundschulalter zu fördern. Während im Gefolge der Theorie Piagets die Lernvoraussetzungen verschiedener Altersgruppen genauer bestimmt werden konnten, trägt die Theorie Wygotskis dazu bei, für die Lernprozesse der Kinder stimulierende Lernumgebungen zu schaffen. Brown, Metz und Campione (1996) sehen eine Kombination aus beiden theoretischen Strömungen als Grundlage für moderne Curricula an, die als „Thinking Curriculum" dazu beitragen, dass Kinder verschiedene Disziplinen tiefgehend verstehen und zugleich die kognitiven Werkzeuge erwerben, mit denen sie sich die Wissensgebiete eigenständig und in Kooperation mit anderen erschließen können.

4.1 Intuitive Theorien in privilegierten Wissensdomänen 121
    4.1.1 Physikalische Konzepte 121
    4.1.2 Biologie und die belebte Welt 123
    4.1.3 Psychologie und das Denken des Anderen 126
    4.1.4 Mathematik und Zahlenkonzepte 128
    4.1.5 Sprache 133
4.2 Nicht-privilegierte Wissensdomänen 137
    4.2.1 Zum Begriff der Metakognition 137
    4.2.2 Frühe Formen der Metakognition 139
    4.2.3 Resümee 153

4

Lernvoraussetzungen von Kindern im Vorschulalter

Lernmethodische Kompetenzen lassen sich nicht isoliert und um ihrer selbst willen vermitteln oder erwerben, sondern nur im Verbund mit Inhalten. Insofern ist es für die Praxis unerlässlich, die inhaltsgebundenen Lernvoraussetzungen von Kindern im Vorschulalter zu kennen. Die Methode zum Erwerb lernmethodischer Kompetenz, die in Kapitel 5 vorgestellt werden soll, beruht explizit auf den Konzepten und intuitiven Theorien der Kinder. Im Folgenden sollen die Lernvoraussetzungen, die Kinder im Vorschulalter mitbringen, unter zwei Gesichtspunkten betrachtet werden. Zum einen wird auf ihre Lernvoraussetzungen im Hinblick auf jene thematischen Kontexte eingegangen, für die empirische Forschungsbefunde vorliegen. Es handelt sich dabei um so genannte *privilegierte Wissensdomänen*, in denen bereits Säuglinge und Kleinkinder komplexes Wissen aufweisen und im Laufe der Entwicklung elaborierte implizite Theorien erwerben. Zum anderen werden die metakognitiven Lernvoraussetzungen von Kindern dargestellt. Das Denken über das eigene Denken und Lernen gehört zu jenen Gebieten, die Kinder nur dann erwerben, wenn sie unterrichtet werden. Insofern schlagen Bransford et al. (1999) die metakognitiven Kompetenzen den *nichtprivilegierten Wissensdomänen* zu. Bransford et al. (1999) heben hervor, dass dieser Forschungszweig vor allem aufzeigt, wie komplex das Wissen bereits bei sehr jungen Kindern organisiert ist.

Domänen bereichsspezifischen Wissens konnten vor allem durch die neuere Säuglingsforschung identifiziert werden. Säuglinge und Kleinkinder scheinen nicht über alle Bereiche, in denen sie Erfahrungen sammeln, Wissen zu entwickeln. So zeigen beispielsweise die Arbeiten von Carey (1985), dass es Vorschulkindern an systematischem Wissen über Pflanzen weitgehend fehlt. Auch wenn Kinder bereits früh zwischen belebten und unbelebten Objekten unterscheiden können, so haben sie beispielsweise keine Vorstellung davon, worin sich menschliches von tierischem Verhalten unterscheidet (Premack, 1990). In diesem Sinne werden heute in der Entwicklungspsychologie des Kindesalters privilegierte Wissensdomänen von nichtprivilegierten unterschieden. In privilegierten Wissensdomänen, für die bei Kindern eine Prädisposition zum Lernen zu bestehen scheint, weisen bereits Säuglinge differenziertes Wissen und komplexe kognitive Fähigkeiten auf. Sie erwerben eine Vielzahl von Konzepten, ohne dass es besonderer Anstrengung oder gerichteter Unterweisung bedürfte; es handelt sich somit um inzidentelles, nicht systematisches Lernen, das dem frühesten Konzepterwerb in privilegierten Domänen zugrunde liegt. Zu diesen Domänen zählen die Bereiche intuitive Physik (zum Beispiel Objektpermanenz, Kausalität), intuitive Biologie (zum Beispiel die Unterscheidung zwischen belebten und unbelebten Objekten), intuitive Psychologie (Theory of Mind), (➤ Kap. 3.3.2), frühe Zahlenkonzepte und Sprache (Bransford et al., 1999; Carey & R. Gelman, 1991; Wellman & S. Gelman, 1992; 1998; Hirschfeld & S. Gelman, 1994).

Die Grenze zu den nichtprivilegierten Wissensdomänen ist nicht eindeutig zu ziehen. Zu ihnen gehören alle Bereiche, die intentional erworben werden und in denen Kinder wie auch Erwachsene Anstrengung aufwenden, Lernmotivation entwickeln und systematisch vorgehen müssen, um sie sich anzueignen. In der Entwicklungs- und Instruktionspsychologie nahm man lange Zeit an, dass Kinder zu intentionalem Lernen nicht in der Lage seien, da es ihnen an den notwendigen strategischen, selbstregulativen und metakognitiven Fähigkeiten fehle. Die Forschung der letzten Jahre hat hingegen gezeigt, dass bereits Kleinkinder erste Voraussetzungen für intentionale Lernprozesse entwickeln, wenn sie beispielsweise im Alter von 18 Monaten beginnen, Strategien anzuwenden, um versteckte Objekte zu finden (DeLoache & Brown, 1987) oder bereits im Alter von 2 Jahren schematische Bilder als Symbole nutzen können, um sich in einem Raum zu orientieren (DeLoache, 1995) (➤ Kap. 3.3.2).

In der Forschung auf dem Gebiet der privilegierten Wissensdomänen, die zum Teil auch unter dem Stichwort des „kompetenten Säuglings" (Dornes, 1993) bekannt geworden ist, wird die These vertreten, dass sich die kognitiven Funktionen von Säuglingen nicht wesentlich von denen Erwachsener unterscheiden. Damit werden entwicklungspsychologische Stufentheorien, die wie Piaget Entwicklung und Lernen als qualitative Veränderungsprozesse annehmen, deutlich abgelehnt. Statt dessen werden quantitative, lineare Entwicklungsprozesse postuliert. Die qualitativen Unterschiede zwischen den Stufen, die Piaget beschrieben hat, beziehen sich vor allem auf die Wahrnehmung und die Interpretationen *kausaler* Zusammenhänge zwischen den Ereignissen der Umwelt. Piaget ging davon aus, dass das logische Denken sich bereichsübergreifend vollzieht, also unabhängig von den Inhalten, über die nachgedacht wird. Dem stehen nun die Theorien bereichsspezifischen Wissens gegenüber, die eher lineare oder quantitative Veränderungsprozesse beschreiben. Sie gehen von Wissensdomänen aus, in denen bereits Säuglinge Wissen und die Fähigkeit zu komplexen kognitiven Operationen aufweisen. Entwicklung bedeutet in diesem neuen Paradigma also eine Veränderung und ein Anwachsen bereichsspezifischen Wissens. Kinder werden erst durch den Erwerb zunehmenden Wissens in einzelnen Domänen zu Experten, deren Weltverständnis dem von Erwachsenen ähnelt. Obwohl dieser Ansatz in der Literatur häufig auch als *Neo-Nativismus* bezeichnet wird, also angeborenes Wissen in Betracht zieht, hat gerade er die entwicklungspsychologische Forschung neu belebt und zu einer Vielzahl detaillierter Befunde zur Entwicklung des Denkens und den Lernfähigkeiten von Kindern in verschiedenen Wissensdomänen geführt (Sodian, 1998). Aus dieser Fülle und Detailliertheit lassen sich auch Ansätze für die Förderung des kindlichen Denkens ableiten; denn indem man sich in der Forschung den einzelnen Wissensbereichen von Kindern zugewandt hat, wurde deutlich, auf welche Weise Kinder kognitive Operationen in Abhängigkeit von ihrer Wissensbasis und ihren Erfahrungen durchführen.

Mit der Frage nach qualitativen versus quantitativen Veränderungen ist die Frage nach den *Ursprüngen* des kognitiven Systems verbunden. Entwicklungstheorien in der Tradition Piagets gehen davon aus, dass kognitive Funktionen wie das Denken oder die Repräsentation von Objekten aus sensumotorischen Vorläufern hervorgehen, dass also der kognitive Apparat als solcher nicht von Anfang an ausgebildet ist. In dieser Vorstellung gelangen die Kinder gewissermaßen vom Greifen zum Begreifen. Diese Annahme wird auch als *These des peripheren Ursprungs* bezeichnet (vgl. Spelke, Breinlinger, Macomber & Jacobson, 1992). Im Gegensatz dazu zeigen die neueren entwicklungspsychologischen Befunde, dass die Entwicklung kognitiver Funktionen aus ihren eigenen Ursprüngen hervorgeht, dass komplexe kognitive Fähigkeiten bereits im frühen Säuglingsalter zu finden sind. Diese Annahme bezeichnen Spelke et al. (1992) als *These des zentralen Ursprungs*. Das Denken von Kindern nimmt im Rahmen der These des zentralen Ursprungs zu jeder Zeit der Entwicklung einen eigenen Stellenwert ein und kann zum Gegenstand der Forschung und Förderung gemacht werden.

Privilegierte Wissensdomänen zeichnen sich dadurch aus, dass Kinder in ihnen über *bereichsspezifische Theorien* verfügen. Um eine solche Theorie annehmen zu können, muss kohärentes Wissen in dieser Domäne nachweisbar sein, so dass die Kinder wichtige Begriffe verstehen und kausale Erklärungen innerhalb dieses Bereichs vornehmen können. Die bereichsspezifischen Theorien von Kindern werden auch als *intuitive* oder *naive Theorien* bezeichnet. (Astington & Gopnik, 1991; Mähler, 1999; Wellman, 1990). Zu den Gebieten, in denen bereits Vorschulkinder intuitive Theorien aufbauen, zählen Physik, Biologie und Psychologie. Somit sind die Gebiete intuitiver Theorien eine Unterklasse der privilegierten Wissensdomänen, zu denen die drei genannten plus Zahlenkonzepte und Sprache gerechnet werden können. Im Folgenden sollen zunächst empirische Befunde zu den Gebieten der intuitiven Theorien vorgestellt werden, um dann Befunde zum Zahlenkonzept und zur Sprache zu präsentieren.

4.1 Intuitive Theorien in privilegierten Wissensdomänen

4.1.1 Physikalische Konzepte

Eine Vielzahl der in Kapitel 3.3 genannten Untersuchungen haben sich dem Bereich der intuitiven Physik gewidmet – ein Bereich, der vor allem durch die Postulate Piagets über das kindliche Denken nahe lag. Besonders intensiv sind zwei Bereiche aus der Physik untersucht worden, nämlich das *Wissen über Materie* und das *Verständnis physikalischer Kausalität*.

Zu den Untersuchungen, die sich mit dem Wissen über Materie beschäftigt haben, gehören jene von Baillargeon zur Objektpermanenz (➤ Kap. 3.3.1). Diese Untersuchungen zeigen, dass Kinder bereits mit 3 Monaten wissen, dass Objekte auch dann weiterhin existieren, wenn man sie nicht mehr sieht. Kinder haben somit bereits in den ersten Lebensmonaten verstanden, dass Objekte unabhängig von ihrer eigenen Existenz und den eigenen Handlungen vorhanden sind. Bei 2½ Monate alten Kindern konnte gezeigt werden, dass sie bereits wissen und erwarten, dass sich Objekte in raum-zeitlicher Kontinuität bewegen. Ein Objekt kann zum Beispiel ein anderes nur dann in Bewegung versetzen, wenn beide Objekte sich berührt haben oder wenn das anstoßende Objekt groß genug ist, Kraft auszuüben (Spelke, 1991).

Ein erstes Konzept von Materie haben bereits 3-jährige Kinder erworben, wenn sie den Unterschied zwischen vorgestellten und realen Objekten beschreiben können und beispielsweise wissen, dass man nur einen realen Hund streicheln oder ein echtes Plätzchen essen kann, nicht aber ein geträumtes oder gedachtes (Estes et al., 1989). Es zeigt sich jedoch, dass sich die Konzepte der Kinder von denen Erwachsener noch deutlich unterscheiden. So haben Vorschulkinder beispielsweise noch kein Konzept der Dichte entwickelt, setzen sie mit Gewicht gleich oder sie denken in der Regel, Luft sei „nichts" (Carey, 1991; Lück, 2000, 2001). Gewicht gehört bei Vorschulkindern nicht zu den Eigenschaften der Materie, und sie glauben beispielsweise, ein Reiskorn oder Styropor würden „nichts wiegen". Carey (1991) interpretiert diese Konzepte jedoch nicht als fehlerhaft, sondern weist ihnen den Status einer intuitiven Theorie zu. Für Vorschulkinder bedeutet Gewicht eine persönlich spürbare Schwere, die sie erleben, wenn sie etwas in die Hand nehmen. Eine intuitive Physik, die denen Erwachsener vergleichbar ist, entwickeln Kinder erst mit dem 12. Lebensjahr (Carey, 1991).

Auch ein Verständnis für Kausalität zeigt sich bereits bei Vorschulkindern; sie denken somit nicht, wie Piaget annahm, präkausal (Piaget & Inhelder, 1966/1972). Zum Beispiel erwarten bereits 3-jährige Kinder, dass ein mechanisches Ereignis durch einen vermittelnden Mechanismus eintritt. Eine Untersuchung, die diese Fähigkeit veranschaulicht, wurde von Bullock, Gelman und Baillargeon (1982) durchgeführt. Ein Stoffhase sitzt auf einer Plattform, vor der sich eine Reihe Dominosteine so angeordnet befindet, dass dann, wenn der erste Stein kippt, zunächst die ganze Reihe fällt und der letzte Stein den Hasen von seiner Plattform wirft – ein Effekt, der Kindern großen Spaß macht. Ein Apparat mit einem Stab, der durch ein Loch geführt wird, bringt den ersten Stein in Bewegung. In der Studie sahen die 3- und 4-jährigen Versuchspersonen erst die ganze Sequenz und wurden dann aufgefordert, bei 23 Variationen, die ihnen präsentiert wurden, den Effekt vorherzusagen. Unter diesen Variationen gab es solche, die keinen Effekt hervorrufen konnten, zum Beispiel weil der Stab zu kurz war (relevante Variation), und solche, die den Effekt nicht beeinflussen würden (irrelevante Variationen), zum Beispiel indem der erste Dominostein aus Glas statt aus Holz war oder einer der Steine mit einem Stück Stoff umwickelt wurde. Sowohl bei den 3- als auch bei den 4-jährigen Kindern waren die meisten Vorhersagen korrekt, wobei die 4-Jährigen etwas besser abschnitten. Die Untersuchung zeigt, dass die Kinder auch ohne den Effekt zu sehen, über mechanische Verursachung nachdenken können.

Für die Vorhersage oder Erklärung physikalischer Ereignisse ist die Vertrautheit der Kinder mit den betreffenden Phänomenen von entscheidender Bedeutung. So fällt es Kindern im Alter von 6 bis 7 Jahren beispielsweise leichter zu sagen, warum ein Fahrrad fährt, als zu beantworten, warum der Wind weht (Berzonsky, 1971). Bullock et al. (1982) erklären die Lernfortschritte im Bereich der physikalischen Kausalität damit, dass die Kinder zunehmend physikalisches Wissen erwerben, das es ihnen immer mehr ermöglicht, kausale Regeln richtig anzuwenden. *Erfahrungen* mit dem Gegenstandsgebiet der Physik sind dafür unerlässlich.

Geht man von der Überlegung aus, dass Kinder nicht nur Wissen, sondern intuitive Theorien entwickeln, also zusammenhängende Gedankengebäude, die ihnen Vorhersagen und Erklärungen der Phänomene eines Wissensgebiets ermöglichen, so lässt sich der Gewinn durch Erfahrung und Wissenszuwachs auch als Theoriewandel (Conceptual Change; Carey, 1985, 1991) auffassen. Die Differenzierung von Luft und „Nichts" führt beispielsweise dazu, dass die Bedeutung dieser Begriffe sich grundlegend verändert. Haben die Kinder zuvor Luft mit „Nichts" gleichgesetzt, so verstehen sie, sobald sie die Begriffe differenzieren können, dass Luft ein Gas ist und sich durch bestimmte Experimente nachweisen lässt (zum Beispiel dass eine Kerze in einem Glas verlöscht, wenn die Luft aufgebraucht ist; Lück, 2000, 2001). In dem Moment, in dem sie dieses Konzept erworben haben, werden alle Aussagen, die sie über Luft treffen, andere sein. Würde es sich um einen bloßen Wissenszuwachs handeln, in dem Sinne wie beispielsweise ein 10-jähriges Kind mehr Blumenarten nennen kann als ein 4-jähriges, würde es nicht zu einem solchen qualitativen Wandel im Verständnis der Wissensdomäne kommen. Erfahrungs- und Wissenszuwachs in den Kerngebieten intuitiver Theorien ist somit auch mit einem Theoriewandel verbunden, der die Denkprozesse als ganze ändert.

4.1.2 Biologie und die belebte Welt

Eine der wesentlichen Differenzierungen auf dem Gebiet der Biologie besteht in der Unterscheidung zwischen belebten und unbelebten Objekten (→ Kap. 3.3.2). Bereits Säuglinge in den ersten Lebenswochen nehmen diese Unterscheidung ganz offensichtlich vor, wenn sie sich beispielsweise besonders für Gesichter und Augen interessieren, versuchen mit Menschen und Tieren zu kommunizieren – nicht aber mit unbelebten Objekten, und wenn sie auf den Gesichtsausdruck ihres Gegenübers antworten (S. Gelman & Opfer, im Druck; Wellman & S. Gelman, 1992). Mit 9 bis 11 Monaten differenzieren Kinder globale Kategorien wie Tiere und Fahrzeuge oder Tiere und Möbel (Mandler & McDonough, 1993; Pauen, 1996b).

Bereits mit 7 Monaten haben Kinder ein wesentliches Unterscheidungskriterium zwischen belebten und unbelebten Objekten entwickelt, wenn sie nämlich autonome Bewegung eindeutig den belebten Objekten zuordnen. Mit 9 Monaten zeigen Kinder Unbehagen, wenn ein unbelebtes Objekt sich scheinbar autonom zu bewegen beginnt (S. Gelman & Opfer, im Druck). Autonome Bewegung als Kriterium zur Identifikation belebter Objekte wird während der Vorschuljahre ausdifferenziert. 3- bis 4-jährige Kinder können auch dann belebte von unbelebten Objekten unterscheiden, wenn es sich um untypische Exemplare handelt, die sie zuvor noch nie gesehen haben. Massey und R. Gelman (1988) haben Kindern Fotos von ungewöhnlichen Tieren und Figuren vorgelegt, wie zum Beispiel Gottesanbeterinnen, Ameisenigel oder menschliche Statuen mit Tiergesichtern oder anderen Körperteilen von Tieren. Die Kinder wurden gefragt, wer auf diesen Bildern alleine einen Hügel hinauf und wieder hinunter gehen könne. Es bereitete ihnen keine Schwierigkeiten, belebte von unbelebten Objekten nach diesem Bewegungskriterium zu unterscheiden. Es ist aber nicht die Bewegung allein, die zu einer solchen Differenzierung führt, sondern vor allem die Art der Bewegung. Dazu gehört beispielsweise zielgerichtetes Verhalten.

In einer Untersuchung von Opfer (2000, zit. nach S. Gelman & Opfer, im Druck) sahen Versuchpersonen im Alter von 4, 5, 7 und 10 Jahren sowie Erwachsene einen unförmigen Gegenstand, der als „Blobs" bezeichnet wurde. Diejenigen, die den Blobs auf ein Ziel zusteuern sahen, schrieben ihm Lebendigkeit zu, diejenigen, die ihn sich einfach nur bewegen sahen, ohne dass ein Ziel zu erkennen war, betrachteten ihn als unbelebt. Die 4-Jährigen waren bei ihren Unterscheidungen noch etwas unsicher, aber die Versuchpersonen ab dem 5. Lebensjahr schrieben dem „belebten Blobs" eindeutig biologische Eigenschaften wie Nahrungsaufnahme und psychologische Zustände wie „etwas wollen" zu. Darüber hinaus wissen Kinder mit 4 Jahren einiges über spezifische Prozesse, die nur bei Lebewesen stattfinden, wie zum Beispiel Wachstum, Vererbung, Krankheit oder Ansteckung (Inagaki & Hatano, 1996; Rosengren, S. Gelman, Kalish & McCormick, 1991).

Während der Grundschuljahre wird das biologische Wissen ausgebaut und weiter differenziert. Vor allem die Kenntnisse über Pflanzen und Tiere werden reichhaltiger und genauer (Richards & Siegler, 1984, 1986). Dennoch sind sich Kinder vor dem 10. Lebensjahr über die Lebendigkeit und die Eigenschaften von Pflanzen noch unsicher; insbesondere ihre spezifischen Eigenschaften können die Kinder vorher kaum angeben (Carey, 1985; Hatano, Siegler, Richards, Inagaki, Stavy & Wax, 1993).

Um von einer intuitiven Theorie im Bereich der Biologie sprechen zu können, muss nachweisbar sein, dass Kinder einerseits ein Objekt im Sinne der verwendeten Theorie konstruieren können – beispielsweise lässt sich ein Mensch physikalisch auffassen (unterliegt der Schwerkraft), biologisch (wächst und nimmt Nahrung auf) oder psychologisch (hat einen Wunsch) – und dass sie andererseits auch kausale Erklärungen aus dem Bereich der Biologie anwenden können; das heißt dass sie biologische Phänomene in biologischen Begriffen erklären und nicht etwa in psychologischen (z. B. Wellman, Hickling & Schult, 1997).

Eine ursächliche Erklärung aus dem Bereich der Biologie ist die Vererbung. Um das Verständnis von Vorschulkindern für Vererbungsprozesse zu untersuchen, haben Springer und Keil (1989) Kindern Geschichten vorgelesen, in denen die Protagonisten ungewöhnliche Merkmale aufwiesen, wie zum Beispiel „Herr und Frau Stier sind beide mit einem rosafarbenen Herzen geboren statt mit einem normalen ...". Die Kinder wurden gefragt, welche Farbe das Herz der Stierkinder wohl haben wird. Vorschulkinder nehmen am ehesten dann an, dass eine ungewöhnliche Eigenschaft (wie ein rosa Herz oder ein weißer Magen) vererbt wird, wenn sie biologische Auswirkungen hat, nicht etwa psychologische. So antworteten die Kinder häufiger, dass ein „weißer

Magen" vererbt wird, wenn ihnen zuvor gesagt worden war, dass er dazu führen würde, dass man viel essen kann und stark wird, als wenn er mit psychologischen Eigenschaften verbunden wurde, wie zum Beispiel dass man leicht wütend wird, wenn man einen weißen Magen hat. Die Autoren schließen aus solchen Antwortmustern, dass Vorschulkinder über eine intuitive biologische Theorie der Vererbung verfügen, weil sie sich gedanklich allein in biologischen Konzepten bewegen, nicht in psychologischen.

Eine weitere Kategorie, mit der sich spezifisch biologische Erklärungsmuster bei Kindern nachweisen lassen, ist die der Ansteckung von Krankheiten. Krankheiten sind deshalb besonders geeignet, weil sie nur bei Lebewesen vorkommen: Ein Auto mit einem platten Reifen kann kein anderes Auto „anstecken"; außerdem sind nur bestimmte Krankheiten ansteckend, nicht zum Beispiel Zahnschmerzen, und zudem treten in unserem westlichen Weltbild bestimmte Krankheiten nur bei Ansteckung auf, nicht aber zum Beispiel als Sühne für eine aufgeladene Schuld – insofern ist Ansteckung ein spezifisch biologisches Konzept (vgl. Wellman & S. Gelman, 1992).

Anfangs verstehen Kinder viele Krankheiten noch als ansteckend, zum Beispiel auch Zahnschmerzen und Verletzungen aufgrund von Unfällen, und sie erklären Krankheiten manchmal auch als Strafe für ein Vergehen und sagen, dass man eine Erkältung bekommen hat, weil man „böse" war (Kister & Patterson, 1980). In einer einfachen Aufgabenstellung fand Siegal (1988), dass aber bereits Vorschulkinder sehr genau zwischen ansteckenden und nichtansteckenden Krankheiten unterscheiden. Die Kinder sollten zum Beispiel erklären, warum eine Puppe eine bestimmte Krankheit hat. Unter dieser Bedingung wussten auch Vorschulkinder, dass ein aufgeschlagenes Knie nicht ansteckend ist und dass eine Erkältung nicht aufgrund des „bösen" Verhaltens der Puppe zustande kam. Insofern bewegten sich die Kinder im Vorschulalter tatsächlich allein in biologischen Erklärungsmustern, ohne auf andere Domänen auszuweichen.

Hatano und Inagaki (1994) kommen jedoch zu dem Schluss, dass Kinder zwar einerseits bereits mit sechs Jahren über eine grundlegende biologische Theorie verfügen, wenn sie beispielsweise zwischen belebten und unbelebten Objekten unterscheiden können und auch grundlegende biologische Mechanismen wie Vererbung und Ansteckung von Krankheiten kennen. Dennoch ist diese Theorie erst rudimentär und erfährt bis zum 10. Lebensjahr wichtige Erweiterungen und qualitative Veränderungen. Für pädagogische Interventionen ist auf der Grundlage dieser Befunde entscheidend, dass sie nicht allein auf das Wissen der Kinder abzielen, sondern auf die Konzepte und intuitiven Theorien, die sie aufgebaut haben. Wenn also Naturphänomene besprochen oder in Projekten bearbeitet werden, so wären Dimensionen wie „lebendig", „tot", „nicht mehr lebendig", „schläft", „war nie lebendig" einzubeziehen.

4.1.3 Psychologie und das Denken des Anderen

In einer intuitiven psychologischen Theorie werden die Handlungen von Menschen aus ihren mentalen Zuständen heraus rekonstruiert: aus Wünschen, Bedürfnissen, Überzeugungen, Zweifeln oder Motiven. Solche Zustände bei sich und anderen zu erkennen und zur Erklärung des Erlebens und Verhaltens anzuwenden, kennzeichnet eine Theorie des Denkens (Theory of Mind) (➜ Kap. 3.3.2).

Ein Konzept mentaler Zustände oder mental verursachter Handlungen erfordert ein Verständnis von *Intentionalität*. Gemeint ist damit in diesem Zusammenhang nicht allein „Intention" im alltagssprachlichen Sinne von Absicht, sondern es sind jene Geisteszustände angesprochen, die sich auf bestimmte Gegenstände oder Phänomene richten. Diesem Verständnis zufolge sind Überzeugungen, Wünsche oder Absichten intentionale Zustände im Gegensatz zu ungerichteten Gefühlen wie Angst oder Depression. Das Erkennen intentionaler Zustände bei anderen ist eine spezifisch menschliche Fähigkeit, über die Menschaffen beispielsweise nicht verfügen. In Bezug auf die Entwicklung dieses Verständnisses findet im Alter von 9 Monaten eine „Revolution" statt, wie Tomasello (1999) schreibt.

Ein Kind im Alter von 6 Monaten interagiert sowohl mit Objekten als auch mit anderen Personen dyadisch, also nur auf das Objekt oder nur auf die eine andere Person bezogen. Wenn es mit einem Objekt spielt, ignoriert es in der Regel die Personen in seinem Umfeld, und wenn es mit einer Person interagiert, ignoriert es seine Spielsachen. Im Alter von 9 bis 12 Monaten entsteht ein völlig neues Verhalten. Die Kinder gehen zunehmend über die dyadische Interaktion hinaus und koordinieren erstmals ihre Interaktionen zwischen Objekten und Personen. Es entsteht eine Triade aus Kind, Objekt und Erwachsenem, die sich zumeist so vollzieht, dass Kind und Erwachsener ihre Aufmerksamkeit gemeinsam einem Objekt zuwenden. In der englischsprachigen Literatur wird diese Revolution als *Joint Attention* bezeichnet, als geteilte oder gemeinsame Aufmerksamkeit. Zu diesen Verhaltensformen gehört es, dem Blick des Erwachsenen zu folgen und mit ihm über das Gesehene zu interagieren, dem Erwachsenen ein Objekt zu zeigen oder den Umgang eines Erwachsenen mit einem Objekt zu imitieren. Mit der Joint Attention tritt somit erstmals in der Entwicklung eine innere Anpassung oder Einstellung des Kindes auf die Reaktionen eines anderen gegenüber einem dritten Objekt auf.

Tomasello (1995) erklärte diese Fähigkeit damit, dass das 9 Monate alte Kind zu verstehen beginnt, dass andere Personen wie es selbst intentionale Wesen sind; Wesen, die bestimmte Ziele verfolgen und zu diesem Zweck ihre Aufmerksamkeit den Dingen zuwenden, mit denen sie ihre Ziele erreichen können. Nelson (1996) sieht in der Joint Attention den Beginn der symbolischen Interaktion und damit auch den Beginn der Sprache; für Tomasello (1999) kennzeichnet sie den eigentlichen Beginn des kulturellen Lernens.

Die nächste markante Zäsur findet im Alter von ca. 18 Monaten statt, wenn die Wortschatzexplosion (Vocabulary Spurt) einsetzt und die Kinder die ersten Fähigkeiten zum Symbolspiel entwickeln. Mit diesen Entwicklungsprozessen – mit ca. 2 Jahren – taucht zudem eine Art „Sprache des Denkens" auf; die Kinder beginnen, eigene psychische Zustände zu benennen und die anderer wahrzunehmen: das was sie selbst und andere sehen, wünschen oder fühlen (Bartsch & Wellman, 1995; Dunn, 1988). 2- und 3-Jährige zeigen bereits ein Verständnis für persönliche Wahrnehmungen, Wünsche und Emotionen, indem sie das Verhalten von anderen vorhersagen und kommentieren. Sie sprechen darüber, was sie selbst denken und wissen und zeigen ein erstes Verständnis für die Beziehungen zwischen „etwas sehen" und „etwas wissen" (Wellman, 1990).

Der nächste wichtige Markstein in der Entwicklung der *Theory of Mind* ist das Verständnis für falsche Überzeugungen im Alter von 4 Jahren (➤ Kap. 3.3.2). Mit 5 Jahren hat sich dieses Verständnis als repräsentationale Theorie etabliert, so dass die Kinder wissen, dass Menschen aufgrund ihrer Überzeugungen und Repräsentationen von der Welt handeln, nicht aufgrund der tatsächlichen Gegebenheiten. Kinder dieses Alters denken und handeln nach einer Überzeugung erster Ordnung: „Peter glaubt, dass x". Die wichtigste Entwicklung, die nach dem 5. Lebensjahr stattfindet, ist die Fähigkeit, mit Repräsentanzen zweiter Ordnung umzugehen: „Peter glaubt, dass Mary glaubt, dass x" (Perner & Wimmer, 1985). Mit 6 bis 7 Jahren kommen Kinder in die Lage, sowohl die eigenen als auch die Überzeugungen anderer simultan zu repräsentieren; sie können also nicht nur, wie 4-Jährige, die falsche Überzeugung einer Person verstehen, sondern sie sehen sie zugleich aus der Perspektive des anderen. Das heißt, sie verstehen, dass eine Person, die einer falschen Überzeugung anhängt, diese für die Realität hält. Entsprechend begreifen sie auch, dass sie selbst denken, wenn sie einer falschen Überzeugung sind und die Wahrheit nicht kennen, sie würden die Wahrheit kennen. Perner und Wimmer (1985) heben die Bedeutung des Denkens in der 2. Ordnung hervor, denn soziale Interaktionen sind in der Regel wesentlich davon bestimmt, was man darüber denkt, was andere denken.

Obwohl Kinder also einerseits bis zum Schulalter eine relativ elaborierte und geschlossene Theorie des Denkens entwickelt haben, indem sie die Gedanken anderer bei ihren eigenen Überlegungen in Rechnung stellen können, zeigen sie noch keine „wirklich" konstruktivistische Theory of Mind in dem Sinne, dass sie auch die Denkprozesse des anderen nachvollziehen und rekonstruieren könnten. Bis zur Pubertät konzentrieren sich die Kinder auf die *Ergebnisse* des Denkens und vernachlässigen den Weg, der zu den Ergebnissen geführt hat. Aufgrund dieser Vernachlässigung verwechseln sie beispielsweise Aufmerksamkeit mit Verständnis oder Verständnis mit Gedächtnis; die zugrunde liegenden *Prozesse* sind ihnen somit noch weitgehend unbekannt (Schwanenflugel & Fabricius, 1994; Schwanenflugel, Fabricius & Alexander, 1994; Schwanenflugel, Fabricius & Noyes, 1996).

Zusammenfassend lässt sich festhalten, dass bereits 3-Jährige ein erstes Verständnis für die kausalen Zusammenhänge zwischen Gedanken (Absichten, Überzeugungen, Wünschen) und Handlungen zeigen und somit eine erste Theory of Mind entwickelt haben. Sie sind allerdings noch nicht in der Lage, tiefergehende kausale Mechanismen zu verstehen, wie beispielsweise die Herkunft von Überzeugungen aus der Wahrnehmung. So können sie wie in der Untersuchung von Perner et al. (1987) nicht sagen, dass ein anderes Kind antworten wird, in der Schachtel seien Smarties, wenn sie selbst wissen, dass sie Stifte enthält. Eine geschlossene Theory of Mind im Sinne einer intuitiven psychologischen Theorie entsteht somit erstmals mit 4 Jahren, wenn die Kinder ein Verständnis für die Ursachen falscher Überzeugungen entwickelt haben. Weitere Schritte und neue Theorien werden aber bis zur Pubertät – und darüber hinaus – aufgebaut.

4.1.4 Mathematik und Zahlenkonzepte

Zu den privilegierten Wissensdomänen gehören die Zahlenkonzepte. Eine Vielzahl von Untersuchungen hat gezeigt, dass Kinder bereits in den ersten Lebensmonaten mit einer impliziten Bereitschaft für das Zählen ausgestattet sind. So beachten schon Säuglinge die Anzahl von Gegenständen oder wie häufig sich eine Bewegung wiederholt – zumindest, wenn nicht weiter als bis drei oder vier gezählt werden muss. Es gibt in der Forschung einige Diskussion darüber, ob es sich hierbei tatsächlich um Zählen handelt, also um den Einsatz oder ein Verständnis numerischer Prinzipien, oder ob die Kinder bei einer so geringen Anzahl nicht auf bloße Wahrnehmungsmuster zurückgreifen und eine spontane Mengenschätzung vornehmen (Cooper, Campbell & Blevins, 1983; Wynn, 1990).

In einer Studie haben Starkey, Spelke und R. Gelman (1990) gezeigt, dass Säuglinge beim Zählen von den Oberflächeneigenschaften der Objekte abstrahieren können und sich auf die Anzahl konzentrieren. Sie haben Kindern im Alter von 6 bis 8 Monaten in einem Habituationsexperiment Dias mit unterschiedlichen vertrauten Gegenständen aus dem Haushalt präsentiert, wie zum Beispiel Zitronen, Kämme oder Scheren. Während die Kinder der einen Gruppe auf jeder Abbildung jeweils zwei unterschiedliche Gegenstände zu sehen bekamen, wurden der anderen jeweils drei unterschiedliche Gegenstände gezeigt. Nach einer Weile sank die Aufmerksamkeit der Kinder. Sobald die Habituation eingetreten war, bekamen sie Dias mit denselben Gegenständen zu sehen, nur dass ihnen nun zwei der Objekte gezeigt wurden, wenn sie zuvor drei gesehen hatte, bzw. drei Objekte, wenn sie an zwei Objekte habituiert worden waren. Der einzige Unterschied zu den vorher gezeigten Bildern bestand somit in der Anzahl der Gegenstände. Nun stieg die Aufmerksamkeit der Kinder wieder: sie dishabituierten. Es waren also nicht die Gegenstände als solche und ihre Eigenschaften wie Farbe oder Oberflächenbeschaffenheit, die die Aufmerksamkeit der Kinder nach der Habituation erregten, sondern sie interessierten sich für die Anzahl. Das Experiment zeigt, dass Kinder bereits in diesem frühen Alter der Anzahl von Gegenständen Aufmerksamkeit schenken und Informationen offenbar auch auf dem abstrakten Niveau der Zahl verarbeiten.

Karen Wynn (1995, 1996) hat belegt, dass Kinder im Alter von 5 bis 6 Monaten nicht nur Objekte zählen können, sondern auch Bewegungen. Die Kinder bekamen einen Stoffhasen zu sehen, der mehrfach auf- und niederhüpfte. Die Kinder dishabituierten, wenn der Hase dreimal hüpfte und sie zuvor an zweimaliges Hüpfen habituiert worden waren bzw. wenn der Hase zweimal hüpfte und sie ihn zuvor dreimal hintereinander hatten hüpfen sehen.

Mit der *Methode der visuellen Erwartung* konnte ebenfalls gezeigt werden, dass bereits Kinder im Alter von 5 Monaten bis drei zählen können (Canfield & Smith, 1996). Die Methode der visuellen Erwartung macht sich ebenso wie die Habituationsmethode die Tatsache zunutze, dass Kinder interessante Ereignisse aufmerksam beobachten. In dieser Untersuchung zum frühen Zahlenverständnis wurden den Kindern Bilder auf einem Bildschirm dargeboten, und zwar so, dass ein Bild zweimal auf der linken und dreimal auf der rechten Seite erschien. Das Blickverhalten der Kinder zeigte, dass die Kinder, nachdem sie das Muster verstanden hatten, den Kopf immer dann auf die andere Seite des Schirms wandten, wenn das zweite bzw. dritte Bild erschienen war. Die Kinder zählten also gewissermaßen mit und wussten, auf welcher Seite das nächste Bild zu sehen sein würde.

Die Ergebnisse sprechen insgesamt dafür, dass Kinder tatsächlich numerische Prinzipien anwenden, denn sie konzentrieren sich unabhängig von der äußeren Beschaffenheit der Dinge und sogar bei bewegten Objekten auf die Anzahl. Ein weiterer entscheidender Indikator für ein numerisches Konzept besteht aber auch in der Fähigkeit numerisch zu *denken*, also bereits leichte arithmetische Operationen ausführen zu können.

Wynn (1992, 1995) hat in einer Reihe von Studien nachgewiesen, dass auch Kinder in der vorsprachlichen Phase arithmetische Operationen wie Addieren und Subtrahieren durchführen können. In einer Untersuchung sahen 5 Monate alte Kinder beispielsweise wiederholt zwei Objekte. Dann wurden die Objekte von einem Schirm verdeckt, und die Kinder konnten beobachten, wie der Versuchsleiter entweder ein Objekt fortnahm oder eines hinzufügte. Wenn die Anzahl der Objekte nach Lüftung des Schirms nicht mit der Erwartung der Kinder, die sie aufgrund ihrer Beobachtung entwickelt hatten, übereinstimmte, guckten sie länger und zeigten mehr Überraschung, als wenn die Anzahl mit der Beobachtung übereinstimmte. Wenn also zuvor zwei Objekte zu sehen waren und der Versuchleiter eines fortnahm, so erwarteten die Kinder ein Objekt zu sehen, nicht etwa drei.

Wynn (1990) selbst interpretiert ihre Studien nicht im Sinne numerischer Prinzipien, wie Rochel Gelman es tut. Sie nimmt an, dass Kinder bis zum Alter von 3 Jahren zählen, indem sie angeborene Wahrnehmungsprinzipien wie spontane Mengenschätzungen anwenden und erst später den Zusammenhang zwischen dem Zählen und der Anzahl der gezählten Objekte wirklich verstehen. Die Strategien, die Kinder bis zum Alter von drei Jahren anwenden, scheinen nicht kulturspezifisch zu sein, während die später entwickelten Prinzipien kulturell geprägt sind und durch formalen Unterricht stark beeinflusst werden (Ben-Zeev & Star, 2001; Geary, 1995).

Unabhängig von diesen Divergenzen in der theoretischen Auffassung haben Kinder im Vorschulalter bereits eine intuitive Mathematik entwickelt, die auf fünf Prinzipien des Zählens beruht. Die Prinzipien greifen lange, bevor das Kind sie benennen kann (R. Gelman, 1979, 1990; R. Gelman & Meck, 1986, Wynn, 1990).

- Bei der *Eins-zu-eins-Zuordnung* wird jedes gezählte Objekt mit einem, und nur einem Zahlwort belegt.
- Das *Prinzip der stabilen Ordnung* besagt, dass Objekte in der Reihenfolge der Zahlwörter gezählt werden müssen, also 1–2–3–4–5 statt zum Beispiel 1–3–2–4–5 und für jede Quantität ein anderes Zahlwort zur Verfügung steht.

- Das *Kardinalzahlprinzip* sagt aus, dass das letzte Zahlwort in einer gezählten Reihe die Anzahl der Objekte angibt.
- Nach dem *Abstraktionsprinzip* können alle Arten von Objekten zusammengefasst und gezählt werden (man kann Äpfel und Birnen zusammenfassen, um zu zählen, wie viele Stücke Obst man hat), und man kann alle Bereiche, in denen voneinander unterscheidbare Einheiten vorkommen, zählen (Gegenstände, Schritte, Töne etc.).
- Das *Prinzip der irrelevanten Ordnung* schließlich besagt, dass die zu zählenden Objekte in jeder beliebigen Reihenfolge angeordnet werden können und man bei jedem beliebigen Objekt zu zählen beginnen kann, solange die anderen Prinzipien des Zählens nicht verletzt werden.

Die Prinzipien werden von R. Gelman als zugrunde liegende Strukturen verstanden, woraus die Auffassung resultiert, dass Kinder nur dann mit dem Zählen kreativ und erfinderisch umgehen können, wenn sie über die Tiefenstruktur dieser Prinzipien verfügen; das heißt, wenn man nachweisen kann, dass Kinder auch auf ungewöhnliche und kreative Weise zählen können. Die Entwicklung eigener Zählstrategien wäre zum Beispiel ein Indikator dafür, dass sie die Prinzipien des Zählens wirklich verstanden haben und diese auch kognitiv verfügbar sind. Die zugrunde liegende Hypothese ist hier ähnlich wie im Bereich der Sprache: Wer die Regeln einer Sprache verstanden hat, kann eine unendliche Anzahl von korrekten Sätzen bilden, die er nie zuvor in derselben Weise gehört hat. Die Frage nach zugrunde liegenden Zählstrukturen ist nicht nur theoretisch von Interesse, sondern auch praktisch, weil ihre Beantwortung zeigt, auf welchen Grundlagen ein Mathematikcurriculum für die frühen Jahre aufbauen kann.

R. Gelman und Cohen (1988) haben einen Nachweis des kreativen Einsatzes von Zählstrategien bei Kindern im Vorschulalter erbracht, indem sie „normale" Kinder mit Kindern mit Down-Syndrom verglichen haben. Es ist bekannt, dass die geistige Retardierung von Kindern mit Down-Syndrom auch grundlegende Probleme mit dem Zählen zur Folge hat. Um die Kinder in diesem Bereich zu fördern, hat die Einrichtung, in der die Studie durchgeführt wurde, in nahezu alle Aktivitäten der Kinder die Möglichkeit eingebaut, das Zählen zu üben. Insofern waren die Down-Kinder den anderen Vorschulkindern gegenüber im Vorteil; sie waren die trainiertere Gruppe. Dennoch konnten sie ihre Defizite kaum kompensieren.

Die Kinder wurden durch eine Puppe aufgefordert, einen „Zähltrick" anzuwenden, bei dem die vorgelegten Gegenstände nicht nach der präsentierten Reihenfolge abgezählt werden sollten, sondern so, dass der zweite Gegenstand als der erste, der dritte oder der vierte Gegenstand galt. Die Kinder kamen zu verschiedenen Lösungen. Eine Lösung bestand darin, dass sie beispielsweise bei fünf Gegenständen auf den zweiten Gegenstand zeigten, während sie „eins" sagten, dann gingen sie zum ersten Gegenstand und sagten „zwei", übersprangen den zweiten, zeigten auf den dritten und sagten „drei". Andere Kinder vertauschten die Position des ersten und zweiten Gegenstandes und zählten dann ganz normal die ganze Reihe ab.

Es zeigte sich, dass die nicht-retardierten Kinder leichter und häufiger eine Lösung fanden. Sie konnten auch von Hinweisen der Versuchsleiter, wie man das Problem lösen könnte, profitieren. Die Kinder mit Down-Syndrom hingegen fanden vielfach auch dann keine Lösung, wenn ihnen direkt gezeigt wurde, wie man das Problem lösen kann. Zudem waren unterschiedliche Muster in den Fehlern zu beobachten, die den Kindern unterliefen. Die nicht-behinderten Vorschulkinder vertauschten zum Beispiel manchmal die Zahlwörter, nicht die Gegenstände, und zählten beispielsweise „eins, drei, zwei, vier, fünf". Obwohl sie also das Prinzip der stabilen Ordnung verletzt hatten, kamen sie dennoch zum richtigen Ergebnis; sie hatten das Kardinalzahlprinzip verstanden. Die Down-Syndrom-Kinder hingegen verletzten das Kardinalzahlprinzip. Wenn sie aufgefordert wurden, den zweiten Gegenstand als dritten zu nehmen, zählten sie einfach weiter, bis sie alle Gegenstände erfasst hatten, so dass sie auf das Resultat sieben kamen („drei, vier, fünf, sechs, sieben"). Diese Verletzung des Kardinalzahlenprinzips kann als Hinweis gewertet werden, dass sie die Prinzipien des Zählens nicht wirklich verstanden haben. Den nicht-behinderten Kindern unterliefen solche Fehler nicht.

Die Autoren interpretieren ihre Befunde in dem Sinne, dass den Down-Kindern, obwohl sie ein intensives Zähltraining erhalten hatten, entsprechende Tiefenstrukturen fehlen, um die Zählprinzipien anwenden zu können. Die anderen Kinder hingegen haben weniger Schwierigkeiten, auch neue Zählprobleme zu lösen, weil sie gewissermaßen über die „Grammatik des Zählens" – die grundlegenden Zählprinzipien – verfügen.

Das Zählen ist sowohl entwicklungspsychologisch als auch pädagogisch von großer Bedeutung, da es eine grundlegende mathematische Kompetenz darstellt. Mathematische Konzepte unterscheiden sich von anderen darin, dass sie abstrakter sind. Stern (1998) weist darauf hin, dass Konzepte aus anderen Inhaltsgebieten wie „Säugetier", „Wohnqualität" oder „Gerechtigkeit" auf konkreten und wahrnehmbaren Ereignissen oder Einzelobjekten beruhen. Jedes dieser Konzepte lässt sich anhand von Einzelbeispielen veranschaulichen und verdeutlichen. Genau diese Möglichkeit besteht in der Mathematik nicht, denn selbst bei der natürlichen Zahl als grundlegender Einheit der Mathematik ist es nicht möglich, unter Verweis auf ein Beispiel zu erklären, was gemeint ist. Man kann jemandem, der fragt, was eine Zahl ist und über kein Zahlenkonzept verfügt, nicht durch Aufzeigen des Zahlsymbols 5 oder durch den Verweis auf fünf Objekte erklären, welche Bedeutung die *Zahl* 5 hat. Obwohl diese grundlegende Schwierigkeit besteht, sowohl den Begriff der Zahl im Allgemeinen zu erklären, als auch beispielsweise die Zahl 5 im Besonderen, können die meisten Kinder im Alter von 4 Jahren eine Menge von 8–10 Gegenständen korrekt bestimmen.

Wie die Untersuchung von R. Gelman und Cohen (1988) sowie andere Studien zeigen, wenden Kinder die Zählprinzipien implizit, also unbewusst, mit ungefähr 4 Jahren richtig an. Dennoch entwickelt sich diese Fähigkeit nicht von selbst, sie muss gelernt werden. Das Abschätzen von Mengen bis zu vier Objekten scheinen Kinder jedoch von Geburt an zu beherrschen. So zeigen die Ergebnisse von Chi und Klahr (1975), dass Kleinkinder nicht mehr Zeit benötigen, eine Menge bis zu vier Objekten zu „zählen“, als Erwachsene. Sie erfassen sie offenbar auf einen Blick. Alle Operationen aber, die über vier hinausgehen, müssen erst erworben werden. Mengen bis vier zu schätzen, ist offenbar eine universell verfügbare Fähigkeit, die die Grundlage für jedes spätere mathematische Verständnis bildet. Kinder scheinen die fünf oben genannten Prinzipien an überschaubaren Mengen zu entdecken, um sie dann auf größere Mengen zu übertragen (R. Gelman, 1990; Wynn, 1990, 1992). Insofern kann man auch nicht davon ausgehen, dass Kinder unter allen Umständen die Fähigkeit, größere Mengen zu zählen, als mathematische Basiskompetenz erwerben. Wynn (1990) geht zum Beispiel davon aus, dass es mindestens ein Jahr dauert, bis das an kleinen Mengen gewonnene Kardinalzahlenprinzip auf größere Mengen übertragen wird. Welche Bedingungen dafür als förderlich gelten können, ist eine offene Frage. Dass Kinder aber die Möglichkeit erhalten sollten, mit Mengen zu hantieren, geht aus der Forschung deutlich hervor.

4.1.5 Sprache

Die letzte privilegierte Wissensdomäne, für deren Erwerb Kinder bereits früh ausgestattet sind, ist die Sprache. Schon bevor Kinder selbst sprachliche Äußerungen produzieren können, verfügen sie über spezifische Kompetenzen in der Wahrnehmung von Sprache.

Bereits einige Stunden nach der Geburt bevorzugen Säuglinge die Stimme ihrer Mutter gegenüber einer fremden Stimme (De Casper & Fifer, 1980), und schon wenige Tage nach der Geburt können sie ihre Muttersprache von anderen Sprachen unterscheiden, während sie zwei ihnen unbekannte Sprachen nicht voneinander differenzieren (Mehler et al., 1988). Säuglinge von weniger als einem Lebensmonat zeigen eine besondere Vorliebe für die so genannte *Infant directed Speech*, die an das Kind gerichtete Sprache im Vergleich zu normaler Erwachsenensprache (Cooper & Aslin, 1990). Diese Form des Sprechens weist eine ausgeprägte melodische Struktur mit gedehnten Vokalen auf und wird mit starken Intonationskonturen und erhöhter Stimmlage vorgebracht. Sie wird von Erwachsenen spontan produziert, wenn sie mit Säuglingen sprechen (Papousek & Papousek, 1989).

Eine wesentliche Informationsquelle, auf die Säuglinge sich bei der Sprachwahrnehmung stützen, sind *prosodische Informationen*, also die für eine Sprache charakteristischen Betonungen, Intonationen und Rhythmen, wie sie in der Infant directed Speech überbetont werden. Da Säuglinge auf dieser Grundlage bereits in den ersten Lebenswochen Lernprozesse vollziehen, die sie auf den Erwerb ihrer Muttersprache vorbereiten, wird in der Literatur vielfach davon ausgegangen, dass diese Lernbereitschaft bereits biologisch vorgeprägt ist (z.B. Karmiloff-Smith, 1992). Die Forschung zum Spracherwerb hat aufgezeigt, wie Kinder prosodische Informationen zunehmend besser nutzen können. Während beispielsweise Säuglinge im Alter von 9 Monaten übliche und sinnvolle Sprechpausen innerhalb eines Satzes gegenüber nicht üblichen und sinnwidrigen bevorzugen, tun dies Säuglinge im Alter von 6 Monaten noch nicht (Jusczyk et al., 1992). Ebenfalls auf der Grundlage prosodischer Informationen erkennen und bevorzugen 9 Monate alte Säuglinge die in ihrer Muttersprache üblichen Betonungsmuster gegenüber unüblichen. Auch diese Präferenz ist bei Säuglingen im Alter von 6 Monaten noch nicht beobachtbar (Jusczyk, Cutler & Redanz, 1993). Diese Entwicklung weist darauf hin, dass die Kinder Sprache zunehmend nicht als bloße Laute wahrnehmen, sondern die sprachlich relevanten Merkmale erlernt haben und von nicht relevanten unterscheiden können (Mehler & Christophe, 1995).

Auch bevor Kinder sich selbst artikuliert äußern, versuchen sie intensiv, die Bedeutung der sprachlichen Äußerungen in ihrem Umfeld zu verstehen. Wesentliche Informationen über ihre Bedeutung liefert der Kontext, in dem die Worte fallen. Es ist also nicht so, dass die Kinder den Kontext durch die Sprache verstehen, sondern sie lernen umgekehrt die Bedeutung der Worte, indem sie lernen, was sie in dem jeweiligen Kontext bedeuten *müssen*.

Ein Vorläufer des Bedeutungsverständnisses wurde als *Protokonversation* beschrieben (Bateson, 1975). Gemeint ist damit die synchrone Interaktion zwischen Mutter und Kind, wie sie in üblichen Situationen wie Füttern, Pflege und Spielen stattfindet. Das Entscheidende an der Protokonversation besteht darin, dass Mutter und Kind eingespielt und zeitlich koordiniert aufeinander reagieren und die Mutter auf die Äußerungen des Kindes kontingent eingeht.

Kinder, die Protokonversation mit ihren Mütter erleben, zeigen bereits im Alter von 3 Monaten ein Verhalten, das eher an reifere Interaktionen erinnert, als Kinder, deren Mütter mehr zufällig und nicht kontingent reagieren. Sie halten nach den mütterlichen Äußerungen inne, und ihre eigenen Lautäußerungen klingen sprachähnlicher (Bloom, Russell & Wassenberg, 1987). Insofern zeigt schon die Art früher Äußerungen des Kindes eine Formung durch den Kontext, in dem das Kind seine Interaktionen erlebt. Und gerade diese Kontextabhängigkeit wurde als Grundstein für das Verständnis der Beziehungen zwischen Laut und Bedeutung und damit als wesentlich für den Spracherwerb beschrieben (Lagerstee, Pomerleau, Malcuit & Feider, 1987).

Das vorherrschende „Thema" der frühen Interaktionen ist die affektive Bedeutung der Beziehung. Insofern sieht Louis Bloom (1993) die Motivation für den Spracherwerb darin, die Beziehung zu einer anderen Person aufrecht zu erhalten. In dieser Matrix aus gegenseitiger Aufmerksamkeit, geteiltem Verständnis einem Objekt oder Ereignis gegenüber und gegenseitiger Anpassung in Gestik und Mimik entwickelt sich zunehmend der sprachliche Austausch über Bedeutungen. Die sprachliche Entwicklung findet statt, *weil* das Kind etwas mitzuteilen hat und verstehen möchte, was andere zu ihm sagen.

Insofern ist Spracherwerb immer in einen sozialen Kontext eingebunden. Es gibt in der Psychologie eine lange Diskussion um die angeborenen und sozial erworbenen Aspekte der Sprache. Der Linguist Noam Chomsky (1965) vertrat die These, dass Kinder über angeborene linguistische Mechanismen verfügen, die es ihnen ermöglichen, die Grammatik einer Sprache zu erwerben. Ohne einen solchen angeborenen Spracherwerbsapparat (Language Acquisition Device; LAD) sei kaum zu erklären, wie es Kindern gelingen könne, bereits als 3-Jährige Tausende von neuen Sätzen zu produzieren, die sie wörtlich so noch nie gehört haben. Dieses Phänomen sei aber umso erstaunlicher, als die gehörte Alltagssprache vielfach fehlerhaft und von mangelhafter grammatische Struktur sei (Chomsky, 1959). Jerome Bruner (1975 a, 1975 b, 1983) hat argumentiert, dass dieser Spracherwerbsapparat nur dann funktionieren könne, wenn er mit einem sozialen Unterstützungssystem (Language Acquisition Support System; LASS) interagiere. Erst die Interaktion zwischen LAD und LASS ermögliche dem Kind, in die kulturelle Sprachgemeinschaft einzutreten. Das Unterstützungssystem befindet sich seiner Auffassung zufolge zunächst unter der Regie des Erwachsenen, der den Austausch zwischen Kind und Erwachsenem kontrolliert. Diesen Austausch hat Bruner (Ninio & Bruner, 1978; Ratner & Bruner, 1978) als „Format" beschrieben und damit konventionalisierte soziale Routinen gemeint wie Kuckuck-Spielen, mit dem Kleinkind gemeinsam ein Bilderbuch anschauen oder Spiele, die sich zwischen Mutter und Kind bei der Pflege oder beim Füttern entwickelt haben.

Diesen Formaten kommt eine wichtige Funktion beim Spracherwerb zu, die vor allem aus drei Aspekten besteht. Den ersten Aspekt bildet eine Art Gerüst (Scaffold), mit dem die Mutter den Spracherwerb stützt. Sie begrenzt dabei die Aufmerksamkeit des Kindes auf einen leicht verständlichen und überschaubaren Ausschnitt und bietet dem Kind eine einfache Dialogstruktur an mit Äußerungen wie: „Da guck mal! Was ist denn das?" Anfangs akzeptiert die Mutter es noch, wenn das Kind unartikuliert antwortet. Je älter es wird, um so mehr erwartet sie aber eine artikulierte Antwort, die sie dann bestätigt: „Ja, das ist ein Hund". Diese Sperrung (Communicative Ratchet) – der zweite Aspekt – führt dazu, dass die Mutter, wenn das Kind bereits ein Wort einmal richtig gesprochen hat, zukünftig keine unartikulierten Äußerungen mehr zulässt und auf der richtigen Aussprache besteht. Den dritten Aspekt schließlich bildet eine Ausweitung der Spracheinführung auf verschiedenste Situationen, in denen die Mutter das Kind in einen aktiven Dialog einbezieht. Lois Bloom weist in seinen Schriften wiederholt darauf hin, dass der aktive Anteil des Kindes in den sozial orientierten Spracherwerbstheorien zuweilen unterschätzt werde. Gerade in der spontanen Alltagskommunikation zwischen Mutter und Kind initiiere häufig das Kind die Interaktion, und die Mutter folge ihm mit ihren Äußerungen (s. Bloom, 1998).

Die Studien zur Sprachentwicklung zeigen insgesamt, dass die biologischen Grundlagen zum Spracherwerb durch die Umwelt in Gang gesetzt und dann stark geformt werden. Die biologischen Voraussetzungen ermöglichen, dass das Kind die Sprache lernt – es wird sie jedoch nicht lernen, wenn es nicht in einer förderlichen Sprachgemeinschaft lebt. Der Austausch zwischen Kind und Bezugspersonen ist der entscheidende Motor in der Sprachentwicklung. Sich über Objekte und Erlebnisse auszutauschen, fördert die Entwicklung. Dies ist allerdings nicht der Fall, wenn man der Sprache bloß passiv ausgesetzt ist, wie beim Zuhören oder Fernsehen. Wasik und Bond (2001) haben beispielsweise in einer neueren Studie mit Kindergartenkindern gezeigt, dass diese nur dann sprachlich vom Vorlesen profitieren, wenn mit ihnen über das Gelesene gesprochen wird. Kinder, denen lediglich vorgelesen wurde, ohne dass sie die Gelegenheit zum Dialog hatten, erzielten keine Verbesserung ihres Wortschatzes.

4.2 Nicht-privilegierte Wissensdomänen

4.2.1 Zum Begriff der Metakognition

Der Begriff der Metakognition wurde Mitte der 70er Jahre in die kognitive Psychologie eingeführt. Ganz allgemein ist darunter das Nachdenken über das eigene Denken zu verstehen. Als wegweisend in den Bereichen Problemlösen und Gedächtnis gelten die Arbeiten von John Flavell (1976) und Ann Brown (1978).

Flavell (1976) schreibt:

> „Metakognition bezieht sich auf das eigene Wissen über die eigenen kognitiven Vorgänge oder etwas, das sich auf sie bezieht, zum Beispiel die lernrelevanten Eigenschaften von Informationen oder Daten. Beispielsweise bin ich metakognitiv aktiv, wenn ich wahrnehme, dass ich mehr Schwierigkeiten habe, A zu lernen als B; oder wenn mir auffällt, dass ich C zweimal überprüfen sollte, bevor ich es als Tatsache akzeptiere." (p. 232; Übers. v. d. Verf.)

Eingeschlossen in das Konzept der Metakognition sind die Aspekte „Wissen" und „Regulation" oder „Kontrolle" über die eigenen kognitiven Vorgänge; es sind somit die eigenen kognitiven Prozesse, die zum Gegenstand der Reflexion und bewussten Steuerung gemacht werden. Die Bewusstheit dieser Vorgänge ist ein wesentliches Bestimmungsstück von Metakognition und unterscheidet sie von psychischen Funktionen wie Denken, Gedächtnis oder Problemlösen, die auch ohne dass sich das Subjekt Rechenschaft über sie ablegt, ausgeführt werden können. Für A. Brown (1987) stellt die Fähigkeit, sich die eigenen kognitiven Routinen bewusst zu machen, eine der höchsten Formen der reifen menschlichen Intelligenz dar. Neuere Intelligenztheorien haben entsprechende Metakomponenten aufgenommen (Sternberg, 1984).

Die Unterteilung der Metakognition in die Komponenten Wissen und Regulation, bzw. Kontrolle, findet sich in einer Vielzahl von Definitionen (vgl. Hasselhorn, 1998). Das Hinzufügen weiterer Bestimmungsstücke durch verschiedene Autoren hat dazu geführt, dass dieses an sich schon komplexe Konstrukt als uneinheitlich und schwer handhabbar galt (vgl. A. Brown, 1987). Ein integratives Klassifikationsschema hat im deutschsprachigen Raum Hasselhorn (1992) vorgelegt. Hasselhorn differenziert die Wissenskomponente in *systemisches* und *epistemisches Wissen*. Die systemische Wissenskomponente beschreibt die Gesetzmäßigkeiten und Einflussfaktoren sowie die Stärken und Schwächen der eigenen kognitiven Funktionen; die epistemische Komponente umfasst demgegenüber das Wissen über eigenes Wissen und Wissenslücken, über Erwerbs- und Verwendungsmöglichkeiten eigenen Wissens und zuletzt beinhaltet sie auch die Kenntnis der eigenen kognitiven Verfassung und Lernbereitschaft. Die Regulations- bzw. Kontrollkomponente bezeichnet Hasselhorn als *exekutive Metakognition*. Dazu gehören Planungs-, Überwachungs- und Steuerungsstrategien.

A. Brown (1987) zufolge ist das Wissen über die eigenen Kognitionen intersituativ relativ stabil; es entwickelt sich allerdings erst mit zunehmendem Alter. Demgegenüber sind Regulationsfähigkeiten relativ unabhängig vom Alter, wandeln sich aber stärker von Situation zu Situation. So kann ein Kind in der einen Situation selbstregulatorisches Verhalten zeigen, in einer anderen Situation nicht; ein junges Kind kann einem älteren in der Selbstregulation überlegen sein. Die Selbstregulation erweist sich zudem als anfällig für Emotionen, wenn ein Kind beispielsweise emotional aus dem Gleichgewicht gebracht ist, und sie ist abhängig vom Selbstkonzept, wie zum Beispiel dem Selbstvertrauen oder der Selbstwirksamkeit (Hasselhorn, Hager & Baving 1989).

Für die Pädagogik lautet die zentrale Frage, ob die Vermittlung metakognitiver Fertigkeiten dazu beitragen kann, Lernprozesse effektiver zu gestalten und zu erleichtern. Wie kann Kindern geholfen werden, ihr Denken zu verbessern, ihr Verhalten zu planen, Fehler selbst zu entdecken und selbständig zu korrigieren, sich selbst zu überwachen, zu steuern und letztlich auch Leistungen treffend einzuschätzen?

In der Literatur zur Förderung metakognitiver Komponenten gibt es eine Vielzahl erfolgreicher Beispiele, die den schulischen Bereich betreffen, wie die Studien Schoenfelds (1987) zum Mathematikunterricht oder die Arbeiten von Palincsar und Brown (1984, 1986; Rosenshine & Meister, 1994) zum Lesen und Textverstehen. Für den frühpädagogischen Bereich ist die Förderung solcher Fähigkeiten von Bedeutung, die an die Entwicklungsniveaus der Kinder anknüpfen und ihren Kompetenzerwerb vorantreiben. In der entwicklungspsychologischen Literatur finden sich neben Arbeiten zu frühen Formen der Metakognition auch Arbeiten, die Vorläufer von Metakognitionen und Selbstregulation beschreiben, wie zum Beispiel das laute Sprechen des Kindes zu sich selbst (Private Speech im Sinne Wygotskis), Komponenten des Spielverhaltens sowie die Förderung von Gedächtnis- und Metagedächtnis durch die gemeinsame Konstruktion von Geschichten, in denen Erlebtes verarbeitet wird.

4.2.2 Frühe Formen der Metakognition

Metagedächtnis und Selbstkorrektur

Obwohl man lange Zeit davon ausging, dass es jüngeren Kindern als „universellen Novizen" (Brown & DeLoache, 1978) an reflexiven und metakognitiven Fähigkeiten fehlt, konnten Brown und DeLoache, 1978 (vgl. auch DeLoache & Brown 1987, 1997) zeigen, dass auch jüngere Kinder in naturalistischen Settings – nicht aber in experimentellen Laborsituationen – bereits erstaunliche metakognitive Fähigkeiten zeigen, die sie spontan einsetzen und die für Fördermaßnahmen einen Ansatzpunkt bieten (➤ Kap. 4.2.2).

In einer Serie von Studien haben die Autorinnen die Entwicklung selbstregulatorischer metakognitiver Fähigkeiten von Kleinkindern im Alter von 18 bis 30 Monaten in für sie bedeutungshaltigen Situationen ihrer vertrauten Lebenswelt im Bereich Gedächtnis aufgezeigt. Die Hauptaufgabe, die die Kinder zu lösen hatten, bestand darin, sich in einer Versteckspielsituation an den Ort der versteckten Objekte zu erinnern. Die Kinder bekamen einige Tage, bevor die eigentliche Untersuchung begann, ein kleines Stofftier geschenkt (Micky Maus oder Bibo aus der Sesamstraße), das als Protagonist in einem Versteckspiel diente. Dieses Spiel wurde von den Eltern nach genauer Anleitung mit den Kindern geübt. Den Kindern wurde gesagt, dass Micky (oder Bibo) sich verstecken will und dass sie sich erinnern sollen, wo er sich versteckt hat, um ihn anschließend wiederfinden zu können. In jedem Durchgang beobachteten die Kinder, wo die Mutter oder der Vater die Figur versteckt hatten, wobei in jedem Durchgang ein anderer Ort in der Wohnung gewählt wurde. Die Kinder durften erst nach Micky suchen, wenn eine nach einem vorgegebenen Zeitintervall von drei oder fünf Minuten gestellte Küchenuhr klingelte. Die Kinder lernten diese Regeln sehr rasch und zeigten geradezu Begeisterung für das Spiel.

Nachdem sichergestellt war, dass die Kinder das Spiel verstanden hatten, diente in der Experimentalphase die Mutter als Versuchsleiterin und stellte die Uhr zweimal auf 30 Minuten, zweimal auf 60 Minuten und einmal für die ganze Nacht. Die Kinder fanden die Figur fehlerlos zu 88 % nach 30 Minuten, zu 69 % nach einer Stunde und zu 77 % am Morgen. Die selbstregulatorischen Prozesse, die Brown und DeLoache (1978) mit diesem Spiel zu beobachten suchten, umfassen Fähigkeiten wie vorausschauend zu planen, Handlungsausgänge vorherzusagen, sich selbst beim Handeln zu beobachten und zu überwachen, das Resultat eigener Handlungen einzuschätzen und Fehler zu korrigieren. Diese Fähigkeiten sind Basiskompetenzen, die in einer Vielzahl alltäglicher Situationen und über nahezu die gesamte Lebensspanne zu effizientem Handeln und Problemlösen beitragen: Der Definition in Kapitel 4.2.1 entsprechend, handelt es sich hier um die selbstregulative Komponente der Metakognition.

Mit dieser Studie wurden zum ersten Mal die Gedächtnisfähigkeiten von Kindern unter drei Jahren mit Verzögerungsintervallen von über 30 Sekunden untersucht (Brown & DeLoache, 1978). In zwei Folgestudien wurde darüber hinaus eine metakognitive Kompetenz untersucht, nämlich die Fähigkeit der Kinder zur Selbstkorrektur. Zu diesem Zweck wurde erhoben, wie sicher sich die Kinder ihres eigenen Gedächtnisses waren, indem zwei Überraschungsdurchgänge eingeführt wurden, in denen die Versuchsleiterin das Versteckspiel so manipulierte, dass es den Erwartungen der Kinder zuwider lief. Das Ausmaß der gezeigten Überraschung wurde als Index für die Erwartungsstärke gewertet.

Innerhalb einer Serie der üblichen Versteckspiele wurden mit jedem Kind zwei Überraschungsdurchgänge absolviert, in denen die Figur zunächst wie zuvor versteckt wurde. Während das Kind den Raum unter einem Vorwand kurzzeitig verlassen sollte, versteckte die Versuchsleiterin die Figur an einem anderen Ort.

Unterteilt man die Kinder nach ihrem Alter in zwei Gruppen (18–24 Monate, 25–30 Monate), so finden sich die folgenden sehr unterschiedlichen Muster. Die ältere Gruppe verhielt sich in 88 % der Durchgänge sehr umsichtig, ähnlich wie ältere Kinder oder Erwachsene es tun würden. Wenn sie die Figur nicht am erwarteten Ort fanden, suchten sie an einem nahe gelegenen oder ähnlichen Ort – zum Beispiel unter dem nächstliegenden Kissen oder unter einem anderen Sessel, im zweiten Durchgang, vielfach an dem Ort, an dem die Versuchsleiterin das Spielzeug im ersten Überraschungsdurchgang versteckt hatte. Die jüngeren Kinder machten demgegenüber weitaus weniger Versuche, die Figur zu finden, wenn sie sich nicht an dem von ihnen erwarteten Ort befand. In nur der Hälfte der Durchgänge suchten sie überhaupt an einem anderen Ort (54 %). Vielfach zeigten sie Ratlosigkeit und suchten die Nähe der Mutter, einige gingen zu dem von ihnen erwarteten Ort zurück und suchten dort erneut; manche taten dies mehrfach. In nur 26 % der Fälle suchten die jüngeren Kinder an benachbarten oder ähnlichen Orten, wie die älteren Kinder es taten. Sie bevorzugten dabei ebenfalls solche Orte, an denen sich die Figur bereits in vorhergehenden Durchgängen befunden hatte.

Die Tendenz der älteren Kinder, an weiteren Orten zu suchen, zeigt insofern eine gewisse Sicherheit bezüglich des eigenen Gedächtnisses an, als dass sie ihre Suche auf benachbarte oder logisch verwandte Orte eingrenzten. Sie schienen anzunehmen, dass sie sich entweder nicht ganz richtig erinnert hatten – „Vielleicht ist die Figur unter diesem Kissen, wenn sie nicht unter dem da ist" – oder sie nahmen irgend ein plausibles Ereignis an. In diesem letzten Sinne hat ein Kind tatsächlich geäußert: „Vielleicht ist Micky runtergefallen" und hat entsprechend hinter statt auf dem Schreibtisch gesucht.

Insgesamt scheinen sich sowohl die jüngeren als auch die älteren Kinder ihres Gedächtnisses recht sicher zu sein, sie unterscheiden sich allerdings in ihrer Fähigkeit, die Situation neu zu bewerten und nach einem Fehldurchgang erneut nach der Figur zu suchen. Die jüngeren Kinder suchen vielfach gar nicht weiter, und wenn sie es tun, dann gehen sie entweder zu einem vorangegangen Platz oder suchen an ähnlichen Orten. Die älteren Kinder sind hier flexibler und gehen logischer bei ihren Versuchen vor. Sie reflektieren die Situation und ziehen in Betracht, wo das Spielzeug sein müsste, wenn es schon nicht am erwarteten Platz liegt. Sie suchen nach plausiblen Erklärungen, etwa, dass das Spielzeug heruntergefallen ist oder dass sie sich nicht genau erinnern. Mit dieser Suche nach plausiblen Erklärungen zeigen die Kinder eine wichtige selbstregulatorische Fähigkeit, nämlich die Fähigkeit, eigene Fehler zu korrigieren.

Spontaner Strategieeinsatz

Unter Strategien versteht man ganz allgemein einen Plan zur Verwirklichung eines Ziels. Kognitive Strategien sind demzufolge Vorgehensweisen, mit denen man kognitive Ziele zu erreichen sucht. Im Bereich des Gedächtnisses sind alltägliche Strategien der berühmte Knoten im Taschentuch, um sich an etwas zu erinnern, oder die innere Wiederholung einer Telefonnummer, die man gerade nachgeschlagen hat, bis man das Telefon erreicht und sie gewählt hat. Erwachsene wenden solche Gedächtnisstrategien spontan und selbstverständlich an. Beim Problemlösen gehört zu den wichtigsten Strategien, dass man sich die Problemstellung zunächst im Ganzen vor Augen führt und erst dann – mit dem Gesamtproblem vor Augen – versucht, die einzelnen Teilprobleme nacheinander zu lösen. Ohne eine solche „Top-down-Strategie" gerät die Lösung einzelner Teilprobleme zu blindem Versuch und Irrtum.

DeLoache, Sugarman und Brown (1985) haben spontane Problemlösestrategien von Kindern im Alter von 18 bis 42 Monaten untersucht, indem sie beobachtet haben, wie die Kinder in einer naturalistischen Situation mit einem Satz von fünf unterschiedlich großen, ineinander zu schachtelnden Bechern spontan hantieren. Die fünf Becher wurden von der Untersuchungsleiterin vor dem Kind mit der Bemerkung „Das ist für dich zum Spielen!" nebeneinander auf den Tisch gestellt. Obwohl keine Aufforderung erfolgte, die Becher ineinander zu setzen, haben alle Kinder spontan begonnen, genau dies zu tun. Die Problemstellung, die sie sich gesetzt hatten, bestand somit darin, die Becher ineinander zu stellen. Es finden sich vier Strategien, in deren Gebrauch sich die Altersgruppen deutlich unterscheiden.

Die erste Strategie, die für die jüngsten Kinder charakteristisch ist, besteht in einer *Forcierung*, indem die Kinder manchmal sogar gewaltvoll probieren, die Becher ineinander zu stecken. Wenn ein größerer Becher nicht in einen kleinen passt, versuchen sie dieses Ziel zu erreichen, indem sie mit dem größeren Becher auf den kleineren schlagen. Beim Einsatz einer zweiten Strategie, die auch eher für die jüngsten Kinder typisch ist, nehmen die Kinder zunächst in jede Hand einen Becher. Passen unterer und oberer Becher nicht zusammen, kommen die jüngsten nicht etwa auf die Idee, die Relation umzudrehen, sondern sie legen den oberen Becher weg und probieren einen neuen aus. Die Autoren haben diese Strategie als *lokale Korrektur* bezeichnet, weil das Kind nicht in der Lage ist, den ganzen Satz von Bechern zu berücksichtigen, sondern nur einen Ausschnitt. Kinder, die die dritte Strategie anwenden, das *Auseinandernehmen des Satzes*, nehmen alle Becher wieder auseinander, wenn auch nur ein Becher nicht passt, und versuchen sie von Anfang an neu zusammenzusetzen. Erst die ungefähr 3-Jährigen zeigen Strategien, die den ganzen Satz von Bechern berücksichtigen. Eine Strategie, das *Einfügen*, besteht darin, dass die Kinder den Satz gezielt auseinander nehmen, um einen passenden Becher zu platzieren. Eine weitere, sich später entwickelnde Strategie, das *Umdrehen*, wenden Kinder an, wenn sie den kleineren in den größeren Becher stecken, falls zwei Becher nicht ineinander passen. Die Strategien lassen sich als Entwicklungssequenz auffassen. Zu Beginn steht die Forcierung, bei der die Beziehungen zwischen den Elementen nicht verändert werden. In einem zweiten Entwicklungsschritt unternehmen die Kinder kleine Veränderungen in einem Teil des Problems bzw. strukturieren die ganze Problemsituation um, indem sie von Neuem beginnen, und schließlich beachten und bearbeiten sie das Problem als Ganzes.

Ähnliche Sequenzen haben sich auch für ältere Altersgruppen bei altersadäquaten Problemstellungen gezeigt, beispielsweise bei dem Problem, aus geraden und gebogenen Schienen eine Figur zu bauen, auf der ein Zug durchgängig fahren kann. Kleinere Kinder, in diesem Fall 4-Jährige, bauen hier zuerst Schlangenlinien, die im Nichts enden. Erst den 6- bis 7-Jährigen gelingt es zum Beispiel ein Oval zu bauen (s. a. Karmiloff-Smith, 1979).

Private Speech als selbstregulatorische Fähigkeit

Als frühe Form der Selbstregulation gilt das Zu-sich-selbst-Sprechen des Kindes, das in der englischen Übersetzung Wygotskis als *Private Speech* bezeichnet wird. Wygotski (1979) hat in seinem Buch „Denken und Sprechen" ausgeführt, dass die Private Speech die Funktion hat, die eigenen kognitiven Aktivitäten zu lenken und aufrecht zu erhalten. In der Entwicklung stellt sie einen Schritt zwischen der Verhaltensregulation durch Erwachsene und der Selbstregulation durch das internale Sprechen (Inner Speech) oder Denken dar. Diese Position steht in deutlichem Gegensatz zur Sichtweise Piagets (1923/1962), der davon ausging, dass die egozentrische Sprache des Kindes in der präoperationalen Phase auf einen Mangel an Reife und mangelnde Perspektivenübernahme zurückgeht. Wygotski kritisierte diese Position scharf und baute seine eigene Theorie auf verschiedenen Beobachtungen auf. So sprechen Kinder häufiger zu sich selbst, wenn sie an schwierigen Aufgaben arbeiten. Dies ist jedoch nicht der Fall, wenn die Aufgaben leicht sind oder wenn sie sich mit etwas beschäftigen, das kein Nachdenken erfordert. Darüber hinaus wird die Private Speech nicht, wie Piaget angenommen hatte, zunehmend durch eine soziale Sprache ersetzt. Im Gegenteil, Private Speech wird mit zunehmendem Alter für andere unverständlicher; die von den Kindern produzierten Äußerungen entsprechen immer weniger einem sozialen Dialog (s. a. Feigenbaum, 1992; Manning & White, 1990). Schließlich kann Private Speech sogar verstärkt bei Kindern beobachtet werden, wenn sie viele Gelegenheiten zu sozialer Interaktion haben. Private Speech ist somit kein Ersatz für soziale Sprache, sondern muss eine andere Funktion erfüllen. Aus diesen Beobachtungen schloss Wygotski, dass diese Art des Zu-sich-selbst-Sprechens eine entscheidende Rolle in der Entwicklung des Kindes zu spielen scheint. Er nahm an, dass sie ihre Ursachen in der sozialen Sprache hat und sich zunehmend von ihr differenziert. Die Funktion der Private Speech besteht somit nicht in der Kommunikation mit anderen, sondern in einer Kommunikation mit sich selbst, und zwar zum Zwecke der *Selbstregulation*. Wygotski sah einen entscheidenden Entwicklungsschritt des Kindes im Vorschulalter im Übergang von der sozialen Sprache zur Private Speech. In diesem Moment nämlich benutzt es die Sprache als Werkzeug des Denkens; als Mittel, seine Aufmerksamkeit und sein Denken selbständig zu regulieren. Hier wird das *Grundgesetz der Entwicklung* besonders deutlich: Das Kind verinnerlicht das kulturelle Werkzeug der Sprache als Werkzeug des Denkens.

Die Verinnerlichung der Private Speech erfolgt in den Vor- und Grundschuljahren. Im Alter von 3 bis 5 Jahren benutzen Kinder häufig Private Speech, während ihr Einsatz im Alter von 5 bis 10 Jahren zurückgeht und die Kinder mehr verinnerlichte Formen des Zu-sich-selbst-Sprechens – etwa leise Lippenbewegungen oder Flüstern – zeigen (Berk, 1986; Berk & Garvin, 1984; Berk & Landau, 1993; Bivens & Berk, 1990; Kohlberg, Yaeger, Hjertholm, 1968). Dieser Übergang von externalisierten zu internalisierten Formen des Sprechens zeigt sich darüber hinaus in mikrogentischen Studien, nämlich dann, wenn Kinder eine neue Aufgabe zunehmend besser beherrschen (Berk & Spuhl, 1995).

Manning, White und Daugherty (1994) haben auf der Grundlage von Wygotskis Theorie in einer Studie mit Kindergartenkindern die Entwicklung selbstregulatorischer Fähigkeiten untersucht. Die Autoren haben in der Private Speech der Kinder vier Niveaus unterschieden. Auf Niveau 1 zeigt sich aufgabenirrelevantes Sprechen. Die Kindern äußern spontan Affekte, stellen sich aufgabenunabhängige Fragen oder geben aufgabenunabhängige Kommentare ab. Das Niveau 2 ist mit aufgabenrelevanter Sprache assoziiert, die allerdings nicht der Aufgabendurchführung gilt. So schimpfen die Kinder beispielsweise über die Aufgabe oder wechseln kommentarreich zu anderen Tätigkeiten über. Auf Niveau 3 äußern die Kinder aufgabenrelevante Private Speech, die zum einen dazu dient, die Aufmerksamkeit zu fokussieren, zum anderen ist sie unterstützender Natur und beschreibt die Inhalte, Vorgehensweisen oder die Struktur der Aufgabenbewältigung. Auf Niveau 4 zeigt sich eine höherwertige unterstützende Sprache, die Korrekturen, Coping und Ermutigungen enthält. So liegt der Fokus auf Niveau 3 auf der kognitiven Bewältigung, auf Niveau 4 zeigen sich metakognitive Regulationsprozesse.

In insgesamt drei Studien haben Manning et al. (1994) die Beziehungen zwischen Private Speech und Autonomie, kognitiver Leistungsfähigkeit und Kreativität mit Kindergartenkindern untersucht. Die Fähigkeiten der Kinder in den drei Entwicklungsbereichen wurden mit Tests überprüft und durch die Erzieherinnen eingeschätzt. Die an sich selbst gerichteten sprachlichen Äußerungen der Kinder wurden während der selbständigen Bearbeitung altersgerechter Aufgabenstellungen wie Tangram (geometrische Puzzleteile sollen in eine vorgegebene Form gebracht werden) oder Klassifikationsaufgaben aufgezeichnet.

Wie vorhergesagt, gibt es enge Beziehungen zwischen den reiferen Niveaus 3 und 4 und höheren Ausprägungen in den genannten Bereichen. Autonome Kinder, die in der Lage sind, mit wenig Unterstützung durch Erwachsene ihre Aufgaben zu bewältigen, zeigen mehr sprachliche Äußerungen auf Niveau 4 als nichtautonome Kinder, und sie äußern sich weniger auf den niedrigeren Niveaus. Ebenso zeigen kognitiv weiter entwickelte Kinder mehr Äußerungen auf den Niveaus 3 und 4 als kognitiv weniger entwickelte Kinder, und sie machen weniger sprachliche Äußerungen auf den Ebenen 1 und 2. Zuletzt zeigt sich auch für den Bereich der Kreativität, dass kreativere Kinder in ihren sprachlichen Äußerungen weniger das Niveau 1 verwenden und sich überwiegend auf Niveau 4 bewegen als weniger kreative Kinder. In allen Fällen wurde deutlich, dass autonomere, kognitiv fortgeschrittenere und kreativere Kinder weniger aufgabenirrelevante Äußerungen machten und mehr metakognitive Sprache einsetzten. Abweichend von der Hypothese zeigten die autonomen Kinder wenig Niveau-3-Äußerungen. Die Autorinnen gehen davon aus, dass sie die Selbstregulation auf Ebene 3 bereits internalisiert haben.

Diese These steht mit der Vermutung Wygotskis in Übereinstimmung, dass die Private Speech mit fortschreitender Entwicklung im Vorschulalter zunächst zunimmt, aber in der mittleren Kindheit mit dem Übertritt in die Schule untergeht und durch internalisierte Sprache ersetzt wird (s. a. Diaz & Lowe, 1987). Die Forschung hat die Annahme einer kurvilinearen Entwicklung nur zum Teil bestätigen können. Zwar nimmt das Zu-sich-selbst-Sprechen in den Vorschuljahren zunächst zu, die Internalisierungsphase scheint sich aber weit bis über die mittlere Kindheit hinaus zu ziehen (für einen Überblick Berk, 1992) – und letztlich regulieren auch Erwachsene in einer Vielzahl von Situationen ihr Verhalten durch lautes Sprechen zu sich selbst (John-Steiner, 1992).

In einer ihrer Studien haben Manning et al. (1994) die Sprachproduktion der Kinder gezielt angeregt. Wenn ein Kind bei den Klassifikations- und Zuordnungsaufgaben nicht laut gesprochen hat, ist die Untersuchungsleiterin, die den Kindergartengruppen bereits seit längerer Zeit vertraut war, mit einem Stoffbären zu dem betreffenden Kind gegangen und hat zu ihm gesagt: „Wenn du heute morgen arbeitest, würdest du dann bitte laut zu dem Bären sprechen. Er möchte gerne wissen, wie du deine Lösungen findest" (p. 202, Übers. v. d. Verf.). Der Bär wurde dem Kind überlassen und die Untersuchungsleiterin hat sich hinter dem Kind außer Sichtweite platziert. Der Stimulus führte dazu, dass die Kinder ihr an sich selbst gerichtetes Sprechen tatsächlich intensiviert haben.

Interventionsprogramme, in denen versucht wurde, die Selbstregulation von Kindern unmittelbar durch ein Training der Private Speech zu fördern, waren wenig erfolgreich. Für Interventionen wird die Private Speech nur vermittelt nutzbar, wenn nämlich Bedingungen geschaffen werden, die sie fördern (Berk & Potts, 1991; Berk & Landau, 1993; Berk, 1994). Eine der förderlichen Bedingungen besteht im *Scaffolding* – einem pädagogischen Prozess, der im nächsten Kapitel beschrieben wird.

Scaffolding als Förderung der Selbstregulation

Die Forschung zum Scaffolding zeigt, dass sie eine lehr- und lernbare Instruktionsmethode darstellt, mit der die Lernprozesse der Kinder optimiert werden können. Vier Aspekte zeichnen Scaffolding als effektive Methode aus.

- Der erste Aspekt ist die Entwicklung einer *gemeinsamen Perspektive* zwischen Kind und Erwachsenem. Im Scaffolding-Prozess bedeutet dies, dass der Erwachsene sich auf das kindliche Denken in einem fortlaufenden Anpassungsprozess so einstellt, dass er sich mit seiner Interaktion in der Zone der nächsten Entwicklung befindet. Der Erwachsene übersetzt gewissermaßen sein eigenes Verständnis in den Verständnishorizont des Kindes. Auf diese Weise entsteht eine gemeinsame Basis, auf der Kind und Erwachsener bei der Aufgabenbewältigung kommunizieren können. Zum Beispiel kann der Erwachsene auf Bezüge zwischen dem neuen Thema und den bestehenden Kenntnissen des Kindes hinweisen, so dass das Verständnis des Kindes ausgedehnt wird und zu einem reiferen Ansatz bei der Bearbeitung der jeweiligen Aufgabe führt. Ein effektiver „Scaffolder" ist somit ein Erwachsener, der sensibel auf die Charakteristika des Kindes reagiert und die Anforderungen immer wieder neu an die sich entwickelnden Fähigkeiten des Kindes anpasst (Rogoff & Gardner, 1984).
- Der zweite Aspekt ist ein *autoritativer Interaktionsstil* (vgl. Baumrind, 1966, 1991; Baumrind & Black, 1967). Ein autoritativer Interaktionsstil ist durch eine klare Struktur von Erwartungen von Seiten des Erwachsenen in Kombination mit emotionaler Wärme und Verantwortung gekennzeichnet. Diesem Interaktionsstil liegt eine demokratische Auffassung zugrunde, durch die einerseits die Unabhängigkeit des Kindes gefördert wird, die aber zugleich durch klare Grenzen gekennzeichnet ist, die zwischen Erwachsenem und Kind immer wieder ausgehandelt werden. Die Forschung zeigt, dass autoritative Eltern im Gegensatz zu autoritären (strengen und strafenden) oder permissiven (emotional warmen, aber unengagierten) Eltern eher Kinder haben, die kognitiv und sozial kompetent und emotional gut angepasst sind. Darüber hinaus sind Eltern, die dem autoritativen Typus entsprechen, am effektivsten in der Unterweisung ihrer Kinder im Sinne des Scaffoldings (Pratt, Kerig, Cowan & Cowan, 1988). Die emotionale Qualität des Interaktionsstils, die den Scaffolding-Prozess auszeichnet, entspricht zugleich jenem Interaktionsstil, der eine emotional sichere Bindung des Kindes fördert (vgl. Sroufe, 1985). Die Bindung des Kindes wirkt sich ihrerseits positiv auf Problemlösefähigkeiten und andere Bereiche der kognitiven Entwicklung im zweiten Lebensjahr aus (Matas, Arend & Sroufe, 1978; Olson, Bates & Bayles, 1984). Insgesamt beeinflussen somit didaktische Interaktionen gepaart mit einem warmen und verantwortlichen Inter-

aktionsstil positiv die Lernprozesse und die kognitive Entwicklung (Bornstein, 1989; Bornstein & Tamis-Le-Monda, 1989).

■ Die *Arbeit mit dem Kind in der Zone der nächsten Entwicklung* ist der dritte Aspekt, der Scaffolding zu einer effektiven Unterweisungsmethode macht. Das Kind in der Zone der nächsten Entwicklung zu unterstützen, erfordert zwei Vorgehensweisen, damit es zu einer wirklichen Fortentwicklung kommt. Zum einen werden die Aufgabe und das Umfeld, in dem die Bearbeitung stattfindet, so gestaltet, dass sie einen hohen Aufforderungscharakter für das Kind besitzen und ihm den Anregungsreichtum bieten, durch den es angespornt wird. Garvey (1986) hat die innere Haltung des fördernden Partners als Arbeit mit dem „zukünftigen Kind" beschrieben. Hilfestellung von Seiten des Erwachsenen kann beispielsweise so aussehen, dass er das Kind immer wieder auffordert und motiviert, sich mit den Dingen zu befassen, die die zu fördernden Fähigkeiten anregen. Eine eher direkte Gestaltung der Lernumgebung und der Lernbedingungen könnte darin bestehen, dass der Erwachsene die Aufgaben für das Kind so arrangiert, dass sie, falls sie zu schwierig sind, überschaubarer werden und das Kind sieht, was es als nächstes tun muss. Im Falle demotivierender leichter Aufgaben könnte er dafür sorgen, dass das Niveau angehoben wird. Der Erwachsene muss sich jedoch fortlaufend an die sich wandelnden Fähigkeiten des Kindes anpassen. Dies sieht so aus, dass der Erwachsene mehr Hilfestellung gibt, wenn die Aufgaben für das Kind neu sind und es noch über wenig eigene Kompetenz verfügt. Mit dem Fortschreiten der Fähigkeiten, zieht der Erwachsene sich zunehmend zurück.

■ Gerade dieser Rückzug kennzeichnet auch den vierten Aspekt, nämlich eine *Förderung der Selbstregulation*, die das eigentliche Ziel des Scaffoldings darstellt. Für die Förderung der Selbstregulation ist es wichtig, dass der Erwachsene die Verantwortung für das Handeln zunehmend dem Kind übergibt und sich ganz zurückzieht, wenn es eigenständig handeln kann. Dies bedeutet auch, dass der Erwachsene dem Kind über längere Zeiträume erlaubt, die Aufgaben und Fragen, die sich im Laufe des Lernprozesses ergeben, selbständig zu behandeln und erst dann eingreift, wenn das Kind über längere Zeit nicht weiterkommt und dazu neigt, sich zurückzuziehen. Dieses Eingreifen sollte aber keine Lösungen vorwegnehmen und das Kind auch nicht dirigieren („Das musst du so machen!"), sondern es sollte eine Sprache benutzt werden, die es dem Kind ermöglicht, Lösungen eigenständig zu finden. Nur auf diese Weise finden tiefgreifende und effektive Lernprozesse statt.

Irving Sigel hat in seiner *Theorie der Distanzierung* drei Niveaus unterschieden, die Kindern helfen können, sich gedanklich vom unmittelbar Gegebenen zu lösen und insofern die Entwicklung tief greifender Lern- und Verstehensprozesse fördern (Siegel, 1990; Siegel, Stinson & Kim, 1993). Diese Niveaus spiegeln zugleich wider, wie der Erwachsene dem Kind durch qualitativ hochwertige Fragen helfen kann, sein Denken zunehmend eigenständig zu regulieren. Fragen auf hohem Niveau wirken sich anregend auf das selbstregulierte Denken und Handeln aus.

- Bei einer Distanzierung auf einem *niedrigen Niveau* fragt der Erwachsene oder macht Aussagen zu Dingen, die sich in der unmittelbaren Umgebung des Kindes befindet. So fragt er beispielsweise: „Was für ein Tier ist das?" oder „Wie heißt diese Farbe?". Fragen auf diesem Niveau regen das Kind kaum zum Denken an, sondern rufen lediglich Gedächtnisinhalte ab.
- Bei einer Distanzierung auf einem *mittleren Niveau* spricht der Erwachsene die Beziehungen zwischen zwei Dingen an, die sich in der unmittelbaren Umgebung des Kindes befinden, indem er zum Beispiel Vergleiche anstellt oder Unterschiede herausstellt: „Welches Plätzchen ist größer?" oder „Guck mal, das rote sieht anders aus als das blaue". Das mittlere Niveau regt insofern das Denken des Kindes an, als es verlangt, dass das Kind über das Sichtbare nachdenkt; es erfordert aber nicht, dass das Kind gedanklich etwas herstellt, das von den beobachtbaren Eigenschaften der Dinge abstrahiert.
- Bei einer Distanzierung auf *hohem Niveau* ermuntert der Erwachsene das Kind, in seinem Denken über die Dinge, die sich in der unmittelbaren Umgebung des Kindes befinden, hinauszugehen. Er regt es dazu an, Hypothesen zu bilden oder eine Idee auszuarbeiten. Äußerungen wie „Was wird wohl passieren, wenn wir das dahin tun?" oder „Warum sollten wir das als nächstes tun?" sind Beispiele für Äußerungen auf diesem Niveau. Das höchste Niveau enthält Abstraktionen, Generalisierungen und eine gewisse Offenheit für die möglichen Antworten, die sich deutlich vom niedrigen und mittleren Niveau unterscheidet. Vor allem das erste Niveau hält das Denken der Kinder in engen Grenzen, indem es lediglich Gedächtnisinhalte abfragt, so dass Verstehensprozesse nicht stimuliert werden.

Die Technik des Scaffoldings führt nachweislich zu verbesserten Lernprozessen der Kinder. In einer Studie von Rafael Diaz zum Beispiel wurden Mütter aufgefordert, ihre Kinder so zu unterrichten, dass das Kind „die Aufgaben demnächst alleine lösen kann". Je mehr die Mütter sich zurückgezogen hatten, umso besser konnten die Kinder anschließend die Aufgabe alleine bearbeiten (Diaz, Neal & Vachio, 1991). In einer weiteren Studie erzielten diejenigen Kinder die höchsten Intelligenztestwerte, deren Mütter regelmäßig Distanzierungsstrategien und Scaffolding einsetzten. Kommandierende und dirigierende mütterliche Äußerungen korrelierten demgegenüber negativ mit den Testleistungen der Kinder. Je mehr die Mütter ihren Kindern die Gelegenheit gaben, über die Aufgaben zu sprechen, um so bessere Ergebnisse erzielten die Kinder. Darüber hinaus erwies sich die Möglichkeit der Kinder, selbst mit den Materialien hantieren zu können, als bedeutsam für die spätere Leistung. Mütter hingegen, die den Kindern immer wieder das Material zu den Aufgaben aus der Hand nehmen, blockieren die Lernprozesse ihrer Kinder (Roberts & Barnes, 1992).

Scaffolding stellt eine Möglichkeit dar, die Selbstregulation der Kinder durch Private Speech zu fördern. Eine Vielzahl von Studien hat gezeigt, dass Kinder mehr Private Speech benutzen, wenn sie mit einem Erwachsenen im Scaffolding-Prozess arbeiten (Behrend, Rosengren & Perlmutter, 1989, 1992; Berk & Spuhl, 1995). In der Studie von Berk und Spuhl (1995) haben 4- und 5-jährige Kinder mit ihren Müttern an Konstruktionsaufgaben gearbeitet. Nach diesen Arbeitseinheiten bekamen die Kinder ähnliche, aber für sie neue Konstruktionsprobleme vorgelegt, die sie mit Legosteinen alleine lösen sollten. Die Ergebnisse zeigen, dass die Kinder, deren Mütter einen autoritativen Interaktionsstil verwendet haben, während der Arbeit ohne die Mutter mehr hochwertige Private Speech gezeigt haben und bei der Problemlösung besser abschnitten, als die Kinder, deren Mütter weniger unterstützend interagiert hatten. Eine detaillierte statistische Analyse der Befunde hat erbracht, dass die Korrelation zwischen Interaktionsstil und Leistung der Kinder dann stärker ausfällt, wenn die Kinder häufig Private Speech einsetzten. Wenn also die Mütter warmherzig und unterstützend mit den Kinder sprechen, wird die Private Speech gefördert, die ihrerseits zu besseren Leistungen führt.

Dieser Befund zeigt, auf welchem Weg Prozessmerkmale der Interaktion Lern- und Entwicklungsprozesse stimulieren können; es sind vermittelte Prozesse, die hier wirksam werden. Die Private Speech ist nicht immer unmittelbar so wirksam, dass sie sich direkt in Leistungssteigerungen ausdrückt. So zeigt eine Längsschnittstudie von Bivens und Berk (1990), dass Erstklässler, die häufig Private Speech benutzen, erst im zweiten Schuljahr bessere Leistungen erzielten und Zweitklässler wiederum im dritten Schuljahr.

Spielen als Vorläufer der Metakognition

Bruner (1985) sieht im freien Spiel eine frühe Form der Metakognition. Unter Metakognition versteht er die Reflexion und Überwachung solcher Handlungen, die mit dem Erhalten, Speichern, Abrufen oder dem Gebrauch von Information in Zusammenhang stehen. Das wesentliche Bestimmungsmerkmal ist auch für ihn die bewusste Reflexion. Das freie Spiel ist üblicherweise nicht im engeren Sinne als reflexiv anzusehen, es handelt sich dabei aber um ein Verhalten, zu dem das Kind eine gewisse Distanz aufweist. Bruner schreibt, das Spiel sei näher an der Simulation als an der Realität (1985, S. 603). Das Charakteristikum dieser Distanz besteht vor allem darin, dass die Mittel-Zweck-Relation im Spiel gelockert ist. Im spielerischen Handeln führt das Kind nicht gezielt bestimmte Handlungen aus, um ein bestimmtes Ziel zu erreichen, sondern es exploriert und kombiniert verschiedene Mittel, und es untersucht, wie es auf unterschiedliche Weise zu demselben Resultat gelangen kann. Kontrastiert man das Spiel mit „Arbeit", so wird deutlich, dass letztere sich durch ein festgelegtes Ziel auszeichnet, das durch verschiedene Mittel zu erreichen versucht wird. Im Spiel benutzt beispielsweise ein Kleinkind ein Holzklötzchen für unterschiedliche Zwecke: Es schlägt damit auf den Fußboden, steckt es in den Mund, wirft es von seinem Kinderstühlchen usw. Oder es hält das Ziel konstant und variiert die Mittel, indem es beispielsweise mit dem Klötzchen auf jeden Gegenstand schlägt, den es erreichen kann.

Auf diese spielerische Weise werden Kinder mit den Materialien, mit denen sie hantieren, vertraut. In gezielten Beobachtungen hat sich gezeigt, dass Kinder, die im Spiel bereits mit den Materialien hantiert hatten, die sie später bei gezielten Problemlöseaufgaben einsetzen sollten, bessere Resultate erzielten als Kinder, die mit den Materialien nicht vertraut waren. Die Problemlösung in einer experimentell angelegten Untersuchung von Sylva, Bruner und Genova (1976) bestand darin, dass die 3- bis 5-jährigen Kinder, um an ein entfernt platziertes Stück Wachsmalkreide zu gelangen, mehrere Stöcke mit Schraubzwingen zu einem verlängerten Werkzeug zusammensetzen mussten. Die Zeit, in der die Kinder sich mit diesen Gegenständen frei beschäftigen konnten, wurde variiert. Der Unterschied zwischen den Kindern, die gespielt haben, und jenen, die nicht gespielt haben, erlaubt einigen Aufschluss über die metakognitive Funktion des Spielens. Beispielsweise generieren die Kinder, die mit den Materialien durch Spielen vertraut sind, mehr Hypothesen über die Problemsituation und verwerfen unbrauchbare Hypothesen schneller. Auch motivational wirkt sich die Vertrautheit günstig aus. Die Kinder sind in Problemlösesituationen zum einen weniger schnell frustriert, zum anderen haben sie mehr Distanz zur Problemstellung und „verbeißen" sich nicht so in die Aufgabe, dass sie unflexibel im Denken werden. Sie sind letztlich mehr aufgaben- als selbstwertorientiert (Dweck, 1991). Ihnen ist an einer Lösung des Problems gelegen und sie fassen ein Misslingen als Feedback im Dienste einer besseren Problemlösung auf, während Kinder, die nicht vertraut sind, für ihre Lösungen soziale Anerkennung, Lob und Selbstbestätigung suchen (Sylva et al., 1976). Auf die Fähigkeit zum Problemlösen wirkt sich eine selbstwertorientierte Haltung generell negativ aus (Dweck, 1991). Das spielerische Element, das sich im ersten Kontakt mit der Aufgabe zeigt, scheint sich also auf die strukturierte Problemlösesituation positiv zu übertragen.

Legt man dieses explorierende Verhalten des Kindes zugrunde, so stellt sich die Frage, ob sich spätere Formen von Metakognition nicht auch als eine internalisierte Form des Spiels interpretieren lassen. Bruner (1985) gibt in diesem Sinne zu bedenken, dass auch Erwachsene im Alltagsverständnis gewissermaßen einen metakognitiven Ansatz vor Augen haben, wenn sie jemandem zur Problemlösung empfehlen, er solle mit dem Problem „ein wenig herumspielen".

In einer intensiven und breit angelegten Beobachtungsstudie haben Bruner (1981) und Sylva, Roy und Painter (1981) unter dem Gesichtspunkt des Spielens als Vorläufer der Metakognition die Qualität des Spielverhaltens untersucht. Einbezogen wurden 3- bis 5-jährige Kinder in britischen Spielgruppen und Nursery Schools sowie Kindergärten (für die Art der Einrichtungen vgl. Oberhuemer & Ulich, 1997, S. 280). Es ging den Autoren unter anderem darum, Ansätze zu finden, um die Qualität des Spielverhaltens zu verbessern und auf dieser Grundlage Ansätze für eine Förderung der metakognitiven Kompetenzen zu entwickeln. Folgende Komponenten galten als Indikatoren für die Qualität des Spielens: die Anzahl kontingenter Schritte innerhalb einer Spielsequenz, ihre Ausarbeitung (tief versus oberflächlich), die Bezugnahme auf Gegenstände oder Requisiten, um das Spielen zu unterstützen, und zuletzt die Dauer der Spielsequenzen, die ihrerseits mit der Reichhaltigkeit des Spielens in engem Zusammenhang steht. In einer Zusammenfassung der facettenreichen Beobachtungen stellt Bruner (1985) die folgenden Befunde heraus. Es sind vier Komponenten, die Aufschluss über die Fördermöglichkeiten der Metakognition enthalten.

- Die erste ist die Gegenwart eines anderen Kindes als Spielkamerad, und zwar genau eines Kindes. Dieser Einflussfaktor ergibt sich zum einen daraus, dass allein spielende Kinder in der Regel nur kürzere Spielsequenzen aufrecht erhalten können; sie wechseln häufiger zu anderen Tätigkeiten über. Der zweite Aspekt besteht darin, dass die Zweierkonstellation sich als besonders günstig erweist, um die Regeln und Vorgehensweisen des Spielens dezidiert auszuhandeln. Zwei zusammen spielende Kinder verbringen viel Zeit damit, sich über die Vorgehensweisen und Regeln auszutauschen, denen sie folgen wollen und die beim Spielen einzuhalten sind. D. h. sie sprechen über ihr Vorgehen und reflektieren es miteinander.
- Eine zweite Bedingung, die mit ausgedehnten und reichhaltigen Spielsequenzen einhergeht, betrifft das Spielmaterial. Es hat in sich eine klar abgegrenzte, aber flexibel zu handhabende Mittel-Ziel-Struktur, beschränkt die Aufnahme weiterer Materialien in das Spiel und es bietet die Möglichkeit einer Rückmeldung an das Kind, die es interpretieren kann, ohne dass ihm ein Erwachsener helfen müsste. Zu solchen Materialien gehören alle

Miniaturversionen alltäglicher und außeralltäglicher Handlungsfelder wie Puppenküchen und Ritterburgen sowie Puzzle, Bauklötze und Ähnliches. Solche Spielzeuge fördern kombinationsreiches Spiel und strukturierte Exploration. Dinge wie Wasser, Sand, Knete oder Fingerfarben hingegen erweisen sich unter *diesem* Gesichtspunkt als wenig anregend.

■ Als dritten Aspekt nennt Bruner (1985) die Anwesenheit eines Erwachsenen, der sich allerdings nicht in das Spiel als solches einmischt. Die Kinder sind in den einzelnen Spielrunden ausdauernder und einfallsreicher, wenn sich ein Erwachsener in der Nähe aufhält und gewissermaßen als Stabilisator der Situation wirkt. Er federt schwierige Spielsequenzen ab, hält die Kinder davon ab, das Spiel aufzugeben, und bietet gelegentlich Zuspruch durch Äußerungen wie „Sieh mal dort!" oder „Was für ein tolles Haus!".

■ Die vierte Bedingung besteht in einem Spiel- bzw. Lernmodell. Kinder, in deren Gruppe es üblich ist, täglich gemeinsam eine vorgegebene anspruchsvolle Aufgabe zu bearbeiten, beispielsweise schulvorbereitende Aufgabenblätter, können, auch wenn sie alleine spielen, über längere Zeit ausgefeilteren und reichhaltigeren Spielen folgen. Der Effekt besteht hier also nicht in der Lösung der Aufgabenblätter an sich, sondern darin, dass die Kinder regelmäßig strukturierte Situationen erleben.

Zusammengefasst sind es die Komponenten soziale Aushandlung, Struktur, Stabilität und ein Modell, die zu qualitativ hochwertigem Spielen führen.

Das zentrale Argument, das einen Zusammenhang zwischen qualitativ hochwertigem Spielverhalten und Metakognition herstellt, folgt den Überlegungen Wygotskis (1979) zur Internalisierung externer Regularien. Alle Formen einer sozialen Aushandlung von Bedeutungen, alle äußeren Anstöße zur Reflexion stimulieren internale Prozesse des Abwägens und Aushandelns, der Reflexion und schließlich: Selbstregulation und Metakognition.

In diesem Sinne lassen sich auch Studien verstehen, die den Einfluss des mütterlichen Sprachverhaltens auf die kognitive bzw. metakognitive Entwicklung aufzeigen. Kinder beispielsweise, die viele zielgerichtete Fragen stellen, haben Eltern, die in der Regel alle Fragen der Kinder ernsthaft, detailreich und ausführlich beantworten. Vergleichbar zeigen Kinder, deren Mütter sich während des zweiten Lebensjahres des Kindes darauf konzentrieren, den Kindern die *Intention* eigener oder der Äußerungen von Geschwistern deutlich zu machen, ein höheres sprachliches Entwicklungsniveau als Kinder, deren Mütter auf den *Inhalt* des Gesprochenen abzielen (vgl. Tizard & Hughes, 1984). Insofern dürften für die metakognitive Entwicklung generell solche Interaktionsformen förderlich sein, die dem Kind helfen, Perspektiven einzunehmen, die über den vorliegenden Sachverhalt hinausgehen.

4.2.3 Resümee

Auf der Grundlage der vorgestellten Forschungsbefunde lassen sich lernmethodische Kompetenzen für die angesprochene Altersgruppe definieren als Kompetenzen, die den Erwerb von Wissen fördern, indem beim Lernen soziale und individuelle Formen von Metakognition und Selbststeuerung eingesetzt werden.

Diese knappe Definition fasst die vorausgehenden Erläuterungen auf eine spezifische Weise zusammen. Der Erwerb von Wissen bedeutet in diesem Zusammenhang nicht enzyklopädisch organisierte und isolierte Wissenseinheiten, sondern spricht intelligent geordnetes Wissen an, wie es sich beispielsweise in den intuitiven Theorien der Kinder ausdrückt. Es geht um Tiefenwissen und darum, Prinzipien wie Kausalität in spezifischen Wissensdomänen zu verstehen und anwenden zu können. Darüber hinaus sind jene Formen des Wissens angesprochen, die in den Delphistudien erarbeitet worden sind. Zum einen wurde die Bedeutung des Basiswissens in zentralen Wissensdomänen hervorgehoben, zum anderen die Kompetenz, sich Wissensgebiete zu erschließen und Informationen in persönliches, handhabbares Wissen zu übertragen.

Lernprozesse werden nicht mehr als bloße Wissensaneignung verstanden, sondern als aktive Formen der Wissenskonstruktion und Ko-Konstruktion; insofern gehen soziale und individuelle Formen des Lernens Hand in Hand. Metakognition und Selbststeuerung sind zum Teil synonym zu verstehen, sofern Metakognition immer auch die Regulationskomponente einschließt. Darüber hinaus umfasst der Begriff der Selbstregulation, wie er hier bisher verwendet wurde, deutlicher als der Begriff der Metakognition, die soziale Komponente beim Lernen und Lernen des Lernens: Es sind die sozialen Regularien, aus denen Kinder die Kompetenz zur Selbstregulation erwerben.

5.1 Der metakognitive Ansatz nach Ingrid Pramling 156
5.2 Metakognition als pädagogischer Ansatz 157
5.3 Kindliche Konzepte des Lernens 160
5.4 Die Beeinflussung der Lernkonzepte durch die Lernumwelt 165
5.5 Prinzipien zur Förderung metakognitiver und selbstregulatorischer Kompetenzen 170
    5.5.1 Kompetenzen auf Seiten der Erzieherin 172
    5.5.2 Der Inhaltsaspekt 173
    5.5.3 Der Strukturaspekt 173
    5.5.4 Die Aspekte des Lernprozesses 174
    5.5.5 Evaluation des metakognitiven Ansatzes 175
5.6 Untersuchungen zur metakognitiven Methode 178
    5.6.1 Curriculum und Implementierung 178
    5.6.2 Das erweiterte metakognitive Curriculum 179
    5.6.3 Evaluation des erweiterten metakognitiven Curriculums 186
5.7 Implikationen des metakognitiven Ansatzes für die Praxis 190
    5.7.1 Der Inhalt oder das Thema 190
    5.7.2 Das Ziel des Projekts 192
    5.7.3 Die Struktur des Projekts 194
    5.7.4 Die Reflexionsphase 197
    5.7.5 Die Erzieherin-Kind-Interaktion 197

Die praktische Vermittlung lernmethodischer Kompetenz im Elementarbereich

5.1 Der metakognitive Ansatz nach Ingrid Pramling

Lernmethodische Kompetenz im Kindergarten ist ein neues Themenfeld, das in der internationalen Literatur bisher kaum repräsentiert ist. Obgleich einige Autoren und Autorinnen sich mit der gezielten Förderung kognitiver und metakognitiver Lernprozesse im Kindergarten befasst haben (z.B. Helm, Beneke & Steinheimer, 1998), fehlt es an empirischen Arbeiten, die es erlauben würden, die Effizienz der vorgeschlagenen Maßnahmen in Bezug auf die kognitive Entwicklung der Kinder zu bewerten und insbesondere ihre Wirkung auf das kindliche Verständnis der eigenen Lernprozesse zu beurteilen. So sind zwei Mankos zu konstatieren: zum einen die nicht nachgewiesene Effizienz der Programme im Hinblick auf die Förderung kognitiver Fähigkeiten, zum anderen die fehlende Evidenz, dass mit dem Lernen zugleich lernmethodische Kompetenzen erworben werden.

Eine Ausnahme von dieser Regel bilden die Arbeiten der schwedischen Frühpädagogin Ingrid Pramling, die einen metakognitiv orientierten Ansatz für den Kindergarten[5] entwickelt und in einer Vielzahl von Evaluationsstudien empirisch überprüft hat. Pramling selbst bezeichnet ihre Methoden nicht explizit als metakognitiv – obgleich sie die einschlägige ältere Literatur zu dieser Thematik berücksichtigt – sondern als phänomenographisch. Das Wesen des *phänomenographischen Ansatzes* besteht darin, die Konzepte und intuitiven Theorien der Kinder (➤ Kap. 4.1) zu den Phänomenen ihrer Umwelt zum Ausgangspunkt angeleiteter Lernprozesse zu machen und sie während des Lernprozesses wiederholt zu reflektieren. Gegenstand der Reflexion sind dabei nicht nur die Inhalte, die gelernt werden sollen, sondern immer auch das Lernen selbst.

In der praktischen Durchführung ist der phänomenographische Ansatz dem Projektansatz (Katz & Chard, 2000) vergleichbar, indem bestimmte Themengebiete durch verschiedene Veranschaulichungsformen und kindergartentypische Modi der Beschäftigung – Spielen, Basteln, Malen, Singen etc. –

---

5 Im Folgenden wird dem deutschen Sprachgebrauch entsprechend für alle vorschulischen Einrichtungen in Schweden der Begriff Kindergarten verwendet. Tatsächlich gibt es in Schweden aber neben Kindergärten auch Kindertagesstätten für Kinder von 1 bis 6 Jahren sowie Vorschulgruppen, die hauptsächlich, aber nicht nur, von 6-Jährigen besucht werden. Das Personal hat eine 3-jährige Ausbildung auf Hochschulniveau für die Arbeit in öffentlichen Vorschuleinrichtungen absolviert (vgl. Oberhuemer & Ulich, 1997).

umgesetzt werden; darüber hinaus haben aber reflexive Phasen während der Projekte eine besondere Bedeutung und kennzeichnen das metakognitive Moment der Methoden: Die Kinder reflektieren gemeinsam und mit Hilfe der Erzieherin, *dass* sie lernen, *was* sie lernen und *wie* sie lernen.

5.2 Metakognition als pädagogischer Ansatz

Marton und Booth (1996) beschreiben Phänomenographie als einen empirischen Ansatz, mit dem sich die unterschiedlichen Weisen erfassen lassen, auf die Menschen verschiedene Aspekte der Welt um sich herum erleben und verstehen. Das entscheidende Axiom des Ansatzes besteht darin, dass jede Erklärung menschlichen Handelns in der Welt voraussetzt, die subjektive Weltsicht des Einzelnen zu berücksichtigen; denn weniger die objektiven Gegebenheiten einer Situation als vielmehr ihre subjektive Wahrnehmung bestimmt über die Reaktionen und Handlungsweisen des Einzelnen. Auf Lernsituationen angewandt bedeutet dieses Axiom, dass Lerngegenstände und -prozesse durch die Augen des Lernenden zu betrachten sind. Die biographisch geprägten individuellen Erfahrungen des Einzelnen entscheiden darüber, wie er einen Lerngegenstand auffasst und welche Bedeutung er für ihn annimmt, sowie darüber, wie er seine eigenen Lernprozesse gestaltet und versteht. Der phänomenographische Ansatz berücksichtigt integral das Verständnis des Lernenden für sein Lernen und ist insofern ein genuin metakognitiv orientierter Ansatz: Die intuitiven Theorien des Einzelnen über sein Lernen und seine Reflexionen des eigenen Lernens werden als entscheidende Voraussetzung für jeden tiefergehenden Lernprozess aufgefasst.

Damit steht dieser Ansatz in Übereinstimmung mit aktuellen Trends in der Pädagogik und pädagogischen Psychologie. Olson und Bruner (1996) sehen in ihm einen praktischen Ansatz realisiert, der explizit berücksichtigt, was die Lernenden über das Lernen denken, womit eine entscheidende Lücke in der bisherigen Pädagogik gefüllt wird. Die mit der kognitiven Wende verbundenen Paradigmenwechsel haben in den letzten Jahrzehnten zu tiefen und umfassenden Einsichten in das Lerngeschehen geführt. Die Instruktionspsychologie hat zudem eine Fülle an Informationen zur Verfügung gestellt, die aufzeigen, welche Interventionsmethoden heute zur Verfügung stehen, um Lernprozesse in der Kindheit, insbesondere in der Schule, effektiver zu gestalten. Gleichwohl klaffte nach wie vor eine Lücke zwischen diesen theoriegeleiteten Befunden und der pädagogischen Praxis. Die Frage nämlich, für welches individuelle Kind welche Interventionspraxis zu welchem Zeitpunkt die richtige ist, ist ein praktisches Problem geblieben, für das die heute vorliegende Forschungslage nicht ohne weiteres Antworten liefern kann. Olson und Bruner (1996) schlagen, um diese Lücke zu schließen, eine Metaperspektive auf vorliegende theoretische Ansätze vor, die zugleich einen neuen theoretischen Rahmen aufspannt und darauf abzielt, die *praktischen* pädagogischen Probleme als integralen Bestandteil dieser neuen theoretischen Perspektive zu begreifen. Sie zeigen auf, dass gerade jene Fragen, die für die pädagogische Praxis am wesentlichsten sind, durch bisher vorliegende theoretische Entwürfe nicht abgedeckt werden. Bis heute fehlen nämlich Theorien, die Ziele, Beweggründe, Überzeugungen und Absichten von Kindern, Lehrern und Erzieherinnen in den Blickpunkt rücken. In dieser neuen Perspektive werden die Situiertheit des pädagogischen Geschehens und die individuellen Besonderheiten der Beteiligten nicht als – mitunter störende – Abweichungen vom Allgemeinen begriffen, sondern als jene Einflussquellen des Lerngeschehens, die es zentral zu beachten und theoretisch zu integrieren gilt.

Allgemeine Lerntheorien zielen darauf ab, Gesetzmäßigkeiten zu finden, die unabhängig davon gelten, von wem welcher Inhalt und aus welchen Gründen gelernt wird. Olson und Bruner (1996) schlagen demgegenüber vor, den Lernprozess mit dem Vorwissen und Vorverständnis sowie mit den Zielen und Absichten des Lernenden in Verbindung zu bringen. Damit soll gezeigt werden, *was die Lernenden unternehmen, um bestimmte Ziele zu erreichen*. Aus dieser Sichtweise sind Lehren und Lernen nicht mehr zwei Ziele, die aufeinander bezogen sind – in der Form: A weiß X, weil B X gelehrt hat; vielmehr sind sie eine bestimmte Form, Überzeugungen, Ziele und Intentionen sozial zu teilen bzw. nach Wegen zu suchen, zu einer Übereinstimmung zu gelangen – wie es Olson und Bruner (1996) ausdrücken: Sie sind Teil einer gemeinsamen Kultur.

Für die Pädagogik leitet sich aus der Perspektive des Lernens als Kultur die Frage ab, wie es möglich ist, dass sich die Vorstellungen von Erziehenden und Kindern treffen. In ihrer allgemeinsten Form lautet die zentrale Frage der Erziehenden, wie Olson und Bruner ausführen, „Wie erreiche ich das Kind?"; die Frage der Kinder lautet komplementär: „Was will der Erwachsene?" Erkenntnistheoretisch gesprochen verbirgt sich hinter diesen Fragen das klassische Problem des Fremdpsychischen: Wie können wir etwas über die Gefühle und Gedanken anderer Menschen wissen? Unter dem Begriff der Theory of Mind hat sich die Entwicklungspsychologie in den letzten beiden Jahrzehnten dem Problem des Fremdpsychischen intensiv zugewandt. Die Forschung dazu befasst sich, wie in Kapitel 3.2.2 und 4.1.3 ausgeführt, sowohl mit der Entwicklung des kindlichen Verständnisses von mentalen Zuständen wie Wissen oder Überzeugungen, als auch mit der Beziehung zwischen mentalen Zuständen und Verhalten sowie mit der Art und Weise, wie Kinder Zugang zu den eigenen und den mentalen Zuständen Anderer erhalten.

An diese Forschungsrichtung knüpfen Olson und Bruner (1996) in ihrem Vorschlag für eine neue pädagogische Perspektive auf das Lerngeschehen an. Bruner (1996) hat diese Vorstellungen, die das Denken und Handeln des Einzelnen beeinflussen, ohne sich darüber fortwährend Rechenschaft abzulegen, als *Folk Psychology* bezeichnet. Der Begriff leitet sich aus der Völkerpsychologie Wilhelm Wundts ab (vgl. z. B. Schneider, 1990) und zielt auf eine anthropologische Betrachtung und Analyse solcher „Psychologien", die Laien vertreten. Jeder intuitiven Pädagogik, so eines der zentralen Argumente von Olson und Bruner (1996), liegen bestimmte intuitiv-psychologische Annahmen zugrunde, die in einer Vielzahl von Erziehungskontexten sichtbar werden. Erzieherinnen, Eltern und Lehrer richten ihre pädagogische Praxis, wenn sie dem Kind etwas vermitteln oder beibringen wollen, an ihren Vorstellungen vom Geist des Kindes aus. Intuitiv-psychologische und intuitiv-pädagogische Annahmen sind im Erziehungskontext sowohl von theoretischem als auch von praktischem Interesse. Sie ermöglichen einerseits die Handlungsweisen von Erziehenden und Lernenden zu verstehen und gegebenenfalls zu ändern, und andererseits Erziehungstheorien selbst auf ihre impliziten Annahmen hin zu überprüfen. Ein Pädagoge beispielsweise, der davon überzeugt ist, dass Kinder ihr Wissen selbst konstruieren, wird die klassische Sichtweise in Frage stellen, dass Wissen vermittelbar sei; vergleichbar wird ein Pädagoge, der der Vorstellung anhängt, die entscheidende Lernvoraussetzung bestehe im Vorwissen, die Sichtweise in Frage stellen, dass Fähigkeiten und Intelligenz die entscheidenden Faktoren im Lerngeschehen seien. Insofern erscheint es bei jeder pädagogischen Neuerung sinnvoll, die intuitive Psychologie wie auch Pädagogik der Beteiligten aufzudecken und zu ändern: sowohl die der Erziehenden oder Lehrenden als auch die der Lernenden.

Olson und Bruner (1996) geht es auf dieser Grundlage nicht nur darum, wie im Allgemeinen über den Geist (Mind) der Lernenden gedacht wird, sondern auch um die pädagogischen Praktiken, die aus diesen Annahmen resultieren. Diese kulturorientierte Sichtweise zielt nicht darauf ab, die vorliegenden Ansätze zu demontieren. Sie ist vielmehr eine Möglichkeit, eine Metaperspektive auf das pädagogische Geschehen einzunehmen und damit sowohl Lehrenden als auch Kindern eine Möglichkeit zu geben, ihre Vorstellungen zu reflektieren – und damit letztlich für das eigene Unterrichten bzw. Lernen bewusst einzusetzen. Einen solchen reflektorischen Weg hat das phänomenologische Curriculum für den Vorschulbereich in Schweden eingeschlagen. Die Kinder haben in diesem Curriculum beispielsweise ihre intuitiven Theorien des Lernens von der Idee des Handelns („Ich habe etwas gelernt, wenn ich etwas tun kann") zur Vorstellung des Wissens („Ich habe etwas gelernt, wenn ich etwas weiß") gewandelt. Im Sinne eines solchen „conceptual change" hat Bruner (1996) ausgeführt, dass es für eine effektive Pädagogik nicht ausreichend sein kann zu erklären, was Kinder tun, sondern darüber hinaus ist zu eruieren, *was die Kinder denken, dass sie tun*, und aus welchen Gründen sie ihre Annahmen treffen. Diese „Meta-Sichtweise" folgt der Theory-of-Mind-Forschung, die die Bedeutsamkeit eines solchen Perspektivenwechsels im kindlichen Denken aufgezeigt hat. In den Vorschuljahren und den ersten Schuljahren verändern sich die intuitiven Theorien der Kinder von einem naiven Realismus zu einem echten Verstehen geistiger Vorgänge. Die Kinder begreifen zunehmend, dass ihr Handeln sich nicht direkt an der Realität der Welt ausrichtet, sondern an ihren *Vorstellungen* von der Welt; sie entwickeln eine repräsentationale Theorie des Denkens. Mit diesem Wandel gehen erweiterte Möglichkeiten der Erziehenden einher. Die Kinder verstehen nun, dass sie ihre Überzeugungen ändern können, und sie können zunehmend Verantwortung für ihre eigenen Lernprozesse übernehmen, indem sie diese selbst steuern, überwachen und zum Gegenstand ihres Nachdenkens erheben.

5.3 Kindliche Konzepte des Lernens

Dass es für die Effizienz von Lernprozessen entscheidend ist, was die Kinder über ihr Tun denken, – welchen Konzepten oder intuitiven Theorien sie während des Lernens anhängen – hat die Forschung von Pramling gezeigt. Pramling (1986) unterscheidet in Bezug auf Lernprozesse zwischen einer Perspektive erster Ordnung und einer Perspektive zweiter Ordnung. Die *Perspektive erster Ordnung* beschäftigt sich damit, wie Kinder lernen; die *Perspektive zweiter Ordnung* fragt danach, wie Kinder denken, dass sie lernen. Diese Sichtweise zielt auf die Konzepte der Kinder über das Lernen und somit auf ihre metakognitiven Annahmen.

Pramling (1986) hat Kinder in offenen Interviews nach ihren Lernkonzepten gefragt. Die erste Frage lautete: „Erzähle mir, was du gelernt hast?". Diese Frage wurde in verschiedene Kontexte eingebunden, über die das Kind sprechen konnte, so zum Beispiel in Lernkontexte in der Kindergartengruppe, zu Hause oder in einen Kontext, in dem ein Erwachsener erwartet hat, dass das Kind etwas lernt. Wenn das Kind Auskunft darüber gegeben hatte, was es gelernt hat, erfolgte die zweite Frage: „Wie hast du das gelernt?" Darüber hinaus gab es Kontexte des Lernens, die die Interviewer selbst vorgeschlagen haben, zum Beispiel wie das Kind Fahrrad fahren gelernt hat, eine Telefonnummer, ein Instrument spielen oder Ähnliches. Zuletzt wurde das Kind gefragt, ob es wisse, wie es in der jeweiligen Aktivität noch besser werden könnte, zum Beispiel: „Was kannst du tun, um noch besser Klavier zu spielen?" Diese Fragen waren zunächst nur Ausgangspunkte für einen ausgedehnten Dialog mit dem Kind, dessen Verlauf von den Antworten des einzelnen Kindes abhing. Die Kernidee bestand darin, das Kind dazu zu bewegen, über seine verschiedenen Lernerfahrungen und Vorstellungen vom Lernen zu sprechen, so dass mit vertiefenden Zusatzfragen die Lernkonzepte der Kinder ausgelotet werden konnten. Die Interviews wurden wortgetreu verschriftet und mit inhaltsanalytischen Methoden so ausgewertet, dass die Konzepte der Kinder über das Lernen extrahiert werden konnten. Die Analyseeinheiten waren die Konzepte der Kinder, nicht die Kinder bzw. einzelnen Interviews.

In den Antworten der Kinder zeigt sich die Entwicklung ihrer Vorstellungen darüber, was und wie sie es gelernt haben. Der „Was-Aspekt" gliedert sich im Laufe der Entwicklung auf in das frühe Konzept des *Lernens als Tun*, es folgt das Konzept des *Lernens als Wissen* und zuletzt das reifste Konzept *Lernen als Verstehen*. Lernen als Tun ist eine Kategorie, in der die Kinder motorische Fertigkeiten, Tätigkeiten oder Handlungen als Beispiele dafür, was sie gelernt haben, genannt haben, wie zum Beispiel „Ich habe gelernt, Fahrrad zu fahren" oder „Ich habe gelernt, mit Messer und Gabel zu essen". Auf dem nächsten Niveau, Lernen als Wissen, konzeptualisieren die Kinder Lernen als Erwerb von Wissen über Phänomene in ihrer Umwelt, wie beispielsweise „Ich habe gelernt, dass man tote Tiere nicht anfassen darf, weil sie Bazillen haben". Auf dem Niveau des Lernens als Verstehen nennen die Kinder, dass sie nun die Bedeutung von etwas verstanden haben: „Als ich drei war, wusste ich nicht, was Verkehr ist, aber jetzt weiß ich, was Autos bedeuten".

Tabelle 1 fasst die Entwicklung der Konzepte in Bezug auf den „Was-Aspekt" des Lernens zusammen. Ein Drittel der 3-Jährigen und die Mehrzahl der Kinder im Alter von 4 Jahren verstehen Lernen als Tun. Die Idee des Lernens als Wissen ist in den Vorschuljahren (bis 7 Jahre) noch sehr selten, während sie erst ein Jahr nach Eintritt in die Schule (ab 8 Jahre) deutlich ansteigt; hier taucht auch erstmals das Konzept des Lernens als Verstehen auf.

Sofern also Kinder im Vorschulalter mehrheitlich dem Konzept des Lernens als Tun anhingen und kaum erst die reiferen Konzepte entwickelt haben, wurde das Konzept des Lernens als Tun weiter ausdifferenziert, indem die Antworten der Kinder auf die Frage, *wie* sie etwas gelernt haben, ausgewertet wurden. Es zeigten sich drei qualitativ unterschiedliche Niveaus.

Alter / Lernen	3 Jahre	4 Jahre	5 Jahre	6 Jahre	7 Jahre	8 Jahre
als Tun	31	92	100	100	100	100
als Wissen	–	4	11	15	11	28
als Verstehen	–	–	–	–	–	8

Tab. 1 Konzepte der Kinder in Bezug auf den „Was-Aspekt" des Lernens (Angaben in % Antworten) (aus Pramling, 1986, p. 37; Übers. v. d. Verf.)

Auf dem ersten Niveau trafen die Kinder keine Unterscheidung zwischen Tun und Lernen; Lernen und Tun sind für sie mehr oder weniger dasselbe. Auf dem zweiten Niveau zeigt sich ein Konzept des *Lernens als Älterwerden*. Die Kinder drücken zum Beispiel aus, dass sie nichts anderes tun können, als darauf zu warten, bis sie das richtige Alter für eine bestimmte Fähigkeit erreicht haben: „Ich kann Fahrrad fahren, wenn ich fünf bin".

Auf dem dritten Niveau schließlich verstehen Kinder, dass Lernen eine Konsequenz aus verschiedenen *Erfahrungen* ist, für die wiederum drei Differenzierungen vorliegen: *Lernen durch Tun, durch Wahrnehmung und durch Nachdenken*. Beim Lernen durch das Tun beschreiben die Kinder, dass sie bestimmte Fähigkeiten erworben haben, indem sie an bestimmten Handlungen teilgenommen oder sich in bestimmten Situationen befunden haben: „Ich habe gelernt zu zählen, weil ich eine Tafel zu Hause habe, auf der sind Kringel, und die habe ich gezählt". Beim Lernen durch Wahrnehmung erzählen die Kinder von jemandem, der ihnen etwas gesagt oder gezeigt hat, oder vom Fernsehen oder Büchern, in denen sie etwas gesehen haben: „Ich habe gelernt, ein Lego-Haus zu bauen, weil ich ein Bild gesehen habe". In der dritten Kategorie schließlich, beim Lernen durch Nachdenken, äußern die Kinder die Idee, dass sie etwas gelernt haben, indem sie darüber nachgedacht haben: „Ich habe das Auto gebaut, weil ich darüber nachgedacht habe, dass ich es mit Nägeln zusammenbauen kann".

Tabelle 2 zeigt, wie häufig die Hauptkategorien (durch Tun, durch Älterwerden, durch Erfahrung) bei den Kindern auftreten.

Die Hälfte der Kinder im Alter von 3 und 4 Jahren hat noch keine Unterscheidung zwischen Lernen und Tun getroffen. Ab dem 5. Lebensjahr nimmt dieser Aspekt deutlich ab, ebenso das Konzept des Lernens aufgrund des eigenen Älterwerdens. Das reifste Konzept des Wie-Aspekts, Lernen durch Er-

Alter Lernen	3 Jahre	4 Jahre	5 Jahre	6 Jahre	7 Jahre	8 Jahre
als Tun	46	50	11	4	–	–
durch Älterwerden	23	32	30	11	4	4
durch Erfahrung	15	64	100	100	100	100

Tab. 2 Konzepte der Kinder in Bezug auf den „Wie-Aspekt" des Lernens (Angaben in % Antworten) (aus Pramling, 1986, p. 38; Übers. v. d. Verf.)

fahrung, entwickelt sich im 4. Lebensjahr, so dass es ab dem 5. Lebensjahr in allen Antworten der Kinder aufscheint. In diesem Konzept, dem Lernen durch Erfahrung, finden sich weitere Differenzierungen (→ Tab. 1). Die Kinder hängen der Vorstellung an, dass sie lernen etwas zu tun, indem sie es üben oder indem sie mehr oder weniger zufällig an etwas teilnehmen, bei dem sie etwas lernen. Das Lernen durch Zufall scheint dabei ein Vorläufer des reiferen Konzepts der Übung zu sein.

Das *Konzept des zufälligen Lernens* zeigt sich, wenn die Kinder erzählen, in irgendein Ereignis oder eine Aktivität involviert gewesen zu sein. Die eigene Rolle wird dabei als passiv dargestellt; sie selbst haben nichts getan, um diese Fähigkeit zu erwerben, von der sie erzählen. Das bedeutet nicht, dass das Kind tatsächlich passiv war, aber in ihrer Darstellung nennen sie nichts, was auf eine eigene Aktivität hinweist. Viele Kinder erzählen, dass die erworbene Fähigkeit plötzlich aufgetaucht ist und äußern auf die Frage, wie sie etwas gelernt haben: „Ich konnte es ... auf einmal" oder „Nach einer Weile konnte ich es". Auch wenn die Kinder eine Vorstellung davon haben, dass es einige Zeit in Anspruch nehmen kann, bis sie eine Fähigkeit erworben haben, sehen sie ihren eigenen Beitrag nicht.

In diesem Punkt unterscheiden sich die Konzepte des zufälligen oder plötzlichen Lernens von dem des *Lernens durch Übung*. Beim Lernen durch Übung spielt das Kind eine aktive Rolle. Damit eine Aussage im Sinne dieser Kategorie gewertet wurde, musste das Kind erklären oder erzählen können, wie es etwas gelernt hat. Die Kinder mussten verstanden haben, dass sie sich dafür entschieden hatten, es zu lernen, und wie sie ihre Lernprozesse aktiv beeinflusst haben. So erklärte beispielsweise ein 7-jähriges Mädchen: „Wenn du zum Beispiel lernen möchtest, auf einem Seil zu gehen, dann musst du sehr niedrig anfangen und dann jeden Tag höher und höher gehen und dann schließlich kannst du es." Oder Kinder erzählen, dass sie eine Telefonnummer lernen, indem sie sie oft wiederholen. Kinder, die dieses Verständnis des Lernens erworben haben, können sich selbst entscheiden, etwas zu lernen und sie wissen, wie sie es lernen können; Kinder, die dem Konzept des zufälligen Lernens anhängen, sind dazu nicht imstande. Pramling selbst wertet als wichtigsten Befund ihrer Untersuchung die Unterscheidung zwischen dem zufälligen Lernen und dem Lernen durch Übung. Beim zufälligen Lernen erscheint das Lernen wie ein zufälliges Nebenprodukt einer Handlung, sie sieht es als Vorläufer des Konzepts Lernen durch Übung an. Erst mit dem Konzept des Übens gewinnen die Kinder Kontrolle über ihre Lernprozesse und zeigen die erste metakognitive Kompetenz.

Tabelle 3 zeigt die Altersverteilung der Kinder über die beiden Kategorien. Es wird deutlich, dass das Konzept des Lernens durch Zufall im Verlauf der Entwicklung durch das Konzept der Übung nahezu abgelöst wird. Im Alter von 6 bis 7 Jahren haben fast alle Kinder verstanden, dass Lernen ein kontinuierlicher Prozess ist, zu dem sie aktiv beitragen.

Alter Lernen	4 Jahre	5 Jahre	6 Jahre	7 Jahre	8 Jahre	insg.
durch Zufall	12	18	8	3	1	42
durch Übung	1	9	18	25	25	78
insgesamt	13	27	26	28	26	120

Tab. 3 Konzepte des Lernens durch Erfahrung (n = 120) (aus Pramling, 1986, p. 41; Übers. v. d. Verf.)

Eine detaillierte Betrachtung der Ergebnisse zeigt jedoch, dass die Konzepte der Kinder stark durch den Kontext geprägt sind. So berichtet Pramling, dass nur 9 der 26 Achtjährigen verstanden hatten, dass man eine Telefonnummer durch Wiederholen lernen kann. Also auch dann, wenn die Kinder in Bezug auf bestimmte Lerninhalte verstanden haben, wie sie selbst zu ihren Lernprozessen beitragen können, bleibt es ihnen in Bezug auf andere Lerninhalte durchaus unklar. Gerade dieser Befund weist im vorliegenden Kontext der Förderung metakognitiver Kompetenzen darauf hin, dass die Methoden des Lernens in jedem Kontext mit den Kindern thematisiert werden sollten.

Zusammenfassend lässt sich sagen, dass Kinder im Verlaufe ihrer Entwicklung – ohne eine spezielle metakognitive Förderung – erst mit dem Übertritt in die Schule (in Schweden mit 7 Jahren) Wissensaspekte als Gegenstand des

Lernens auffassen; zuvor herrscht ein Konzept des Lernens als Tun vor („Was-Aspekt"). Lernen als Verstehen tritt erstmals mit dem 8. Lebensjahr, also nach einem Jahr Schulerfahrung auf, wobei hier erst eine Minderheit dieses Konzept entwickelt hat. In Bezug auf das *Wie* des Lernens fangen die Kinder überhaupt erst mit dem 5. Lebensjahr an, zwischen Lernen und Tun zu unterschieden; bis dahin denken viele Kinder, dass sie mit zunehmendem Alter quasi automatisch bestimmte Fähigkeiten erwerben. Das Konzept des Lernens durch Erfahrung entsteht im 4. Lebensjahr, wobei die Kinder anfangs denken, Lernen finde als eher zufälliges Nebenprodukt bestimmter Erfahrungen statt. Ihren aktiven Beitrag zum Lernen durch Übung verstehen Kinder zunehmend ab dem 6. Lebensjahr, wobei dieses Konzept noch stark kontextabhängig ist und nicht auf alle Lernsituationen angewandt wird. Das Konzept des Lernens durch Übung ist eine notwendige Voraussetzung dafür, dass Kinder auf die Idee kommen, Strategien – zum Beispiel die Wiederholung einer Telefonnummer – anzuwenden, um etwas zu lernen, und ihre Lernprozesse somit selbstbestimmt steuern.

Die Befunde zeigen insgesamt, dass Kinder im Vorschulalter ihre Lernprozesse kaum als solche wahrnehmen. Sollen also Lernprozesse im Kindergarten gefördert werden, ist es notwendig, den Kindern die Lernsituationen und ihre Bedeutung bewusst zu machen. Darüber hinaus wird deutlich, dass die Bewusstheit für Lernprozesse – ausgedrückt im Konzept des Lernens als Übung – durch den Kontext geprägt ist.

5.4 Die Beeinflussung der Lernkonzepte durch die Lernumwelt

Broström (1998) hat im Hinblick auf die Entwicklung der Konzepte des Lernens Kindergärten in Dänemark und den USA verglichen. Das Kindergartensystem in Dänemark kann als kindzentriert und spielorientiert beschrieben werden; es entspricht den internationalen Vorstellungen einer entwicklungsangemessenen Praxis (➤ Kap. 2.6.3). Im Vordergrund stehen die freie Entfaltung der Kinder in Spiel und Kreativität. Der Autor beschreibt den dänischen Kindergarten als eine stabile und anregungsreiche Umgebung, in der die Kinder ihre Aktivitäten selbst wählen und organisieren können und Konflikte eigenständig lösen. Die Erzieherinnen sehen die Kinder als selbständige Individuen an.

Demgegenüber verfolgt der Kindergarten, den Broström in den USA für die Studie ausgewählt hat, einem lernorientierten Ansatz, der darauf abzielt, dem Kind bereits früh die Basiskompetenzen in den „3 R's" (Reading, Writing, Arithmetic) nahe zu bringen. Die erzieherische Praxis beschreibt der Autor als individualisiert (im Gegensatz zu kooperativ), akademisch orientiert und sprachbetont. Die Kinder sind über den ganzen Tag hinweg in strukturierte Lernaktivitäten eingebunden, bei denen diszipliniertes Verhalten erwartet wird.

Die Unterschiede in den Konzepten spiegeln sich in den Beobachtungsbefunden der Studie wider. In den USA erfolgten 77 % aller Aktivitäten im Kindergarten auf Initiative der Erzieherin, in Dänemark demgegenüber nur 36 %. Hier ging die Mehrzahl der Aktivitäten auf die Initiative der Kinder mit 54 % zurück, während in den USA nur 8 % der Aktivitäten durch die Kinder initiiert wurden. Broström drückt den unterschiedlichen Habitus der Kinder anschaulich aus, indem er für Dänemark die Metapher des „kleinen Philosophen und Künstlers" wählt, während er die Kinder in den USA bildhaft als „ehrgeizige Schüler" beschreibt.

Die Lernkonzepte der Kinder wurden in offenen Interviews erhoben. Die Kategorien für die Auswertung entsprechen im Wesentlichen den Lernkonzepten Pramlings. Tabelle 4 zeigt, dass die Mehrzahl der dänischen Kinder dem Konzept des Lernens als Tun anhängt. Die US-amerikanischen Kinder haben bereits zu einem Drittel das Konzept des Lernens als Wissen erworben und sogar zu einem Viertel das Konzept des Lernens als Verstehen.

Kinder Lernkonzepte	US-Kinder (n = 17)	Dänische Kinder (n = 15)
Tun	24	67
Wissen	29	13
Verstehen	26	13

Tab. 4 Verteilung der Kinder auf unterschiedliche Lernkonzepte (in Prozent; n = 32) (aus Broström 1998, S. 114; Übers. v. d. Verf.)

Obgleich diese Befunde zunächst nach einer metakognitiven Förderung durch den US-amerikanischen Kindergarten aussehen, wird durch weitere Analysen deutlich, dass es den Kindern an selbstregulativen Fähigkeiten fehlt, insbesondere an der Fähigkeit, mit anderen gemeinsam zu arbeiten. Die Kinder erhielten die Aufgabe, in kleinen Gruppen das Märchen „Die Zunderbüchse" von Hans Christian Andersen gemeinsam zu zeichnen.

In der US-amerikanischen Kleingruppe, die Broström beispielhaft darstellt, gab es wenig Interaktion zwischen den Kindern. Wenn ein Kind sich äußerte, reagierten die anderen Kinder kaum darauf. Lediglich zwei Jungen taten sich zusammen, um den Soldaten aus dem Märchen zu malen, wobei sie ihn so groß gestalteten, dass er fast das ganze Blatt einnahm. Die vier anderen Kinder blieben in der Kleingruppe isoliert. Ein Mädchen entschied sich, den Hund zu zeichnen, den sie winzig klein in eine Ecke platzierte. Als sie ihn nach kurzer Zeit fertig gemalt hatte, wandte sie sich an den Untersuchungsleiter: „Ich habe den Hund gemalt; was soll ich jetzt tun?".

In der dänischen Gruppe gab es zunächst eine von den Kindern selbst organisierte Planungsphase, in der die Kinder die Aufteilung des Blattes diskutierten und jeder sagte, was er gerne malen würde. Dabei wurden alle Kinder einbezogen und jede Äußerung wurde von anderen Kinder aufgegriffen. Das fertige Bild der dänischen Kinder war ein integriertes Ganzes, während das Bild der amerikanischen Kinder lediglich unverbundene Einzelbestandteile zeigte.

Insgesamt scheint der schulähnliche amerikanische Kindergarten durchaus die Lernkonzepte der Kinder in dem Sinne anzuregen, dass sie über das Konzept des Lernens als Tun hinausgehen und bereits die elaborierteren Konzepte des Lernens als Wissen und als Verstehen ausbilden. Demgegenüber zeigen aber freie Situationen, die planerische und selbstregulative Fähigkeiten erfordern, dass die Kinder hier nicht in der Lage sind, ihre Handlungen sinnvoll und kooperativ zu gestalten. Diesen letzten Aspekt scheint der eher spielorientierte Kindergarten in Dänemark deutlich zu fördern; in diesem Umfeld entwickeln die Kinder allerdings weniger reife Vorstellungen von ihren mentalen Lernprozessen.

Das fehlende Bewusstsein für Lernprozesse im Kindergarten hat Pramling (vgl. 1990) in verschiedenen Untersuchungen aufgezeigt. Die übliche Kindergartenarbeit in Schweden ist ähnlich organisiert wie in Deutschland, nämlich vielfach in Form von thematischen Projekten, wie zum Beispiel „Der Regenwurm" oder „Der Bauernhof". In der Regel werden die Projekte aus verschiedenen Teilen zusammengesetzt: Die Erzieherin erzählt etwas über das Thema, liest Geschichten vor, singt mit den Kindern Lieder, besucht mit ihnen einen Bauernhof oder sammelt Regenwürmer, übt ein Rollenspiel oder Theaterstück ein, bastelt mit ihnen etwas zum Thema und Ähnliches. Damit die Kinder allerdings verstehen, dass diese Teile zum selben Projekt gehören, müssen sie erkennen können, dass sie Bestandteil desselben Lernprozesses sind – und dies ist nicht immer der Fall. Es erfordert, dass die Erzieherin die Lernstruktur für die Kinder erkennbar macht (➤ Kap. 5.5.3) (➤ Kap. 5.7.3). Tut sie dies nicht, bleiben die Teile für die Kinder unverbunden und ergeben wenig Sinn. Pramling hat Kinder befragt, warum sie einzelne Teile in ihrem Projekt durchgenommen haben, und die Kinder haben vielfach geantwortet: „Weil es Spaß macht". Was es zum Beispiel bedeutet, einen Bauernhof zu besuchen, haben sie nicht als Teil des Lernprozesses verstanden.

Ein weiteres Problem besteht darin, dass Kinder die Lernprozesse im Kindergarten nur schwer mit ihrer Welt außerhalb des Kindergartens in Verbindung bringen können, und somit nicht an ihre Vorwissensbasis anknüpfen. Pramling (1983 a) hat Kinder befragt, die an einem Projekt über Formen im Kindergarten teilgenommen hatten. Ihnen waren die geometrischen Grundformen Kreis, Dreieck, Rechteck und Quadrat erklärt worden, und der Erzieherin ging es vor allem darum, dass die Kinder sich die Namen der Formen merken. Auf die anschließende Frage, welche Form eine Banane oder ein Ei habe, antworteten einige Kinder, sie hätten keine Form – denn diese Formen waren nicht besprochen worden. Als die Kinder gefragt wurden, wo sie die Grundformen in ihrem Alltag noch finden könnten, antworteten wiederum einige Kinder, es gäbe diese Formen *nur* im Kindergarten, nicht außerhalb. Die Kinder hatten also nicht von den konkreten Formen, die sie durchgenommen hatten, auf das Konzept der Form im allgemeinen Sinne generalisiert. Sie konnten es nicht anwenden und haben keine Bezüge zu ihrer Lebenswelt außerhalb des Kindergartens herstellen können. Insofern hatten die Formen für sie keinen weiteren Sinn und blieben als Lerngegenstände auf den Kindergarten begrenzt. Zu solchem fehlenden Transfer des Gelernten – man spricht auch von „trägem Wissen" – kommt es immer dann, wenn die Kinder keine Bezüge zwischen der Situation des Lernens (Kindergarten) und anderen Situationen, in denen das Wissen abgerufen oder angewandt werden soll, herstellen können (Greeno, Smith & Moore, 1993; Renkl, 2001).

In einem anderen Forschungsprojekt hat Pramling (vgl. 1990) Erzieherinnen bei ihrer Arbeit mit den Kindern beobachtet. Sie beschreibt, wie eine Erzieherin den Kindern etwas über die Zeit beibringen wollte. Neben vielen anderen Aktivitäten hatten die Kinder Uhren gebastelt. Als sie später gefragt wurden, was sie gelernt hätten, meinten sie, sie hätten gelernt, eine Uhr zu basteln. Ähnlich fiel die Antwort von Kindern aus einem Temperatur-Projekt aus: Sie hätten gelernt, ein Thermometer zu basteln. Die Kinder antworten somit ihren Lernkonzepten entsprechend, indem sie Lernen als Tun auffassen. Das Wissen, das die Erzieherin ihnen mündlich zu vermitteln versucht hat, und ihre Erfahrungen in den einzelnen Projektteilen verbuchen die Kinder nicht als Lernen.

Pramling führt die in Bezug auf Lernprozesse wenig effiziente Vorgehensweise der Erzieherinnen auf ihre Lernkonzepte zurück; sie gehen offensichtlich davon aus, dass die Kinder durch den Umgang mit Materialien, wie beim Basteln, auch in kognitiver Hinsicht etwas lernen. Diese Überzeugung hat in der Kindergartenpädagogik eine lange Tradition und kann bereits auf Fröbel zurückgeführt werden. Andererseits zeigen Kindergartenbeobachtungen, dass Erzieherinnen ebenfalls häufig versuchen, Kindern verbal etwas zu erklären und anschließend Fragen stellen, um zu überprüfen, ob die Kinder den jeweiligen Sachverhalt verstanden haben. Auch wenn die Kinder in diesen Fragesituationen vielfach die richtige Antwort geben, so ist dies keine Garantie dafür, dass sie den Sachverhalt auch tatsächlich verstanden haben. Sie interpretieren die Situation zwischen den Zeilen im Sinne der Frage, die Olson und Bruner (1996) aufgeworfen haben: „Was will der Erwachsene?" und geben die Antwort, von der sie wissen, dass sie den Erwachsenen zufrieden stellen wird. Zugleich erwerben sie durch diesen „Unterrichtsstil" das Konzept, dass Wissen verbal vermittelt wird. Pramling (1987b) hat Kindergartenkinder gefragt, wie sie einem Kind etwas beibringen würden, das nicht weiß, was sie selbst wissen. Die Kinder haben geantwortet, sie würden es dem anderen Kind *sagen*. Kein Kind kam auf die Idee zu antworten, es würde das andere Kind etwas basteln lassen.

Zusammenfassend lässt sich sagen, dass Kindergartenkinder das Konzept entwickelt haben, zu lernen würde bedeuten, etwas zu tun. Wenn man sie genauer nach dem Erwerb von Wissen befragt, äußern sie das Konzept, Wissen werde verbal vermittelt. Diese Befunde zeigen, dass die Konzepte oder intuitiven Theorien von Erzieherinnen und Kindern nicht übereinstimmen. Sofern die Erzieherinnen dazu neigen, Kindern Wissen verbal zu vermitteln, zeigen sie ein Konzept des Lernens durch direkte Wissensvermittlung; in ihrer Praxis wird zugleich ein Konzept des Lernens durch den Umgang mit Materialien sichtbar. Die metakognitiven Lernarrangements, die Pramling entwickelt hat, zielen darauf, dass Kinder ein Verständnis für die Phänomene ihrer Umwelt entwickeln und zugleich *bewusst lernen*, so dass sie metakognitive Kompetenzen und darüber vermittelt lernmethodische Kompetenzen erwerben.

5.5 Prinzipien zur Förderung metakognitiver und selbstregulatorischer Kompetenzen

Der frühpädagogische Ansatz von Pramling wird im Folgenden als metakognitiver Ansatz bezeichnet, da er im Wesentlichen darauf zielt, bei den Kindern ein Bewusstsein für ihre Lernprozesse zu schaffen, ihre intuitiven Theorien über das Lernen zu verändern und Kompetenzen der Selbststeuerung zu vermitteln. Ein Ansatzpunkt liegt in der Beachtung dessen, wie Kinder die Phänomene der Welt, in der sie leben, wahrnehmen, verarbeiten und verstehen. Diese Vorgehensweise setzt somit gezielt am Vorwissen und Vorverständnis der Kinder an. Zugleich kann man ihn als einen sozialkonstruktivistischen Ansatz kennzeichnen, da er sich um lebensnahe Aufgaben bemüht und sozialen Lernprozessen eine zentrale Rolle zuweist.

Pramling (1996) nennt fünf Prinzipien, die erzieherisches Handeln im Kindergarten leiten sollten, um Lernprozesse effektiv zu gestalten:

■ *In den Lernprozessen werden sowohl die Inhalte als auch das Lernen selbst betont.*
Die Lerninhalte sind in der Elementarpädagogik in der Regel relativ variabel und nicht in geschlossenen Curricula festgelegt wie in der Schule. Unabhängig von den Inhalten sollten jedoch in jeder Lerneinheit inhalts- und lernbezogene Aspekte gemeinsam Berücksichtigung finden. Beide Aspekte sollten mit den Kindern thematisiert und ihnen bewusst gemacht werden, d. h. sie sollten ein Bewusstsein dafür entwickeln, *dass* sie lernen, *was* sie lernen und *wie* sie es lernen.
Als Ausgangspunkt wie auch als Ziel des pädagogischen Handelns im Elementarbereich sieht Pramling die Theorien des Kindes an, und zwar sowohl seine Theorien über die behandelten Inhalte als auch die Theorien des Lernens; Gegenstand dieses Ansatzes sind also gleichermaßen der Was- und der Wie-Aspekt des Lernens. Die Lernprozesse sind insofern metakognitiv orientiert, als dass die Kinder ihre Aufmerksamkeit darauf richten, wie sie über beide Aspekte – die Inhalte wie auch die Lernprozesse – denken und nachdenken.

■ *Der Schwerpunkt des Lernens richtet sich auf jene Aspekte der Welt, die die Kinder als selbstverständlich betrachten.*
Diese Maxime beruht auf dem metakognitiven Prinzip, dass die Kinder nur dann etwas über die sie umgebende Welt lernen, wenn sie sich der einzelnen

Phänomene, über die sie etwas lernen sollen, bewusst werden. Verschiedene Phänomene des Alltagslebens der Kinder sind für sie in unterschiedlichem Maße wahrnehmbar, manche werden von ihnen überhaupt nicht beachtet, solange die Erzieherin nicht bewusst ihre Aufmerksamkeit darauf richtet. So haben beispielsweise alle Kindergartenkinder bereits implizite Zahlenkonzepte entwickelt, was Zählen aber bedeutet, wofür man es braucht und Ähnliches ist ihnen vielfach nicht bewusst. Oder die Kinder kennen vielleicht einzelne Buchstaben, wissen aber nicht, warum es wichtig ist, lesen und schreiben zu können. Genau solche Bedeutungen und Funktionen gilt es, den Kindern bewusst zu machen, indem sie zum Beispiel zu der Einsicht geführt werden, dass man mit der Schriftsprache Botschaften austauschen kann. Darüber hinaus sind die Lernprozesse der Kinder selbst Gegenstand des Bewusstwerdungsprozesses. Kinder sprechen vielfach von sich aus über die Dinge, die sie gelernt haben, zum Beispiel dass sie gelernt haben, Fahrrad zu fahren oder sich die Schuhe zuzubinden. Dieses Lernens sind sie sich bewusst und es kann als Ausgangspunkt dafür gewählt werden, dass sich die Kinder weitere, bereits vollzogene Lernprozesse bewusst machen. Wie in Kapitel 5.3 gezeigt wurde, nehmen Kinder viele Aspekte ihrer Lernprozesse nicht richtig wahr, sondern als gegeben hin. Das Ziel des metakognitiven Ansatzes besteht darin, den Kindern alle Lernprozesse im Kindergarten bewusst zu machen und ihre intuitiven Konzepte des Lernens zu verändern.

■ *Reflexion ist eine Methode.*
Damit Kinder über das Lernen sprechen, nachdenken und reflektieren, müssen sie in Aktivitäten eingebunden werden, die ihnen die Möglichkeit dazu verschaffen. Diese Aktivitäten können in didaktischen Materialen, Spielen, Aufgaben oder verschiedenen Situationen bestehen, denen sie begegnen.

■ *Unterschiede in den Gedanken verschiedener Kinder werden*
bewusst eingesetzt.
Die Aufgabe der Erzieherin besteht darin, die Art und Weise, in der Kinder denken, darzulegen und sie als Inhalt zu behandeln. Dabei sollte sie sich der Tatsache bewusst sein, dass Kinder voneinander effektiv lernen können. Insofern geht es darum, die Unterschiede zwischen den Kindern zu betonen und weniger ihre Gemeinsamkeiten herauszustellen. Um Kindern die Unterschiede im Denken bewusst zu machen, können verschiedene Wege gewählt werden, indem beispielsweise kleine Rollenspiele aufgeführt werden, durch Zeichnen und Malen, Spielen, Diskussionen, aber auch, indem unterschiedliche Wege, etwas zu sagen und oder durch andere Darstellungsformen auszudrücken, in der Kindergruppe ausprobiert und thematisiert werden.

■ *Lernen wird als Bestandteil der gesamten Erfahrungswelt des Kindes aufgefasst.*

Die Erfahrungswelt des Kindes und was es zuvor gelernt hat, beeinflusst, wie es Neues aufnimmt. Die Erfahrungen, die ein Kind gesammelt hat, können sich förderlich oder hemmend auf die Lern- und Verstehensprozesse des Kindes auswirken. Wenn Lernen als Bestandteil der Erfahrungswelt des Kindes aufgefasst und dem Kind bewusst gemacht wird, so werden seine Lernprozesse gefördert. Lernen ist nichts Zusätzliches im Leben der Kinder, sondern ein integraler Bestandteil.

5.5.1 Kompetenzen auf Seiten der Erzieherin

Diese fünf Prinzipien repräsentieren Pramling zufolge sowohl die innere Haltung, die eine Erzieherin einnehmen sollte, als auch Handlungsanweisungen für die Praxis. Damit die Erzieherin in Übereinstimmung mit dem metakognitiven Ansatz arbeiten kann, benötigt sie spezifische Kenntnisse.

Sie sollte zum einen die bestehende Forschung über das kindliche Denken kennen und in ihre Arbeit einbeziehen. Nur auf diesem Weg kann es ihr gelingen, sich in das Denken der Kinder verschiedener Altersstufen hineinzuversetzen und nicht von ihrem erwachsenen Standpunkt bzw. ihren intuitiven Theorien über das kindliche Denken auszugehen. Zum anderen sollten Erzieherinnen entsprechendes methodisches Wissen und methodische Fähigkeiten entwickeln. Das wichtigste Instrument stellen hierfür diagnostische Interviewtechniken dar, mit denen die Erzieherin das Vorwissensniveau und die Denkwelt der Kinder kennen lernen und erfassen kann. Die Befragungstechniken richten sich sowohl darauf, aktivierende und diagnostisch sensible Fragen an die Gesamtgruppe zu richten, als auch darauf, dem einzelnen Kind so weit wie möglich in seinen Überlegungen zu folgen. Das Ziel besteht einerseits darin, dass die Kinder ihre Ideen darlegen, andererseits soll ihnen eine Atmosphäre vermittelt werden, in der sie das Bedürfnis entwickeln, ihre Gedanken mit der Erzieherin und anderen Kindern zu teilen. Auf diesem Weg wird eine entsprechende metakognitive Lernkultur etabliert. Es sollte den Kindern Spaß machen, sich auszudrücken, sie sollten in die Lage versetzt werden, die Ideen anderer Kinder aufzugreifen und sie als inspirierend zu erleben. Zu diesem Zweck sollten Kinder und Erzieherinnen eine gemeinsame „Sprache" finden, in der sie ihre Erfahrungen teilen können. Ein weiterer bedeutsamer Aspekt in den Methodenkenntnissen der Erzieherin besteht in der Art und Weise, mit der sie ein Thema und seine praktische Umsetzung in der Tageseinrichtung plant. Sie sollte ihr Augenmerk simultan auf drei Aspekte richten:

- den Inhalt,
- die Struktur des Inhalts,
- den Lernprozess, der ebenfalls mit den Kindern thematisiert wird.

Jeder dieser drei Aspekte wird als solcher und in metakognitiver Hinsicht behandelt. Das heißt, mit den Kindern wird über inhaltliche Dinge gesprochen oder sie werden auf andere Weise behandelt; zusätzlich aber werden die Reflexionsprozesse bei jedem dieser Aspekte angeregt.

5.5.2 Der Inhaltsaspekt

Pramling illustriert das Vorgehen, das den Inhalt, die Struktur des Inhalts und den Lernprozess aufgreift, anhand des Themas „Regen und Wasser". Jedes Kind der Gruppe erhält ein Blatt Papier und wird aufgefordert, es in der Mitte zu falten. Dann bekommen die Kinder den Arbeitsauftrag, auf der einen Seite gutes und auf der anderen Seite schlechtes Wetter zu zeichnen. Wenn sie fertig sind, dürfen sie ihre Zeichnungen vergleichen und entdecken mit Hilfe der Erzieherin, dass „gutes" und „schlechtes Wetter" relative Begriffe sind: Ein Kind freut sich, wenn es regnet, weil es in den Pfützen planschen kann, ein Erwachsener ärgert sich, weil er nass wird; ein Kind freut sich über den Schnee, weil es einen Schneemann bauen kann, ein anderes möchte lieber Fahrrad fahren und empfindet den Schnee als störend. Bei einer solchen Vorgehensweise reflektieren die Kinder nicht nur den Inhalt „Wetter", sondern es wird ihnen ebenfalls bewusst, wie unterschiedlich die Einzelnen darüber denken. Dieses Changieren zwischen der Reflexion des Inhalts, die ihrerseits das Denken und die Ausdrucksfähigkeit der Kinder anregt, und dem metakognitiven Niveau, auf dem das Denken der verschiedenen Kinder reflektiert und bewusst gemacht wird, ist ein Kernstück des metakognitiven Ansatzes.

5.5.3 Der Strukturaspekt

Wie der Strukturaspekt deutlich gemacht werden kann, veranschaulicht Pramling anhand des Themas „Schneeflocken" innerhalb des Wetter-Projekts. Die Kinder haben den Auftrag erhalten, sich die Schneeflocken genau anzusehen und sie dann zu zeichnen. Sie vergleichen die Flocken und finden heraus, dass alle Schneeflocken sechseckig sind, dass sie sich aber genauso unterscheiden, wie alle Menschen verschieden sind. Die Erzieherin fragt: „Wenn ihr daran denkt, wie wir im Herbst den Regen bekommen haben, was denkt ihr dann, wie wir im Winter den Schnee bekommen?" Ein Kind antwortet: „Die Wassertropfen gehen zusammen und werden zu Eiskristallen", ein anderes Kind sagt: „Das ist derselbe Zyklus wie beim Regen". Die Erzieherin kann an diese Aussage anknüpfen und hinzufügen, dass es im Winter nur kälter ist und der Regen als Schnee fällt. Die Kinder betrachten dann ein Wandbild, das sie über den Regenzyklus hergestellt haben. Auf diese Weise wird ihnen die Struktur des Themas deutlich. Der Regenzyklus repräsentiert ein Ganzes, aus dem die Kinder die Einzelphänomene sinnvoll ableiten können.

Im Anschluss stellt die Erzieherin die Frage, wie nun also Schnee und Regen zustande kommen. Die Kinder sollen diese Aufgabe in Kleingruppe lösen, die Lösungen werden nach Abschluss der Gruppenarbeit verglichen. Hier hebt die Erzieherin die Diskussion wiederum auf das metakognitive Niveau, indem die Kinder über die verschiedenen Strukturen, die sie aufgezeichnet haben, nachdenken.

5.5.4 Die Aspekte des Lernprozesses

In dem Wetterprojekt haben die Kinder Experimente mit Wasserdampf durchgeführt, wobei sie angeregt wurden, darüber nachzudenken, warum sie diese Experimente gemacht haben und wie man sie anders hätte gestalten können, um etwas über Wasser und Regen herauszubekommen. Auf diese Weise wird der Lernaspekt thematisiert. Eine weitere Möglichkeit, die Kinder über das Lernen nachdenken zu lassen, bestand darin, dass die Erzieherin die Kinder zu Vorhersagen aufgefordert hat, wie wohl am nächsten Tag das Wetter wird. Nachdem die Kinder ihre Schätzungen abgegeben hatten, bekamen sie die „Hausaufgabe", verschiedene Möglichkeiten herauszufinden, um das Wetter vorherzusagen. Am nächsten Tag gaben die Kinder ihre Erklärungen ab, aus welchen Anzeichen in der Natur man das Wetter vorhersagen kann. Die Erzieherin fragte dann, wie sie das herausgefunden hätten. Die Kinder nannten unterschiedliche Quellen: das Fernsehen, die Tageszeitung, ihre Eltern, einen Nachbarn, oder ein Kind sagte, es habe es selbst herausgefunden. Die Erzieherin machte den Kindern die vielfältigen Möglichkeiten deutlich, etwas über das Wetter zu erfahren und regte sie an, darüber nachzudenken, welche Möglichkeiten es noch gäbe. Mit der Reflexion des Lernprozesses gelangen die Kinder auf ein metakognitives Niveau, indem sie darüber nachdenken, wie man etwas herausfinden kann, was man nicht weiß.

In der Durchführung einzelner Projekte lassen sich diese Schritte nicht deutlich voneinander trennen. Die Erzieherin sollte aber darauf achten, dass alle Aspekte realisiert werden; dass also Inhalt, Struktur und Lernprozess einerseits klar definiert sind und andererseits ebenfalls auf einem metakognitiven Niveau thematisiert werden.

Zusammengefasst bedeutet dieses Vorgehen in Bezug auf das Wetterprojekt: Die Kinder präsentieren zunächst ihre Ideen und Gedanken über das Thema (Inhalt) und machen in diesem Zusammenhang kleine Experimente. Die Erzieherin hilft ihnen, ihre unterschiedlichen Sichtweisen deutlich werden zu lassen, indem sie zum Beispiel mit den Kindern darüber spricht oder sie Zeichnungen anfertigen lässt. Dann wird die Aufmerksamkeit der Kinder auf die Struktur in Form des Zyklus gelenkt, über den die Kinder ebenfalls nachdenken. Zuletzt wird darüber reflektiert, wie und warum die Kinder ihre Experimente durchgeführt haben, was sie darüber denken und ob es noch andere Möglichkeiten gibt, etwas über ein Thema zu lernen. In diesem Schritt wird die Aufmerksamkeit der Kinder auf ihre eigenen Lernprozesse gelenkt.

5.5.5 Evaluation des metakognitiven Ansatzes

Pramling hat diese Vorgehensweise evaluiert und den metakognitiven Ansatz in vier Gruppen mit insgesamt 76 fünf- und sechsjährigen Kindergartenkindern untersucht. Zwei der Erzieherinnen, deren Kindergruppen als Vergleichs- oder Kontrollgruppe fungierten, wurden aufgefordert, mit den Kindern auf die übliche Weise zu arbeiten, die beiden anderen Erzieherinnen wurden in den metakognitiven Ansatz eingeführt und arbeiteten mit ihm über ein Jahr (Experimentalgruppe).

Zum einen wurde ermittelt, ob die Kinder ihre Konzepte des Lernens durch den metakognitiven Ansatz verändert hatten. Dazu wurden die Kinder zu Beginn und am Ende des Kindergartenjahres befragt. Zum anderen nahmen sie während des letzten Monats vor Abschluss des Projekts an drei Lernexperimenten teil. Damit sollte untersucht werden, ob das Lernverhalten der Kinder sich durch die Intervention verändert hatte. Bei zwei Experimenten wurden Geschichten vorgelesen, zu denen den Kindern anschließend Fragen gestellt wurden. Das dritte umfasste den Besuch eines naturkundlichen Museums, in dem die Kinder durch einen Museumsangestellten eine Unterrichtseinheit über den ökologischen Zyklus erhielten. Auch zu dieser Thematik wurden den Kindern in ausführlichen Interviews Fragen gestellt. Der Interviewerin war nicht bekannt, ob die jeweiligen Kinder der Experimental- oder der Kontrollgruppe angehörten.

	Projektbeginn		Projektende	
	Tun	Wissen	Tun	Wissen
Experimentalgruppe	85	unter 10	40	55
Kontrollgruppe	85	unter 10	75	15

Tab. 5 Veränderung der Lernkonzepte in Experimental- und Kontrollgruppe (in Prozent, gerundete Werte; N = 76) (vgl. Pramling, 1996, p. 575, Fig. 25.2)

Die Ergebnisse zu den Lernkonzepten zeigen, dass die Kinder aus der Experimentalgruppe ihre Vorstellungen vom Lernen im Verlauf des Jahres mehrheitlich geändert hatten, während die Lernkonzepte der Kinder aus der Kontrollgruppe überwiegend konstant blieben (➤ Tab. 5)[6]. So dachten die Kinder aus beiden Gruppen zu Beginn des Projekts zu 85 %, dass Lernen im Tun bestehe, am Ende des Projekts dachten dies aus der Experimentalgruppe nur noch 40 %. In der Kontrollgruppe hatte demgegenüber der Anteil der Kinder, die Lernen mit dem Tun identifizierten, lediglich auf 75 % abgenommen. Über das Konzept des Lernens als Wissen verfügten zu Projektbeginn in beiden Gruppen weniger als 10 % der Kinder. In der Experimentalgruppe hatten zum Projektende 55 % der Kinder dieses Konzept erworben, in der Kontrollgruppe demgegenüber nur 15 %. Die Ergebnisse zeigen deutlich, dass der metakognitive Ansatz sich auf die Konzepte der Kinder ausgewirkt hat und sie ein Bewusstsein für ihre Lernprozesse im Kindergarten entwickelt haben.

Bei den drei Lernexperimenten ging es darum, ob die Kinder durch die metakognitive Methode die lernmethodische Kompetenz erworben haben, neue Inhalte besser zu lernen. Im ersten Experiment wurde die „Geschichte vom roten Apfel" vorgelesen, der immer wieder mit einem anderen Apfel vertauscht und in 11 verschiedene Abenteuer verwickelt wurde (vgl. Pramling, 1990, pp. 63 f.). Erhoben wurde, wie viele der Ereignisse die Kinder bei der Nacherzählung der Geschichte reproduzierten. Ungefähr 70 % der Kinder aus der Experimentalgruppe erzählten 5 bis 11 Ereignisse nach, während aus der Kontrollgruppe 75 % nur 1 bis 4 Ereignisse reproduzierten. Wie die Befunde aus dem zweiten Lernexperiment zeigen, scheinen die Kinder, die ein metakognitives Training erhalten hatten, die Struktur der Geschichte tiefergehend erfasst zu haben, so dass es ihnen gelungen ist, auch mehr Details zu erinnern.

6 In Pramling, 1996, sind die Ergebnisse in Form eines Histogramms dargestellt, so dass die exakten Zahlen nicht ermittelt werden können und im Folgenden gerundete Werte berichtet werden.

Im zweiten Lernexperiment wurde den Kindern ebenfalls eine Geschichte vorgelesen, deren Struktur sich jedoch deutlich von der ersten unterschied. Der Geschichte mit dem Titel „Auf der anderen Seite des Flusses" lag die Idee eines gegenseitigen Austausches von Menschen zugrunde, die an gegenüberliegenden Flussufern leben (Pramling, 1990, pp. 73 f.). Von den Kindern, die die Geschichte spontan und ohne Hilfe der Interviewerin nacherzählten, drückten gut 40 % aus der Experimentalgruppe unmittelbar die Moral der gegenseitigen Hilfe aus, was keinem Kind aus der Kontrollgruppe gelang. Auf die Frage der Interviewerin, warum die Menschen eine Brücke gebaut haben, nannten gut 80 % der Kinder aus der Experimentalgruppe die richtige Antwort, während aus der Kontrollgruppe nur etwa 30 % die gegenseitige Abhängigkeit der Menschen als Grund erkannt hatten. Die Kinder, die metakognitiv geschult worden waren, hatten somit zu einem höheren Anteil die Tiefenstruktur und Moral der Geschichte verstanden. Die anderen Kinder konnten hingegen nicht auf diesem abstrakten Niveau denken und erzählten vielmehr die Oberflächenhandlung nach, ohne zu verstehen, worauf diese zielte.

Im dritten Lernexperiment besuchten die Kinder ein Naturkundemuseum, in dem ihnen im Rahmen einer Führung etwas über Tiere und Pflanzen erzählt wurde (Pramling, 1999, pp. 85 f.). Der Museumsführer baute einen ökologischen Zyklus auf und verband die Tiere und Pflanzen mit Pfeilen. Anschließend wurde in Interviews mit den Kindern erfasst, inwieweit sie den Zyklus verstanden hatten. Von den Kindern aus der Kontrollgruppe nannten 75 % lediglich einige Namen der Tiere oder erinnerten sich an andere isolierte Einzeldetails aus dem Vortrag, von den Kindern aus der Experimentalgruppe konnten dagegen 85 % der Kinder entweder die Nahrungskette erklären oder sogar alle Einzelbestandteile in den Zyklus einordnen. Die Kinder aus der Experimentalgruppe hatten somit den Vortrag umfassend verstanden, während er für die Kinder aus der Kontrollgruppe keinen tieferen Sinn ergab.

5.6 Untersuchungen zur metakognitiven Methode

5.6.1 Curriculum und Implementierung

In einer zweiten Studie hat Pramling gemeinsam mit Erzieherinnen ein umfassendes Curriculum entwickelt und implementiert (Pramling, 1996). Auch in dieser Studie wurde die metakognitive Methode angewendet, darüber hinaus sollte den Kindern aber ein besseres Verständnis für die Lernprozesse in den Basisfähigkeiten Lesen und Schreiben, Zahlen und Rechnen, Naturwissenschaften und Gesellschaft vermittelt werden. Es ging dabei nicht darum, den Kindern etwa das Lesen und Schreiben schon vor der Einschulung beizubringen, sondern sie sollten – ganz im Sinne des metakognitiven Ansatzes – die Funktion und Bedeutung dieser Inhaltsgebiete verstehen, um auf diese Weise für das schulische Lernen vorbereitet zu werden.

Während in der zuvor vorgestellten Studie die Inhalte durch die Erzieherinnen bestimmt worden waren, wurden sie in dieser Studie vorgegeben. Sechs Erzieherinnen mit langjährigen Erfahrungen in der Kindergartenarbeit (von 5 bis 27 Jahren) wurden ausgewählt. Sie nahmen einmal pro Monat an Fortbildungen teil, wo die Fachliteratur zu den im Curriculum behandelten Inhalten und Methoden gelesen und diskutiert wurde. Darüber hinaus wurden sie alle drei Wochen von der Untersuchungsleiterin in ihren Kindergruppen besucht und anschließend supervidiert. Die Beobachtungen in den Gruppen bildeten die Grundlage für die gemeinsame Entwicklung des Curriculums[7]. Das Projekt zog sich insgesamt über drei Jahre hin. Im ersten Jahr wurde das Curriculum entwickelt und während der folgenden zwei Jahre eingesetzt. Am Ende des zweiten Jahres (ein Jahr nach der Implementierung) schieden diejenigen Kinder aus, die das 7. Lebensjahr erreicht hatten und in die Grundschule wechselten. Diese Kinder wurden zu Beginn und am Ende des ersten Implementierungsjahres befragt. Die Kinder, die über zwei Jahre an dem Curriculum teilnahmen, wurden darüber hinaus am Ende des zweiten Kindergartenjahres, in dem das Curriculum angewendet worden war, interviewt. Die Interviews bezogen sich auf die Lernkonzepte der Kinder und die Inhalte, die im Curriculum verankert waren. Darüber hinaus wurde ein Lernexperi-

---

7 Diese Vorgehensweise erscheint auch für die Entwicklung entsprechender Curricula in Deutschland sehr übernehmenswert; den Erzieherinnen wird auf diese Weise nicht ein Curriculum gleichsam verordnet, sondern es wird mit ihnen gemeinsam auf der Grundlage ihrer alltäglichen Arbeit entwickelt.

ment durchgeführt, in dem das Verständnis für eine vorgelesene Geschichte erhoben wurde.

Während der zwei Jahre der Experimentalphase wurden die Erzieherinnen regelmäßig in den Gruppen beobachtet, um sicherzustellen, dass sie das Curriculum auch tatsächlich anwandten. Neben den 6 Experimentalgruppen gab es 6 parallelisierte Kontrollgruppen, die hinsichtlich des Erfahrungsstandes der Erzieherinnen und des sozioökonomischen Familienhintergrundes der Kinder mit den Experimentalgruppen vergleichbar waren. Diese Erzieherinnen wandten traditionelle Methoden der Kindergartenerziehung an.

In der Experimentalgruppe befanden sich insgesamt 77 Kinder, von denen 58 über ein Jahr und 15 über zwei Jahre an dem Projekt teilnahmen (4 Kinder vielen wegen Umzugs aus). Den Kontrollgruppen gehörten 38 Kinder an.

5.6.2 Das erweiterte metakognitive Curriculum

Intuitive Theorien des Lernens

Auch in diesem Projekt lag der Schwerpunkt darauf, das Bewusstsein der Kinder für ihre Lernprozesse mit Hilfe des metakognitiven Ansatzes zu stärken. Die intuitiven Theorien der Kinder über Inhalte und Lernprozesse bildeten den Ausgangspunkt des Projekts. Pramling beschreibt das folgende Beispiel:

Innerhalb einer Lerneinheit über Pflanzen stellte ein Junge die Frage, ob die Erde oder die Sonne größer sei. Die Erzieherin fragte die Kinder, was sie darüber denken. Die Kinder kamen zu unterschiedlichen Resultaten. Ein Junge war der Meinung, dass die Erde größer ist, weil es auf ihr Luft gibt. Ein Mädchen sagte, die Sonne sei größer, weil sie so weit scheinen kann. Ein drittes Kind meinte, dass beide gleich groß seien, weil die Sonne über die Erde scheint. Die Erzieherin machte die Kinder darauf aufmerksam, dass die Sonne nicht gleichzeitig größer, kleiner und gleich groß sein kann und fragte die Kinder, wie sie eine Antwort auf ihre Frage finden können. Nun machten die Kinder unterschiedliche Vorschläge. Ein Mädchen schlug vor, das Radio anzurufen. Sie argumentierte, dass die Leute vom Radio es wissen müssten, weil sie einen Satelliten haben, der das Wetter vorhersagen könne. Ein Junge meinte, das Fernsehen müsse es wissen; ein drittes Kind wollte einen Bekannten fragen. Manche Kinder wollten durch Nachdenken selbst darauf kommen, andere wollten sich von ihren Eltern etwas darüber vorlesen lassen oder die Eltern selbst fragen. Als die Eltern nachmittags ihre Kinder abholten, wurden sie von der Erzieherin darüber unterrichtet, was die Kinder bis zum nächsten

Tag herausfinden sollten. Die Eltern, deren Kind beim Radio anrufen wollte, trauten sich diese Aufgaben nicht zu, so dass die Erzieherin vorschlug, am nächsten Morgen vom Kindergarten aus anzurufen.

Am nächsten Morgen fertigte die Erzieherin drei Abbildungen an, die die drei Hypothesen der Kinder darstellten. Auf einer war die Sonne größer, auf der nächsten die Erde und auf der dritten waren beide gleich groß. Die Kinder berichteten, was sie herausgefunden hatten, und es zeigte sich, dass jedes Kind nun wusste, dass die Sonne größer ist. Für jede Antwort wurde ein Punkt auf die entsprechende Abbildung geklebt. Als die Ausgangsfrage also beantwortet war, fragte die Erzieherin die Kinder, wie sie die Lösung gefunden hatten, und die Kinder berichteten über ihre unterschiedlichen Vorgehensweisen.

In dieser Sequenz hat die Erzieherin den Kindern ihre Lernprozesse bewusst gemacht, indem sie die Frage eines Kindes aufgegriffen und an die Kindergruppe weitergegeben hat. Sie hat damit mit den Kindern gemeinsam eine Lernsituation konstruiert, in der alle über die Frage nachgedacht und Methoden gefunden haben, sie zu beantworten. Zum Abschluss dieses kleinen Forschungsprojekts haben alle Kinder sehen können, auf welch unterschiedliche Weise man die Ausgangsfrage beantworten kann und verschiedene Lernmethoden kennen gelernt.

Lesen und Schreiben

Der Teil des Curriculums, der sich dem Lesen und Schreiben widmete, verfolgte drei Ziele. Zum einen sollten den Kindern diese Fähigkeiten vertraut gemacht werden, zum zweiten sollten sie ein Bewusstsein für ihre Erfahrungen mit dem Lesen und Schreiben entwickeln und zum dritten erfahren, wie geschriebene und gesprochene Sprache zusammenhängen, also dass man beispielsweise die Sprache in Wörter unterteilen kann, welche Funktion es hat, lesen und schreiben zu können, und was Symbole bedeuten. Mit diesen Zielen befand sich das Curriculum in Übereinstimmung mit der modernen Forschung zur „Emerging Literacy", die im Sinne sozialkonstruktivistischer Annahmen das Lesen und Schreiben als kulturelle Werkzeuge betrachtet, mit denen Kinder in alphabetisierten Gesellschaften von Geburt an in Berührung kommen, so dass sie bereits vieles über die Schriftsprache wissen, bevor sie je eine formale Instruktion erhalten haben. Ein Verständnis für die Schriftsprache entwickelt sich somit quasi naturwüchsig durch die Teilhabe an sozialen Praktiken.

Pramling stützte sich zur Entwicklung dieses Teils des Curriculums auf eine Studie von Dahlgren und Olsson (1985, zit. nach Pramling, 1996), in der gezeigt worden war, dass diejenigen Kinder, die keine Vorstellung davon hatten, was es bedeutet und warum es wichtig ist, lesen und schreiben zu können, später in der Schule Probleme damit bekommen. Kinder, die hingegen wussten, dass Lesen und Schreiben dazu dienen, Bücher und Briefe zu verstehen, zeigten keine Schwierigkeiten und erlernten das Lesen und Schreiben relativ schnell.

Als Beispiel für diese Form der Förderung beschreibt Pramling einen Ausschnitt aus einem Projekt über das Wetter. Die Aufgabe der Kinder bestand darin, Symbole für gutes und schlechtes Wetter zu finden. Die Kinder sollten sie selbst ausdenken, d. h. sie stellten selbst ihre Bedeutung her. Anschließend wurden die Symbole verglichen und die Kinder fanden heraus, welche am einfachsten gestaltet und für andere am leichtesten verständlich waren. In einem anderen Projekt wurden Pilze behandelt. Ein Mädchen sprach davon, dass es giftige Pilze gibt. Die Erzieherin griff diese Gelegenheit auf und fragte die Kinder, wie man kenntlich machen könne, dass Pilze giftig sind. Ein Kind schlug daraufhin vor, dass man sie mit einem Kreuz versehen könne. In wieder einem anderen Projekt wurde eine Weihnachtsfeier vorbereitet. Hier schlug die Erzieherin den Kindern vor, ihre eigene Notation dafür zu finden, welche Lieder in welcher Reihenfolge gesungen werden sollten. Um das Bewusstsein der Kinder dafür zu stärken, dass Symbole dazu dienen, mit anderen zu kommunizieren, wurde auch dieser Aspekt mit den Kindern thematisiert. Diese Bedeutung von Symbolen, dass sie für etwas anderes als sich selbst stehen und der Bedeutungsvermittlung dienen, wird von Erwachsenen als selbstverständlich hingenommen, ist aber für Kinder im Vorschulalter nicht ohne weiteres nachvollziehbar. Wie die Arbeiten zur Theorie der zweifachen Repräsentation von DeLoache (1995) (➤ Kap. 3.3.2) zeigen, müssen sich die Symbole soweit von ihrem Referenzobjekt unterscheiden, dass die Kinder ihren repräsentationalen Charakter verstehen. Indem Kinder selbst Symbole entwickeln, wird ihr Bewusstsein für diese Funktion gefördert.

Ein weiterer Teil des Curriculums zum Lesen und Schreiben bestand im „Spielschreiben" (Hagtvet-Eriksen, 1990, zit. nach Pramling, 1996). Das Spielschreiben stellt eine natürliche Phase der Entwicklung des Schreibens dar, deren erste Stufe im Kritzeln und Zeichnen besteht (Dyson, 1993; Reutzel, 1997). Nachdem Kinder zunächst das ziellose Kritzeln ausprobiert haben, erfolgt eine Phase, in der sie bestimmte Zeichen, die sie erfunden haben, immer wieder neu zeichnen. Die Zeichnungen ähneln zunehmend dem Schreiben von Erwachsenen, indem sie linear werden und von links nach rechts verlaufen oder von oben nach unten. Innerhalb dieser ersten Stufe erfolgt eine Phase, in der die Kinder ihren „geschriebenen" Zeichnungen Bedeutung verleihen. Sie machen Angaben darüber, was ihre „Schrift" bedeutet.

Und sie verstehen erstmals den tatsächlichen Unterschied zwischen Schreiben und Zeichnen. Erst nach dieser Phase folgt die als *prephonemisch* bezeichnete Stufe, in der die Kinder erste Buchstaben benutzen, die sie zumeist als Großbuchstaben schreiben und die häufig noch „fehlerhaft" sind, indem sie seitenverkehrt ausfallen oder auf dem Kopf stehen. Auf dieser Entwicklungstufe repräsentieren Buchstaben keine einzelnen Phoneme, sondern können alles von einzelnen Silben bis zu ganzen Gedanken bedeuten. In dieser Phase des Schrifterwerbs kommt es auch häufig vor, dass die Kinder etwas „schreiben" und anschließend einen Erwachsenen fragen, was sie geschrieben haben.

Im nächsten Schritt der Entwicklung, der sogenannten *frühen phonemischen Stufe*, repräsentieren einzelne Großbuchstaben ganze Wörter. In einem fortgeschritteneren Stadium dieser Stufe benutzen die Kinder bereits den Anfangs- oder den Anfangs- und Endbuchstaben, um das Wort zu repräsentieren. Sie haben hier bereits verstanden, dass Buchstaben Laute repräsentieren. Diese Stufe geht über in die des *Buchstaben-Benennens*. Die Kinder benutzen hier bereits mehr als ein oder zwei Buchstaben, um Wörter zu schreiben. Es folgt eine Übergangsstufe zum tatsächlichen Schreiben, auf der die Kinder bereits ganze Wörter schreiben, aber orthographische Besonderheiten wie Konsonantenverdoppelung oder nicht hörbare Buchstaben wie das *h* in einer *th*-Kombination weglassen.

Indem Kinder zu Beginn der Entwicklung des Schreibens spielen, dass sie schreiben, erhalten sie einerseits die Möglichkeit, ihre Gedanken auszudrücken, und sie treten andererseits in die Entwicklung des Schreibens ein. Da es sich um eine spielerische Form handelt, können die Kinder frei mit dem Schreiben experimentieren. Die spielerische Form, den Umgang mit Symbolen zu lernen, scheint die Kinder darüber hinaus wie von selbst aufzufordern, ihr Vorgehen zu reflektieren und es anderen zu erklären. Pramling gibt die folgende Gesprächssequenz zwischen vier Kindern wieder, die die Bedeutung des Spielschreibens veranschaulicht:

„Alexander [3 Jahre]: Ich kann nicht schreiben.
Muhammed [5 Jahre]: Ich kann es dir zeigen. [Er „schreibt" etwas auf Alexanders Bild, indem er vorgibt zu schreiben]. Das heißt jetzt Alexander.
Danka [4 Jahre]: [Kritzelt auf ihr Blatt]. Guck, ich habe geschrieben, das ist ein Bus auf dem Weg nach Stockholm.
Alexander: Guck mal, was Christina macht, sie schreibt ganz anders.
Christina [6 Jahre]: Ich schreibe mit Buchstaben, aber es ist auch in Ordnung, zu kritzeln und schreiben zu spielen. Man kann ganz unterschiedlich schreiben. In der Schule muss man aber das ABC lernen."
(Pramling, 1996, p. 580, Übers. v. d. Verf.)

Zahlen, Zählen und Rechnen

Auch der Teil des Curriculums, der sich den Zahlen, dem Zählen und dem Rechnen widmete, zielte darauf, das Verständnis der Kinder für mathematische Symbole und Operationen zu fördern. Auch hier gilt, ähnlich wie für die Entwicklung des Lesens und Schreibens, dass Kinder mit den schulischen Anforderungen dieses Faches dann keine Schwierigkeiten bekommen, wenn sie die Bedeutung der Zahlen, des Zählens und des Rechnens verstanden haben. Die Bedeutung des Rechnens erschließt sich den Kindern, wenn sie lernen, in Zahlen zu denken und sich Zahlen vorzustellen, so zum Beispiel indem sie die Finger zu Hilfe nehmen und auf diese Weise lernen, Rechenprobleme zu lösen, die sich im Alltag stellen. Es ging also auch in diesem Teil des Curriculums nicht darum, die Kinder willkürlich mit Zahlen operieren oder sie Aufgaben lösen zu lassen, sondern sie dazu zu bringen, über Rechenprobleme nachzudenken und dies wiederum im Austausch mit anderen zu tun (vgl. auch Neuman, 1987).

Doverberg (1987, zit. nach Pramling, 1996) hat schwedische Vorschulkinder in einem Lernexperiment in zwei Gruppen unterteilt. Eine Gruppe erhielt einen schulähnlichen Rechenunterricht, in dem den Kindern Zahlen und leichte Rechenaufgaben beigebracht wurden. In der anderen Gruppe wurden Zahlen und leichte Rechenaufgaben in alltägliche Kontexte eingebettet, wie zum Beispiel beim Backen, Kochen oder Basteln. Eine anschließende Evaluation hat erbracht, dass die rechnerischen Problemlösefähigkeiten der Kinder aus der zweiten Gruppe deutlich die der ersten Gruppe überstiegen. Innerhalb einer für die Kinder bedeutungsvollen Tätigkeit erhielten somit auch die Rechenaufgaben einen Sinn, so dass die Kinder sie verstanden und die erworbenen Fähigkeiten auch in anderen Kontexten anwenden konnten.

Die kindlichen Konzepte und intuitiven Theorien bildeten auch im mathematischen Teil des Curriculums den Ausgangspunkt. Kinder im Vorschulalter konzipieren Divisionsaufgaben in der Regel im Sinne des sozialen Teilens, bei dem jeder denselben Anteil erhält. So haben sie vielfach auch Schwierigkeiten, ungerade Zahlen aufzuteilen. Ihre Fähigkeiten, mit numerischen Problemen umzugehen, hängen allerdings maßgeblich davon ab, mit welchen Materialien sie es zu tun haben. So ist die Aufteilung eines Kuchens für Kinder im Vorschulalter eine sehr anschauliche und verständliche Aufgabe. In einer der Experimentalgruppen im Curriculum Pramlings sollten die Kinder einen Kuchen in 8 Stücke aufteilen. Einige Kinder teilten den ganzen Kuchen in 8 Stücke, während andere Kinder einen Teil des Kuchens in 8 Stücke teilten und kommentierten „Das ist übrig geblieben". Ein weiteres Kind markierte zunächst 8 Linien auf dem Kuchen, die zu ungleichen Stücken führten und unterteilte ihn schließlich in 9 Stücke. Die Erzieherin lenkte die Aufmerksamkeit der Kinder anschließend auf die unterschiedliche Art und Weise, mit der sich der Kuchen aufteilen lässt. Den Kindern wurden die verschiedenen Formen noch einmal demonstriert und sie wurden gefragt, wie sie die einzelnen Aufteilungen empfinden. Die verschiedenen Möglichkeiten wurden dann diskutiert. Es wurde keine beste Lösung präsentiert, sondern statt dessen akzeptiert, dass es realistisch ist, einen Kuchen in ungleiche Stücke aufzuteilen, weil manche Menschen mehr Kuchen essen als andere, oder dass ein Stück übrig bleibt.

Ebenfalls im mathematischen Teil des Curriculums erhielten die Kinder die Aufgabe, die Metamorphose des Schmetterlings aufzuzeichnen, die mit ihnen bereits zuvor behandelt worden war. Die Erzieherin forderte die Kinder dazu auf, gründlich darüber nachzudenken, in welcher *Ordnung* sie den Weg vom Ei bis zum Schmetterling darstellen wollten. Sie sollten es so tun, dass auch jemand, der die Metamorphose nicht kennt, verstehen kann, was sie darstellt. Nach dieser Aufforderung machten einige Kinder Zeichnungen von links nach rechts und erklärten, dass dies die Art sei, wie man auch schreibe. Andere Kinder verbanden die einzelnen Entwicklungsstadien mit Pfeilen, wieder andere ordneten die Entwicklungsstadien von oben nach unten an. Nur wenige Kinder konnten sich nicht an alle Entwicklungsstadien erinnern oder verstanden nicht, was eine Sequenz ist. Nachdem die Kinder ihre Darstellungen gezeichnet hatten, wurde in der ganzen Gruppe darüber gesprochen, auf welch unterschiedliche Weise man eine Ordnung oder einen Ablauf darstellen kann.

Einen ähnlichen Ansatz zum Verständnis mathematischer Zusammenhänge und Darstellungsformen, wie Pramling ihn in das metakognitive Curriculum integriert hat, hat auch van Oers (in Druck) in den Niederlanden entwickelt. Er beschreibt vergleichbare bedeutungshaltige Alltagszusammenhänge, in denen die Kinder lernen, gedanklich mit Zahlen umzugehen und mathematische Abbildungsformen zu finden. So haben beispielsweise zwei Mädchen mit Bauklötzen ein Schloss gebaut und erhalten von der Erzieherin, als sie es ihr zeigen, den Vorschlag, zu zählen, wie viele Bauklötze sie verwendet haben, damit sie auch später noch wissen, welche Formen und wie viele Klötzchen sie brauchen, um das Schloss noch einmal zu bauen. Die Mädchen entwickeln mit Hilfe der Erzieherin ein Histogramm, auf dem sie die verschiedenen Formen der Bauklötze und ihre Anzahl abtragen. Auch hier wird den Kindern die Bedeutung mathematischer Abbildungssysteme deutlich, aber im Unterschied zum Ansatz von Pramling fehlt im Curriculum von van Oers der metakognitive Aspekt, denn die Reflexionsphase, in der unterschiedliche Darstellungsformen verglichen und diskutiert werden, entfällt. Insofern vermittelt dieses Curriculum ebenfalls ein Verständnis für die Inhalte, weniger aber für die lernmethodischen Aspekte.

Naturwissenschaften

Der naturwissenschaftliche Teil des Curriculums zielte ebenfalls darauf ab, dass die Kinder verschiedene Formen des Denkens und ein Bewusstsein für ihre Lernprozesse entwickeln. Als Inhalte für ein naturwissenschaftliches Curriculum im Kindergarten schlägt Pramling zum Beispiel den ökologischen Zyklus, Wachstumsprozesse, die Unterscheidung zwischen belebten und unbelebten Objekten, die Jahreszeiten und jahreszeitliche Veränderungen in der Natur sowie die Zeit vor.

Eine Projektgruppe ging im Rahmen des Curriculums beispielsweise mit ihrer Erzieherin über eine Wiese, wo die Kinder die Aufgabe erhielten, mindestens fünf verschiedene Objekte zu sammeln, die sie mit in den Kindergarten nehmen sollten. Dort sollten sie die Objekte in belebte und unbelebte unterteilen und dann auf ein Blatt die belebten und auf ein anderes die unbelebten Objekte zeichnen. Im Anschluss daran sprachen die Kinder miteinander darüber, was sie denken, warum manche Dinge belebt und andere unbelebt sind.

Ein 5-jähriges Mädchen sagte beispielsweise: „Die Tasse ist lebendig, weil sie nicht zerbrochen ist. Der Birkensamen, Pilze, das Moos, die Eichenblätter und Farnblätter sind lebendig. Keins von den Dingen ist alt. [...] Der Bindfaden, der Griff und dieses Plastikfischding, die können sterben, aber ich weiß nicht, wie. Die sind von Menschen gemacht worden". Die Kinder hefteten ihre Zeichnungen an die Wand und stellten fest, dass manchmal dieselben Dinge von einigen Kindern als belebt eingestuft wurden, von anderen aber als unbelebt, so dass eine erneute Diskussion darüber entbrannte. Ein 6-jähriger Junge sagte beispielsweise: „Die Weidenblätter sind grün. Sie sind lebendig. Der Tannenzapfen ist tot. Er war lebendig, als er noch grün war und am Baum gewachsen ist. Das Korn war lebendig, als es noch grün war. Der Stock ist nicht lebendig, weil Stöcke nur lebendig sind, wenn sie am Baum sind. Die Vogelbeeren sind lebendig. Wenn sie verschrumpelt sind, sind sie tot."

Soziale Aspekte und die Gesellschaft

Der vierte Teil des Curriculums widmete sich der von Menschen gemachten Welt unter historischen, kulturellen und geographischen Gesichtspunkten. Als Inhalte für ein soziales Curriculum nennt Pramling Bereiche aus der Erfahrungswelt der Kinder wie Geschäfte (vgl. Pramling, 1991), Berufe, soziale Interaktion und Kooperation oder künstlerische Darstellungsformen. Ein Beispiel aus dieser Studie betrifft Veränderungen in der Gesellschaft. Die Kinder hatten zunächst verschiedene soziale Veränderungen und Fortschritte kennen gelernt und darüber diskutiert. Sie erhielten dann eine Aufgabe, über die zuvor noch nicht gesprochen worden war. Sie sollten in kleinen Gruppen herausfinden, wie die Menschen früher gewohnt haben und wie sie heute wohnen und dann alle Möglichkeiten, die ihnen einfielen, auf Karten zeichnen. Sie zeichneten Blockhütten, Iglus, moderne Häuser und erfanden selbst historische Hütten und Häuser. Am nächsten Tag betrachteten alle Kinder gemeinsam ihre Bilder und sprachen darüber, was sie denken, wie sich das Leben der Menschen verändert hat und wie sie selbst ihr Denken über früher und heute verändert haben.

Diese Beispiele geben einen Eindruck des metakognitiven Curriculums. Es ist ein offenes Curriculum, da es weder die angewandten Methoden noch die Inhalte im Einzelnen festlegt. Der Kern des Curriculums besteht darin, dass die Kinder die Inhalte, ihre Gedanken über die Inhalte und ihre Lernprozesse reflektieren.

5.6.3 Evaluation des erweiterten metakognitiven Curriculums

Veränderungen der Lernkonzepte

Die Evaluation des Projekts erbrachte wiederum die zu erwartenden Veränderungen in den Lernkonzepten der Kinder. In dieser Studie wurden nicht nur die Konzepte Tun und Wissen erhoben, sondern darüber hinaus das Bewusstsein der Kinder dafür, im Lesen, Schreiben und Rechnen etwas gelernt zu haben (➤ Tab. 6). Mehr als die Hälfte der Kinder, die mit der metakognitiven Methode begleitet wurden, sind sich nach einem Jahr dieser Lernfortschritte bewusst geworden; in der Vergleichsgruppe sind es nur 21 %. Nach zwei Jahren ist der Prozentsatz mit 64 % erneut leicht angestiegen. Auch das reifere Lernkonzept des Wissens ist in der Experimentalgruppe nach einem Jahr von 10 % auf ein Viertel der Kinder gewachsen. In der Kontrollgruppe liegt es nach einem Jahr auf dem Ausgangsniveau der Experimentalgruppe von 8 %, während die Kinder hier mehrheitlich mit 71 % noch dem Lernkonzept des Tuns anhängen. Nach zwei Jahren ist die Vorstellung des Lernens als Tun in der Experimentalgruppe sogar auf 0 % gesunken; die Kinder haben somit die kognitive Dimension des Lernens vollständig verinnerlicht.

	Projektbeginn			Projektende		
	Tun	Wissen	„3 R's"[8]	Tun	Wissen	„3 R's"
EG 1 Jahr[9]	73	10	16	17	24	55
EG 2 Jahre				0	36	64
KG				71	8	21

Tab. 6 Veränderung der Lernkonzepte in den Experimental- und der Kontrollgruppe (in Prozent; N = 115) (vgl. Pramling, 1996, p. 583, Fig. 25.3)

Die Kinder aus der metakognitiven Gruppe zeigen nicht nur einen Fortschritt in der Entwicklung ihrer Lernkonzepte, sondern darüber hinaus auch in ihrer Fähigkeit, Neues zu lernen. Zur Überprüfung ihrer Lernfähigkeiten war den Kindern ein Märchen vorgelesen worden. Für die Auswertung wurden die Antworten auf die Frage „Was kannst Du von dieser Geschichte lernen?" in fünf Kategorien unterteilt: 1. Lesen und Schreiben (zum Beispiel das ABC, die Fähigkeit zu lesen etc.), 2. die Geschichte als solche, 3. etwas über Geschichten (zum Beispiel dass sie nicht wahr sind, dass Bäume nicht wirklich sprechen können etc.), 4. Episoden der Geschichte (zum Beispiel wie man ein Boot baut, wie man Äpfel verkauft), 5. ein Verständnis für die Geschichte (ihre Moral, Werte etc.). Dieser letzte Aspekt spiegelt die reifste Antwort wider, denn in ihm scheint das Konzept des Lernens als Verstehen auf. Ein Kind antwortete zum Beispiel, man könnte lernen, dass man zweimal nachdenken sollte, bevor man etwas tut. Mit dieser Antwort geht das Kind über den konkreten Text hinaus und leitet eine Aussage ab, die im Text selbst nicht vorkommt; es entwickelt eine Interpretation und damit ein tieferes Verständnis für den Text. In der Experimentalgruppe war es ein Viertel der Kinder, das auf dieser Verständnisebene antworten konnte; in der Vergleichsgruppe waren es lediglich 5 %.

Neben den Lernkonzepten und den Lernpotentialen der Kinder wurden ihre Verstehensprozesse in den vier inhaltlichen Gebieten des Curriculums getestet.

---

8 „3R's" = Lesen, Schreiben, Rechnen; aus dem amerikanischen Sprachgebrauch: Reading, Writing, Arithmetic).

9 EG = Experimentalgruppe, KG = Kontrollgruppe; die Befunde der KG beziehen sich auf den Erhebungszeitpunkt nach einem Jahr.

Veränderungen im Bereich „Lesen und Schreiben"

In Bezug auf das Lesen und Schreiben wurden die Kinder gefragt, was sie annehmen, warum man lesen und schreiben lernen sollte. Die inhaltsanalytische Auswertung ergab drei Kategorien. In der 1. Kategorie sprechen die Kinder über die Tätigkeit des Lesens und Schreibens, in der 2. beispielsweise über zukünftige Erwartungen in der Schule und in der 3. und reifsten Kategorie darüber, dass man mit dem Lesen und Schreiben eine Botschaft vermitteln kann. Im Sinne der 3. Kategorie antworteten in Bezug auf das *Lesen* nach einem Jahr 50 % und nach zwei Jahren 64 % der Kinder aus der Experimentalgruppe. Aus der Vergleichsgruppe hatten diesen Zusammenhang nur 21 % der Kinder verstanden. In Bezug auf das *Schreiben* fällt die Differenz zwischen Experimental- und Kontrollgruppe noch deutlicher aus. 69 % bzw. 79 % haben nach einem bzw. zwei Jahren den tieferen Sinn des Schreibens verstanden, während es aus der Kontrollgruppe nur 18 % sind. Für die Mehrzahl der Kinder aus der Kontrollgruppe wird es somit zu Beginn der Schulzeit schwierig sein zu verstehen, warum sie das Lesen und Schreiben erlernen sollen.

Als die Kinder aufgefordert wurden, einen Brief an jemanden zu schreiben, konnten 19 % der Kinder aus der Experimentalgruppe nach einem Jahr und 47 % nach zwei Jahren ganze Sätze schreiben; während dies nur 8 % aus der Kontrollgruppe taten.

Veränderungen im Bereich „Zahlen, Zählen und Rechnen"

Zur Überprüfung des mathematischen Verständnisses wurden die Kinder zum einen aufgefordert, Probleme aus diesem Bereich zu lösen; zum anderen wurden sie nach ihren Vorstellungen vom Zählen und Rechnen gefragt. Eine Frage bezog sich zum Beispiel darauf, warum es nützlich ist, zählen zu können. Neben anderen Antworten, wurde als reifste das Verständnis der Kinder gewertet, dass sich verschiedene Alltagsprobleme, mit denen es die Kinder zu tun haben, durch Zählen lösen lassen. In der Experimentalgruppe zeigen 40 % der Kinder nach einem Jahr und 57 % nach zwei Jahren dieses Konzept. In der Kontrollgruppe waren sich demgegenüber nur 18 % der Bedeutung des Zählens im Alltag bewusst.

Darüber hinaus wurden den Kindern leichte Rechenaufgaben vorgegeben (wie zum Beispiel $2+7=\_\_$ oder $3+\_\_=7$), die in einfache, alltägliche Problemstellungen eingekleidet wurden. Auch hier schnitten die Kinder aus den Experimentalgruppen besser ab, die Ergebnisse fielen allerdings weniger deutlich aus als bei den anderen Aufgaben der Evaluation.

Eine deutliche Überlegenheit zeigten die Kinder der Experimentalgruppen allerdings wiederum bei einer Aufgabe, die als Ratespiel präsentiert wurde. Bei dieser Aufgabe wurden den Kindern – alle konnten bis neun zählen – zunächst 9 Knöpfe in einer zweigeteilten Schachtel präsentiert, dann wurde ein Teil der Knöpfe in den anderen Schachtelteil gelegt und die Kinder sollten „raten", wie viele Knöpfe in jedem Teil liegen. Diese Aufgaben konnten 60 % bzw. 67 % der Kinder aus der Experimentalgruppe und 32 % der Kinder aus der Kontrollgruppe richtig lösen.

Veränderungen im Bereich „Soziale Aspekte und die Gesellschaft"

Im Bereich Gesellschaft wurden den Kindern zwei Bildpaare vorgelegt, die die Themen „früher" und „heute" repräsentierten. Die Kinder wurden aufgefordert, diese Bilder zu beschreiben. Ein Bildpaar zeigte beispielsweise eine moderne Einbauküche und eine Küche mit Kohleofen aus der Anfangszeit des letzten Jahrhunderts. Aus der Experimentalgruppe hatten 81 % der Kinder spontan die Thematik der Bilder benannt, während es aus der Kontrollgruppe nur 26 % waren. Den Kindern, die die Thematik nicht erfasst hatten, wurde sie von der Interviewerin genannt. Es folgten tiefergehende Fragen, die auf die Ursachen der Veränderungen abzielten. Das reifste Konzept, das die Kinder äußerten, zeigte ein Verständnis dafür, dass sich die Gesellschaft entwickelt hat und neue Techniken erfunden worden sind. Aus den Experimentalgruppen nannten 57 % der Kinder dieses Konzept, aus der Kontrollgruppe demgegenüber nur 18 %. Die Kinder aus der Kontrollgruppe beschrieben mehrheitlich das Bild als solches (32 %; Experimentalgruppe nach einem Jahr: 5 %) oder nahmen keine Veränderung wahr (16 %; Experimentalgruppe nach einem Jahr: 2 %).

Veränderungen im Bereich „Naturwissenschaften"

Im Bereich Naturwissenschaften sollten die Kinder Bilder ordnen, um einen ökologischen Zyklus darzustellen. Die Kategorien, die das Verständnis der Kinder wiedergeben, lassen sich beschreiben als: 1. keine Beziehungen, 2. Tiere fressen andere Tiere und Pflanzen, 3. Prozesse biologischen Abbaus und 4. der ganze ökologische Zyklus. Aus den Experimentalgruppen konnten nach einem Jahr 59 % der Kinder alle Bilder in den Zyklus einordnen, während dies aus der Kontrollgruppe keinem Kind gelang.

Resümee

Die Ergebnisse zeigen, dass die Kinder durch das metakognitive Curriculum ein Bewusstsein für ihre Lernprozesse und für jene Basisfähigkeiten entwickeln, die sie anschließend in der Grundschule erwerben sollen. Pramling interpretiert ihre Befunde so, dass die Kinder nach einem Jahr ein deutlich entwickelteres Bewusstein zeigen und auch in den Basisfähigkeiten als solchen leicht überlegen sind. Diese leichte Überlegenheit scheint eine Grundlage für weitere Lernprozesse in den Basisfähigkeiten darzustellen, die nach einem weiteren Jahr im metakognitiven Curriculum ausgebaut werden.

Die Quintessenz der Studie besteht darin, dass der metakognitive Ansatz es den Kindern ermöglicht, sowohl ihre kognitiven als auch ihre metakognitiven Fähigkeiten zu entwickeln. Die Philosophie, die diesem Ansatz zugrunde liegt, zielt weniger darauf, den Kindern die Basisfähigkeiten, die sie in den ersten Klassenstufen erwerben sollen, bereits zu vermitteln, als vielmehr darauf, die Kinder die Bedeutung dieser Basisfähigkeiten entdecken zu lassen. Jedes Thema wird somit sowohl als solches, als auch unter dem metakognitiven Aspekt behandelt.

5.7 Implikationen des metakognitiven Ansatzes für die Praxis

5.7.1 Der Inhalt oder das Thema

Die Arbeit an bestimmten Inhalten oder Themen hat in der Kindergartenpädagogik eine lange Tradition. Mit dem „Monatsgegenstand" hat bereits 1870 Henriette Schrader-Breymann, eine Nichte Fröbels, ein themenzentriertes Konzept entwickelt, mit dessen Hilfe Kinder vor allem lernen sollten, sich über einen längeren Zeitraum auf ein Themengebiet zu konzentrieren, und das ihre intellektuellen Fähigkeiten so anregen sollte, dass sie gut auf die Schule vorbereitet werden (vgl. Kretcher, 1977). Im angloamerikanischen Sprachraum sind themenzentrierte Methoden als *Projektansätze* bekannt geworden, die im Wesentlichen auf Dewey (1916/1993) zurückgehen. Dabei geht es um eine längerfristige Untersuchung eines Gegenstandes, die von einer Gruppe oder manchmal auch von Einzelpersonen durchgeführt wird (Katz & Chard, 2000). Projektarbeit wird als nur ein Bestandteil der Kindergartenarbeit aufgefasst, nicht als Curriculum im umfassenden Sinne.

Eine der zentralen praktischen Fragen, die sich bei der thematischen Arbeit stellen, ist die nach der *Auswahl des Themas*. Im Gegensatz zum Situationsansatz, bei dem die Themen von den Kindern eingebracht werden (→ Kap. 2.5.3), ist dies im metakognitiven Ansatz keine entscheidende Bedingung. Es wird sogar als wenig bedeutsam angesehen, durch wen oder durch welches Ereignis ein Thema auftaucht. Wie das in Kapitel 5.6.2 vorgestellte Curriculum zeigt, werden den Kindern in der Arbeit nach dem metakognitiven Ansatz Themenstellungen durchaus vorgegeben. Viel entscheidender ist es, dass die konkrete Entwicklung des Themas in einem *gegenseitigen Austausch* zwischen Erzieherin und Kind stattfindet. Wer auch immer das Thema eingebracht hat – ein Kind oder die Erzieherin –, eine Idee wird nur dann zu einem Thema, wenn es die Gedanken und Interessen der Kinder entwickelt und aufgreift. Doverberg und Pramling (1996) illustrieren dieses *Prinzip der Gegenseitigkeit* an einem Beispiel, bei dem den Kindern ein Thema vorgegeben wurde.

Die Kinder bekamen die Aufgabe, den Ort, an dem sie leben, zu zeichnen, allerdings so, als ob sie ihn aus einem Hubschrauber sehen würden. Die Kinder begannen unmittelbar eine Diskussion darüber, was alles in die Zeichnung aufgenommen werden sollte, wie viele Reihen Häuser es gäbe, wie groß die Bäume aussehen sollten und Ähnliches. Der Arbeitsauftrag entwickelte sich nicht nur zu einer detailreichen Zeichnung, sondern auch zu einer phantastischen Geschichte mit verschiedenen Abenteuersequenzen. Es zeigte sich, dass die Kinder den Vorschlag begeistert aufnahmen, sich in die Arbeit vertieften und von sich aus ihre Arbeit auch nicht abbrechen wollten, als es dafür Zeit wurde. Diese positive Aufnahme von Seiten der Kinder macht deutlich, dass die Themenstellung an den Interessen der Kinder anknüpfte und richtig gewählt war. Dass sie nicht von einem Kind eingebracht worden war, spielte dabei keine Rolle. Wenn die Kinder Spaß an der Arbeit haben und konzentriert bei der Sache bleiben, ist dies prinzipiell ein Zeichen dafür, dass das Thema nach dem Prinzip der Gegenseitigkeit gewählt worden ist. Seitens der Erzieherin erfordert dies, dass sie sensibel auf die Kinder reagiert und ihre Äußerungen wahrnimmt. Wenn die Aufmerksamkeit der Kinder abschweift, ist es ihre Aufgabe, neue Impulse zu setzen oder sie möglicherweise auch zu einer anderen Tätigkeit hinzuführen.

Die Erfüllung des Prinzips der Gegenseitigkeit erfordert darüber hinaus von der Erzieherin, dass sie die Themen aus der Perspektive der Kinder betrachtet. Wenn sie zum Beispiel herausfindet, dass viele Kinder mit einem gewählten Thema bereits vertraut sind, gibt es keinen Grund, bei diesem zu bleiben. Den Ausgangspunkt für jedes Thema bilden immer die Kinder, ihre Gedanken und Ideen, nicht die Interessen der Erzieherin. Damit sie ein Thema adäquat anleiten und strukturieren kann, ist es notwendig, dass sie sich das notwendige Wissen über das Themengebiet aneignet. Doverberg und Pramling (1996) bezeichnen es als eine abzulehnende „romantische Vorstellung" (vgl. S. 120), dass die Erzieherin sich die Themen mit den Kindern gemeinsam zu eigen macht. Die Erzieherin sollte prinzipiell mehr zu dem Themengebiet wissen als die Kinder, wenn die Projektarbeit beginnt. Aber nicht nur die Inhalte sollten im Voraus genau geplant werden, sondern auch die Methoden und Medien, die in dem Projekt zum Einsatz kommen sollen. So sind zum Beispiel Ausflüge, Gäste oder Museumsbesuche beizeiten zu organisieren und Bücher sowie Bastelmaterialen bereits im Vorfeld zu besorgen.

5.7.2 Das Ziel des Projekts

Das Ziel der thematischen Arbeit ist ebenfalls ein Aspekt, der im Voraus beachtet werden sollte. Mit dem Ziel sind der Zweck und die Richtung des Projekts angesprochen. In den metakognitiven Projekten richten sich die Ziele immer auf die Verstehensprozesse der Kinder und den Erwerb kognitiver und metakognitiver Fähigkeiten. Weitergefasste Absichten, wie zum Beispiel „die Selbstständigkeit der Kinder fördern" oder „die Kinder mit ihrer Umgebung vertraut machen", sind keine Ziele im Sinne des metakognitiven Ansatzes. Es geht darum, das Verständnis der Kinder für einen Sachverhalt herzustellen oder zu verbessern und bestimmte Fähigkeiten zu fördern. Darüber hinaus ist das Ziel im Sinne der Verstehensprozesse aber auch inhaltlich einzugrenzen. Wenn beispielsweise das Thema „Der Weltraum" ausgewählt worden ist, so kann man nicht erwarten, dass die Kinder die Komplexität des Universums erfassen, sondern ein Ziel könnte darin bestehen, dass die Kinder das Verhältnis zwischen Sonne und Erde verstehen. Doverberg und Pramling (1996) sehen die Zielfindung und Eingrenzung als die für die Erzieherin schwierigsten Aspekte bei der metakognitiven Kindergartenarbeit an. Prinzipiell soll sich ihrer Auffassung nach, die Planung der Projektarbeit darauf richten, *was mit den Kindern geschehen soll*, nicht auf das Thema oder die damit verbundenen Aktivitäten. Es geht also darum, dass die Kinder beispielsweise Verständnis für einen bestimmten Zusammenhang entwickeln oder ein Prinzip verstehen.

In der weiter fortgeschrittenen Projektplanung hat die Erzieherin somit Klarheit darüber gewonnen, auf welche Konzepte oder Phänomene sich die Aufmerksamkeit der Kinder richten soll und welche Entwicklungsprozesse auf diese Weise gefördert werden sollen. Dafür sind entwicklungspsychologische Kenntnisse unumgänglich. Wie die Ausführungen über die intuitiven Theorien der Kinder in verschiedenen Wissensgebieten gezeigt haben (➤ Kap. 4.1), genügen hier nicht allein allgemeine entwicklungspsychologische Kenntnisse, wie sie sich beispielsweise in der Theorie Piagets widerspiegeln, stattdessen ist ein detailliertes Wissen über die Entwicklungsprozesse in einzelnen Inhaltsgebieten notwendig; die Erzieherin braucht diese Grundlage, um im Einzelfall zu entscheiden, was die Kinder verstehen können und welche Konzepte auf ihrem Entwicklungsniveau vorherrschen.[9]

In der praktischen Arbeit nach dem metakognitiven Ansatz setzt der Dialog mit den Kindern auf einer entwicklungspsychologischen Grundlage ein. Das Ziel dieses Dialogs besteht darin, die Fähigkeiten, das Wissen und die aktuellen Konzepte der Kinder diagnostisch zu erschließen. Die für die einzelne Gruppe und die individuellen Kinder passenden Ziele sind immer spezifisch zu wählen. Die Erzieherin sollte sich immer wieder die Frage stellen, durch welche Themenformulierung die einzelnen Ziele erreicht werden können und wie der aktuelle Wissensstand der Kinder in Bezug auf das Thema aussieht. Um die kindlichen Konzepte zu erschließen, sind Dialoge mit den Kinder notwendig, die im Einzelgespräch, in kleinen Gruppen oder als Diskussion in der Gesamtgruppe stattfinden können. Hilfreich sind ebenfalls Zeichnungen oder Bastelarbeiten der Kinder, die sie anschließend kommentieren und erklären, oder auch Rollenspiele oder freie Spielsequenzen, in denen die Kinder ihre Vorstellungen zu bestimmten Themen zum Ausdruck bringen.

Ein Beispiel dafür, wie sich die Konzepte der Kinder in Zeichnungen ausdrücken, wäre die Aufgabe zu zeichnen, wie Kartoffeln wachsen, wenn sie in die Erde gesteckt werden. Die Kinder erhalten erst die Aufgabe, die Kartoffel zu zeichnen, nachdem sie einen Tag in der Erde steckt, um dann ihren

---

9 Es sei noch einmal darauf hingewiesen, dass fundierte und auf wissenschaftlicher Empirie basierende Kenntnisse nicht durch individuelle Beobachtungen zu ersetzen sind. Wie die Forschungstradition im Gefolge der Theorie Piagets und ihre Revisionen zeigen, ist es nur auf der Basis eines entwicklungssensitiven Instrumentariums gepaart mit einem entsprechend elaborierten theoretischen Hintergrund möglich, die kognitiven Prozesse und Potenziale der Kinder zu erfassen. Doverberg und Pramling (1996) heben diesen Aspekt ihrem schwedischen Adressatenkreis gegenüber nicht in der Weise hervor, wie es in Deutschland notwendig erscheint. Denn die schwedische Ausbildung zur Vorschulpädagogin beruht auf einem sechssemestrigen Studium an einer Universität, das sich allein zwei Semester intensiv dem Studium der Entwicklungspsychologie widmet. Dazu kommen individuelle Schwerpunktthemen und ein Seminar in Forschungsmethoden, so dass die angehenden Vorschulpädagoginnen in die Lage versetzt werden, sich die entwicklungspsychologische Fachliteratur im Selbststudium zu erschließen (vgl. Oberhuemer & Ulich, 1997). Eine solche wissenschaftlich fundierte Ausbildung finden wir in Deutschland nicht vor; nur rund 3 % der in Kindergärten tätigen Erzieherinnen haben ein Hochschul- oder Fachhochschulstudium absolviert (vgl. Oberhuemer & Ulich, 1997, S. 93).

Zustand nach 3 Wochen zeichnerisch vorherzusagen. Es zeigt sich beispielsweise, dass manche Kinder denken, die Kartoffel als solche, nicht als Pflan-
ze, würde wachsen, so als würde sie anschwellen; andere Kinder denken, die
Kartoffel würde an die Oberfläche wandern und dort jeden Tag ein bisschen
wachsen. Parallel zu diesen Prognosen der Kinder wurden tatsächlich Kartoffeln in Blumentöpfe gesteckt. Wenn die ersten Kartoffelsprösslinge zu sehen
sind, werden die Kinder erneut aufgefordert, Bilder anzufertigen, und zwar
Bilder, die zeigen, wie man neue Kartoffeln erhält. Manche Kinder zeichnen
nun eine Art Baum, an dem Kartoffeln wachsen, andere denken noch immer
die Kartoffel als solche würde wachsen, so dass man sie in viele kleine Kartoffeln unterteilen kann. Auf diese Weise erhält die Erzieherin einen guten
Einblick in die Konzepte der Kinder.

Ein weiterer Schwerpunkt bei der Auswahl des Themas und der Zielsetzung
besteht darin festzulegen, wie der thematische Fokus lauten soll. Das Thema „Vögel" würde sich beispielsweise unterschiedlich gestalten, je nachdem,
ob die Kinder lernen sollen, Vogelarten zu bestimmen, verstehen sollen, wie
Vögel fliegen, oder ob sie Vögel als Teil des ökologischen Zyklus begreifen
sollen.

Der wesentliche Aspekt bei der Planung des Themas und des Ziels besteht
darin, das Vorverständnis der Kinder zu erfassen. Darauf aufbauend können
Problemstellungen aufgeworfen werden, so dass die Kinder die Gelegenheit
erhalten, sich ihre Gedanken bewusst zu machen und sich mit anderen darüber austauschen.

5.7.3 Die Struktur des Projekts

Auch bei der Entwicklung der Struktur eines metakognitiven Kindergarten-
projekts liegt der Schwerpunkt auf der Frage, welche Maßnahmen den Kindern helfen, zu reflektieren und neue Einsichten zu gewinnen. Die Erzieherin
sollte bereits im Vorfeld die Frage beantworten können, welche Verstehensprozesse gefördert werden sollen, also beispielsweise, dass die Kinder ein
allgemeines Prinzip begreifen sollen. Darauf aufbauend sollte die inhärente
Struktur des Themas als Grundlage der Arbeit sichtbar gemacht werden. Die
Idee, die hinter dem Prinzip liegt, besteht darin, dass jeder Versuch, das Verständnis für ein Phänomen zu verändern, die *Struktur* dieses Phänomens zum
Ausgangspunkt nehmen sollte.

Eine Möglichkeit, die Struktur sichtbar zu machen, besteht zum Beispiel darin, verschiedene Perspektiven zu isolieren, die ein System als Ganzes veran-

schaulichen. Ein Beispiel dafür sind komplexe soziale Gebilde, wie sie häufig in der Kindergartenarbeit behandelt werden, wie etwa das Theater, Geschäfte oder die Müllabfuhr. So lässt sich beispielsweise ein Geschäft aus der Sicht des Ladeninhabers und der Kundschaft darstellen, indem die Kinder ein Kindergartengeschäft eröffnen und beide Positionen einnehmen. Die Kinder bekommen auf diese Weise einen Einblick in das Gesamtsystem, aus dem sie wiederum Einzelphänomene bedeutungshaltig ableiten können. Eine typische Frage, die sich Kindergartenkindern stellt und die auch Grundschulkinder vielfach nicht beantworten können, besteht darin, was mit dem Geld in der Kasse geschieht (vgl. Pramling, 1991). Wenn die Kinder neben der ihnen eher bekannten Perspektive des Einkäufers auch die des Ladeninhabers kennen lernen, wird ihnen der Verwendungszweck des Geldes verständlich.

Ein weiteres Beispiel wären die verschiedenen Berufe – ebenfalls ein Thema, das in der Kindergartenarbeit häufig aufgegriffen wird. Eine Perspektive könnte sich auf deren Gemeinsamkeiten und Unterschiede richten: Welche Charakteristika haben alle Berufe gemeinsam und worin unterscheiden sie sich? Eine weitere Perspektive könnte sein, die Bedeutung und Funktion verschiedener Berufe für die Gesellschaft als Ganze zu verstehen und sie dementsprechend einzuordnen. Auch einzelne Berufe können unter bestimmten Gesichtspunkten zum Thema gemacht werden. Welcher Aspekt im Vordergrund steht, liegt in der Entscheidung der Erzieherin; wichtig ist in jedem Fall, die einzelnen Aspekte in ein Ganzes einzuordnen, so dass sie sich bedeutungshaltig aus dem Ganzen ableiten lassen und nicht isoliert nebeneinander stehen.

Erst wenn die Struktur und die Schwerpunktsetzungen in diesem Sinne klar geworden sind, werden methodische Entscheidungen darüber getroffen, auf welche Weise die Kinder an den einzelnen Themen arbeiten sollen. Entscheidend ist dabei immer, Situationen zu präsentieren, die zum einen Beispiele bereitstellen und die es den Kindern zum anderen gestatten, an ihrer Wissensbasis und ihrem Erfahrungshorizont anzuknüpfen. Doverberg und Pramling (1996) schlagen vor, mit den Kindern Analogien zu bilden, d. h. konkrete Situationen zu schaffen, die das allgemeine Prinzip, das die Kinder erlernen sollen, verdeutlichen.

Die Forschung zum Lernen durch Analogienbildung in den Vorschuljahren zeigt darüber hinaus, dass Kinder aus Beispielen am besten lernen, wenn sie die Begründungen kennen, warum ein Beispiel ein allgemeines Prinzip veranschaulicht. Ann Brown und Mary Jo Kane (1988) haben dies in einer Reihe experimenteller Untersuchungen gezeigt. Sie haben beispielsweise 4-jährigen Kindern biologische Problemstellungen in Form von Geschichten präsentiert.

Die Kinder sollten dabei das Prinzip der natürlichen Schädlingsbekämpfung (zum Beispiel Vögel, die bestimmte Insekten fressen) sowie das Prinzip der Mimikry erlernen. Dazu wurde ihnen zunächst erklärt, dass es Tiere gibt, die sich vor Feinden schützen, indem sie so aussehen, als seien sie selbst gefährlich (Mimikry), und dass es Tiere gibt, die gute Freunde der Menschen sind, weil sie Ungeziefer fressen. Für jedes Prinzip wurde ein Beispiel angeführt. Anschließend wurde den Kindern eine Problemgeschichte der folgenden Struktur präsentiert: a) Purpurschwalben sind Vögel, die gerne Mücken fressen und b) Purpurschwalben leben gerne in von Menschen gebauten Vogelhäusern. Dann wurde c) die Frage gestellt, wie ein Gärtner die lästigen Mücken loswerden könne. Eine Antwort, die die richtige Anwendung des Prinzips deutlich werden lässt, bestünde darin, dass das Kind sagt, der Gärtner solle ein Haus für die Purpurschwalben bauen.

Die Ergebnisse der Studie zeigen, dass die Kombination aus der Erklärung der Regel zusammen mit dem Beispiel zu besseren Analogiebildungen bei neuen Problemstellungen führt als das Beispiel allein oder die Regel allein. Die besten Ergebnisse erzielen die Kinder aber, wenn man sie selbst erklären lässt, warum ein Beispiel eine Regel illustriert. Für die Kindergartenarbeit zeigt diese Studie, dass Kindern allgemeine Prinzipien erklärt und illustrierende Beispiele genannt werden sollten und dass sie zusätzlich die Gelegenheit erhalten sollten, selbst und in eigenen Worten zu erklären, warum das Beispiel die Regel veranschaulicht. Dies können sie zum Beispiel tun, indem sie andere Kinder unterrichten. Auf diese Weise bildet sich ein allgemeines mentales Modell, das die Kinder auf neue, ähnlich strukturierte Problemsituationen anwenden können.

Die Studien veranschaulichen die Bedeutung der Reflexion, die eine für das Lernen wichtige Form der Metakognition darstellt und zeigen, dass Verstehensprozesse und ein Bewusstsein dafür, was man tut, für das Lernen und den Erwerb lernmethodischer Kompetenzen zentral sind. Die Kinder, die die Beispiele erklärt und selbst auf einer höheren Ebene ihre Gemeinsamkeiten gefunden haben, haben auch verstanden, was sie gelernt haben, und waren somit leicht zum Transfer in der Lage. Pädagogische Bedingungen, die die Kinder auffordern, über die Gemeinsamkeiten der zu lösenden Probleme zu sprechen oder sie anderen Kindern zu erklären, zeigen deutliche Verbesserungen in ihrer Fähigkeit zu lernen: Sie wenden ihre Aufmerksamkeit bei neuen Problemstellungen spontan den Gemeinsamkeiten zu.

Die Frage danach, welche Prinzipien man den Kindern vermitteln möchte, kann als ein wesentlicher Bestandteil der Strukturierung eines Themas angesehen werden. Lernen zielt immer auch auf die Anwendung des Gelernten außerhalb der Situation, in der gelernt wurde: auf Transfer also. Wie Brown und Kane (1988) hervorheben, können Kinder nur dann den Transfer des Gelernten zeigen, wenn sie etwas gelernt haben, das auch transferierbar ist. Es ist also nicht der Transfer als solcher, der erlernt werden kann, sondern die Anwendung von inhaltlich zu veranschaulichenden Prinzipien auf neue und ähnliche Problemsituationen.

5.7.4 Die Reflexionsphase

Im metakognitiven Ansatz ist während der Projektarbeit Reflexion ein integraler Bestandteil. Darüber hinaus sind aber spezifische Reflexionsphasen nach Abschluss einzelner Projektteile oder am Ende des ganzen Projekts vorgesehen. Diese abschließenden Reflexionsphasen dienen dazu, den Prozess, den die Kinder durchlaufen haben, erneut zu rekapitulieren und sich bewusst zu machen.

Eine Möglichkeit der abschließenden Reflexion besteht in einer Dokumentation des Projekts, die anderen Kindern oder Eltern präsentiert wird. Solche Dokumentationen können Fotoalben sein, die die Kinder selbst angefertigt haben, indem sie den Projektverlauf mit der Polaroid-Kamera begleitet und später gemeinsam zu einem Bildband zusammengefügt haben. Sie können auch in Bilderbüchern, Wandzeitungen oder Videoaufnahmen bestehen oder bei Projekten, in denen etwas angefertigt wurde, selbstverständlich in den Werken selbst. Die Kinder halten sich damit nicht nur den ganzen Prozess des Projekts noch einmal vor Augen und rekapitulieren ihre Lernfortschritte und die Lerninhalte. Ein solches Abschlusswerk führt zudem dazu, dass die Kinder auf ihre Leistungen stolz sind und sich der Gruppenzusammenhalt der Kinder festigt. Sofern jedes Kind seinen Beitrag zu diesem Werk leistet, wird die Identität der Kinder gestärkt und ihr Gefühl für Arbeitsteilung gefördert. Bruner (1996) sieht aus diesen Gründen in der Erstellung eines solchen gemeinsamen Werkes – er spricht von einem Œuvre – eine kulturschaffende Leistung. Es wird ein Werk geschaffen, das wie ein Kunstwerk oder eine wissenschaftliche Leistung einen eigenständigen Stellenwert und eine autonome Existenz erhält.

5.7.5 Die Erzieherin-Kind-Interaktion

Das kindliche Denken zu verstehen, ist eine wesentliche Voraussetzung für die Erzieherin, um mit den Kindern kooperieren zu können, zu planen und den Erfolg ihrer Arbeit zu bewerten. Insbesondere um der traditionellen pädagogischen Forderung, vom Kinde ausgehend zu agieren, gerecht werden zu können, ist es notwendig zu wissen, wie das Kind denkt, welche Inhalte es aktuell beschäftigen und welche Konzepte in seinem Denken vorherrschen. Dieses Wissen kann direkt für die Planung und Bewertung der Arbeit im Kindergarten herangezogen werden, wobei beide Komponenten – Planung und Bewertung – Hand in Hand gehen sollten, so dass die Erzieherin immer wieder ein Feedback bekommt, um ihr Vorgehen überprüfen zu können; denn Kinder verarbeiten die pädagogischen Angebote vielfach anders, als es den Erwachsenen vorschwebt.

Aus diesen Gründen befindet sich die Erzieherin im metakognitiven Ansatz in einem fortdauernden Dialog mit den Kindern. Es handelt sich dabei allerdings weniger um einen alltagssprachlichen Dialog, als um eine Art Interview, das die Erzieherin mit den Kindern führt. Sie leitet die Gespräche bewusst in eine Richtung, die ihr Aufschluss über das kindliche Denken erlaubt. Das Ziel besteht darin, die Kinder zu veranlassen, zum einen so viel wie möglich von der Art ihres Denkens preiszugeben, zum anderen ihr Wissen und die Inhalte ihres Denkens möglichst umfassend darzulegen. Die Methode ist eine Erweiterung des klinischen Interviews, mit dem Piaget gearbeitet hat, und vergleichbar mit den explorativen Interviewtechniken, die in der Forschung vielfach angewendet werden, um Sachverhalte in die Tiefe gehend ausloten zu können; denn die Art der Information, die Erwachsene über das kindliche Denken erhalten, hängt maßgeblich von den Methoden ab, die verwendet werden.

Resümee und Ausblick

Der metakognitive Ansatz und das Curriculum Pramlings zeigen eindrucks-voll, wie sowohl die lernmethodischen Kompetenzen als auch das Verständnis von Kindern im Vorschulbereich für die schulischen Basisfähigkeiten entwicklungsangemessen gefördert werden können. Der metakognitive Ansatz fördert das Bewusstsein der Kinder für ihre Lernprozesse und gibt ihnen damit die Möglichkeit, das Lernen selbst als bedeutsame und sinnvolle Kompetenz zu begreifen. Die Kinder entwickeln nicht nur ihr Konzept des Lernens fort – nämlich vom Konzept des „Lernens als Tun" zum Konzept des „Lernens als Wissen", womit Lernen als kognitive Tätigkeit begriffen wird –, sondern sie erwerben darüber hinaus die für alle effektiven und tiefgreifenden Lernprozesse entscheidende Haltung, ihre Aufmerksamkeit dem Lerngegenstand als solchem *und* ihren eigenen Verstehensprozessen zuzuwenden, sich dabei selbst zu steuern und zu kontrollieren. Die in Kindergärten wie auch in Schulen verbreitete Form, den Lernerfolg durch gezielte Fragen zu evaluieren, würde demgegenüber lediglich Oberflächenwissen erfassen und zu dem Bestreben führen, die Fragen der Erzieherin „richtig" zu beantworten. In verschulten oder wissensvermittelnden Lernarrangements interpretieren die Kinder die Lernsituation als eine Leistungssituation, in der sie ihr Wissen unter Beweis stellen sollen. In metakognitiven Lernarrangements werden sie dagegen aufgefordert, sich dem Gegenstand als solchem zu widmen – Ann Brown (1997) spricht in diesem Zusammenhang von „serious matters", die die Kinder um der Sache selbst willen motivieren – und Methoden der Wissensaneignung zu entwickeln.

Jedes Bildungskonzept oder Curriculum hat üblicherweise mindestens drei Zielsetzungen (z. B. Bredekamp & Rosegrant, 1992): Es ist ein Rahmen,
- der beschreibt, welche Inhalte Kinder lernen;
- der den Prozess kennzeichnet, durch den Kinder das definierte curriculare Ziel erreichen sollen;
- der vorgibt, was Lehrpersonen tun, damit die Kinder dieses Ziel erreichen.

In der aktuellen internationalen frühpädagogischen Diskussion werden Bildungskonzepte in der Regel als offene Curricula formuliert, d. h. sie sind weniger festgelegt als schulische Curricula und lassen den Erzieherinnen im Einsatz von Medien und Methoden mehr Entscheidungs- und Handlungsspielraum (vgl. Oberhuemer, 2002). Gleichwohl müssen auch im Elementarbereich Inhalte eingegrenzt, zielführende Prozesse beschrieben und die Aufgaben der Erzieherinnen konkretisiert werden, um von einem Bildungskonzept sprechen zu können. Alle drei Aspekte finden sich bei Pramling in ihrer zweiten Studie, so dass nicht nur von einem metakognitiven Ansatz, sondern gleichfalls von einem metakognitiven Curriculum – oder zumindest von einem Vorschlag für ein solches – gesprochen werden kann. Das Curriculum legt Inhaltsbereiche fest und beschreibt, mit welchen Methoden das Bewusstsein der Kinder für die Inhalte entwickelt werden kann. Dieser dritte Aspekt war von der Untersuchungsleiterin mit den Erzieherinnen in der zweiten Studie gemeinsam entwickelt worden; er stand also nicht a priori fest. Die Erzieherinnen wurden mit dem metakognitiven Ansatz vertraut gemacht, und es wurde ihnen die zugrunde liegende „Philosophie" vermittelt; die Umsetzung aber wurde ihnen übergeben, so dass sie flexibel auf die spezifische Situation und die einzelnen Kinder reagieren konnten.

Ein solches Vorgehen erscheint für den Kindergarten als unumgänglich, wenn die Elementarerziehung ihren spezifischen Charakter als nicht-schulische Einrichtung bewahren und die Kinder zugleich auf das schulische Lernen vorbereiten soll. Im Hinblick auf vorschulische Erziehungs- und Bildungspläne wäre vor diesem Hintergrund festzuhalten, dass erstens Inhalte spezifiziert werden sollten, die zum einen auf spätere schulische Lerngebiete ausgerichtet sind, und zum anderen auf entwicklungspsychologischen Grundlagen zur Entwicklung domänenspezifischen Wissens basieren. Darüber hinaus sollten zweitens Inhalte und Methoden verknüpft werden. Hier weist der metakognitive Ansatz den Weg, indem Reflexion und Sinnkonstruktion mit Inhaltsgebieten altersspezifisch verbunden werden. In den Vorschuljahren geht es weniger darum, bereits die Basisfähigkeiten als solche zu vermitteln und damit die Aufgaben der Grundschule vorzuziehen, sondern darum, bei den Kindern ein Verständnis für die Funktion und Bedeutung der Basisfähigkeiten aufzubauen. Darüber hinaus aber werden auch Konzepte der Kinder in Gebieten intuitiver Theorien gefördert, wie beispielsweise die Unterscheidung zwischen belebten und unbelebten Objekten oder die frühen Stufen des Schriftspracherwerbs. Die Themengebiete, die Pramling ausgewählt hat, sind weitgehend kongruent mit den privilegierten Wissensdomänen, die in Kapitel 4.2 ausgeführt worden sind und entsprechen im weitesten Sinne dem Kanon schulischer Bildungsinhalte.

Die Arbeit Pramlings ist vorwiegend als Forschungsarbeit zu verstehen; sie stellt kein etabliertes Curriculum für die Praxis dar. Sollte ein verbindlicher Bildungsplan entworfen werden, so erscheint es notwendig, auf der einen Seite einen Katalog von Inhalten bzw. Inhaltsgebieten zu bestimmen und auf der anderen Seite die Verknüpfung von Methoden und Inhalten weiter zu spezifizieren. Für den ersten Aspekt bieten die entwicklungspsychologischen Arbeiten zu den intuitiven Wissensgebieten der Kinder einen Ausgangspunkt, allerdings auch nur einen Ausgangspunkt. Denn eine Umsetzung in curriculare Konzepte kann niemals allein auf der Grundlage entwicklungspsychologischer Arbeiten erfolgen. Für den zweiten Aspekt, der Verknüpfung von

Methoden und Inhalten, ist das Curriculum Pramlings richtungsweisend. Die Interaktionen der Erzieherinnen zielen darauf, das Verständnis der Kinder für die fraglichen Sachverhalte und ihr Bewusstsein sowohl für den Gegenstand als auch für ihre Lernprozesse zu erhöhen.

Der metakognitive Ansatz wird insgesamt den Forderungen, die in den nationalen und internationalen Bildungsdiskussionen aufgeworfen wurden, umfassend gerecht. Die Kinder lernen Inhalte effektiver, weil sie ein Bewusstsein dafür entwickeln, was und warum sie lernen – der Sinn der Dinge erschließt sich ihnen –, und sie lernen, wie man lernt. Zu lernen, wie man lernt, der Erwerb lernmethodischer Kompetenzen, ist eine entscheidende Voraussetzung nicht nur für das nachfolgende schulische Lernen, sondern auch für die Fähigkeit, sich lebenslang immer wieder neues Wissen anzueignen. Der metakognitive Ansatz fördert lernmethodische Kompetenzen bereits im Kindergarten, indem er über den behandelten Inhalt hinaus die Struktur des Inhalts und die Lernprozesse selbst thematisiert. Alle drei Ebenen werden nicht nur praktisch umgesetzt, sondern auch von den Kindern reflektiert. Dieser Ansatz erlaubt es durch seine vielfältigen Anpassungsmöglichkeiten an die üblichen Methoden der Kindergartenarbeit, den traditionellen Gegensatz zwischen eher spielorientierten und eher schulorientierten Ansätzen zu überwinden und alte Konflikte der Pädagogik beizulegen. Metakognitive Lernarrangements bieten einen dritten Weg, der Lernen als Bestandteil des kindlichen Lebens auffasst und Methoden zur Gestaltung und Moderierung von Lernprozessen zur Verfügung stellt, mit denen Kinder effektiv, nachhaltig und mit Verständnis für das Lernen lernen.

Literatur

Aebli, H., Montada, L. & Schneider, U. (1968). Über den Egozentrismus des Kindes. Stuttgart: Klett.

Alvestad, M. & Pramling Samuelsson, I. (1999). A Comparison of the National Preschool Curricula in Norway and Sweden. *Early Childhood Research & Practice, 1* (2), 1–22.

Arbeitsstab Forum Bildung (Hrsg.) (2000). *Erster Kongress des Forum Bildung am 14. und 15. Juli in Berlin.* Bonn: Forum Bildung.

Arbeitsstab Forum Bildung (Hrsg.) (2001). *Ergebnisse des Forum Bildung. 1. Empfehlungen des Forum Bildung.* Bonn: Forum Bildung.

Aronson, E., Blaney, N., Stephan, C., Sikes, J. & Snapp, M. (1978). *The jigsaw classroom.* Beverly Hills, CA: Sage.

Artelt, C., Demmrich, A. & Baumert, J. (2001). Selbstreguliertes Lernen. In Deutsches PISA-Konsortium (Hrsg.), *PISA 2000. Basiskompetenzen von Schülerinnen und Schülern im internationalen Vergleich* (S. 271–298). Opladen: Leske + Budrich.

Astington, J. W. & Gopnik, A. (1988). Knowing you've changed your mind: Children's understanding of representational change. In J. W. Astington, P. L. Harris, D. R. Olson, (Eds.), *Developing theories of mind* (pp. 193–206). New York: Cambridge University Press.

Astington, J. W. & Gopnik, A. (1991). Theoretical explanations of children's understanding of the mind. *British Journal of Developmental Psychology, 9,* 7–31.

Baillargeon, R. (1986). Representing the existence and the location of hidden objects: Object permanence in 6- and 8-month-old infants. *Cognition, 23,* 21–41.

Baillargeon, R. (1987). Object permanence in 3½- and 4½-month-old infants. *Developmental-Psychology, 23,* 655–664.

Baillargeon, R. (1994). How do infants learn about the physical world? *Current Directions in Psychological Science, 3,* 133–140.

Baillargeon, R., Spelke, E. S. & Wasserman, S. (1985). Object permanence in 5 month old infants. *Cognition, 20,* 191–208.

Bartsch, K. & Wellman, H. M. (1995). *Children talk about the mind.* New York: Oxford University Press.

Bateson, C. (1975). Mother-infant exchanges. The epigenesis of conversational interaction. *Annals of the New York Academy of Sciences, 263,* 1001–113.

Baumert, J. (1998). Fachbezogenes-fachübergreifendes Lernen. Erweiterte Lern- und Denkstrategien. In Bayerisches Staatsministerium für Unterricht, Kultus, Wissenschaft und Kunst (Hrsg.), *Wissen und Werte für die*

Welt von morgen (S. 213–231). Dokumentation zum Bildungskongress des Bayerischen Staatsministeriums für Unterricht, Kultus, Wissenschaft und Kunst, München.

Baumrind, D. (1966). Effects of authoritative parental control on child behavior. *Child Development, 37*, 887–907.

Baumrind, D. (1991). Parenting styles and adolescent development. In J. Brooks-Gunn, R. Lerner & A. C. Petersen (Eds.), *The encyclopedia on adolescence* (pp. 746–758). New York: Garland.

Baumrind, D. & Black, A. E. (1967). Socialization practices associated with dimensions of competence in preschool boys and girls. *Child Development, 38* , 291–327.

Behrend, D. A., Rosengren, K. S. & Perlmutter, M. (1989). A new look at children's private speech: The effects of age, task difficulty, and parent presence. *International Journal of Behavioral Development, 12*, 305–320.

Behrend, D. A., Rosengren, K. S. & Perlmutter, M. (1992). The relation between private speech and parental interactive style. In R. M. Diaz & L. E. Berk (Eds.), *Private speech. From social interaction to self-regulation* (pp. 85–100). Hillsdale, NJ: Erlbaum.

Bell, D. (1975). *Die nachindustrielle Gesellschaft* (S. Summerer & G. Kurz, Übers.). Frankfurt a. M.: Campus. (Original erschienen 1973: The coming of the post-industrial society: A venture in social forecasting)

Ben-Zeev, T. & Star, J. (2001). Intuitive mathematics: Theoretical and educational implications. In B. Torf & R. J. Sternberg (Eds.), *Understanding and teaching the intuitive mind: Student and teacher learning* (pp. 29–55). Mahwah, NJ: Erlbaum.

Berger, P. L. & Luckmann, T. (1970). *Die gesellschaftliche Konstruktion der Wirklichkeit. Eine Theorie der Wissenssoziologie*. Frankfurt am Main: Fischer.

Berk, L. E. (1986). Relationship of elementary school children's private speech to behavioral accompaniment to task, attention, and task performance. *Developmental Psychology, 22*, 671–680.

Berk, L. E. (1992). Children's private speech: An overview of theory and the status of research. In R. M. Diaz & L. E. Berk (Eds.), *Private speech. From social interaction to self-regulation* (pp. 17–53). Hillsdale, NJ: Erlbaum.

Berk, L. E. (1994, November). Why children talk to themselves. *Scientific American*, pp. 78–83.

Berk, L. E. & Garvin, R. A. (1984). Development of private speech among low-income Appachlachian children. *Developmental Psychology, 20*, 271–286.

Berk, L. E. & Landau, S. (1993). Private speech of learning disabled and normally achieving children in classroom academic and laboratory contexts. *Child Development, 64*, 556–571.

Berk, L. E. & Potts, M. K. (1991). Development and functional significance of private speech among attention-deficit hyperactivity disordered and normal boys. *Journal of Abnormal Child Psychology, 19*, 357–377.

Berk, L. E. & Spuhl, S. T. (1995). Maternal interaction, private speech and task performance in preschool children. *Early Childhood Research Quarterly, 10*, 145–169.

Berk, L. E. & Winsler, A. (1995). *Scaffolding children's learning: Vygotsky and early childhood education*. Washington, DC: National Association for the Education of Young Children.

Bernhard, J. K., Corson, P., Gonzalez-Mena, J., Stairs, N. & Langford, R. (June 1996). *Culturally situated explorations of child development. A home visit project in an early childhood education preparation program*. Paper presented at the annual meeting of the Canadian Association for Researchers in Early Childhood Education, St. Catharines, Ontario.

Berzonsky, M. D. (1971). The role of familiarity in children's explanation of physical causality. *Child Development, 42*, 705–715.

Bivens J. A. & Berk, L. E. (1990). A longitudinal study of the development of elementary school children's private speech. *Merrill Palmer Quarterly, 36*, 443–463.

Bloch, M. N. (1992). Critical perspectives on the historical relationship between child development and early childhood education research. In S. Kessler & B. B. Swadner (Eds.), *Reconceptualizing the early childhood curriculum: Beginning the dialogue* (pp. 3–20). New York: Teachers College Press.

Bloom, K., Russel, A., Wassenberg, K. (1987). Turn-taking affects the quality of infant vocalization. *Journal of Child Language, 14*, 211–227.

Bloom, L. (1993). *The transition from infancy to language: Acquiring the power of expression*. Cambridge, GB: Cambridge University Press.

Bloom, L. (1998). Language acquisition in its developmental context. In R. S. Siegler & D. Kuhn (Eds.), *Handbook of child psychology, Vol. 2: Cognition, perception and language* (pp. 309–370). New York: Wiley.

Bodrova, E. & Leong, D. J. (1996). *Tools of the mind. The Vygotskian approach to early childhood education*. Englewood Cliffs, NJ: Prentice Hall.

Boekaerts, M. (1999). Self-regulated learning: Where are we today. *International Journal of Educational Research, 31*, 445–475.

Bornstein, M. H. & Tamis-Le-Monda, C. S. (1989). Maternal responsiveness and cognitive development in children. In M. H. Bornstein (Ed.), *Maternal responsiveness: Characteristics and consequences* (pp. 49–61). San Francisco: Jossey-Bass.

Bornstein, M. H. (1989). Between caretakers and their young: Two modes of interaction and their consequences for cognitive growth. In M. H. Bornstein & J. S. Bruner (Eds.), *Interaction in human development* (pp. 197–214). Hillsdale, NJ: Erlbaum.

Borsch, F., Jürgen-Lohmann, J. & Giesen, H. (2002). Kooperatives Lernen in Grundschulen: Leistungssteigerung durch den Einsatz des Gruppenpuzzles im Sachunterricht. *Psychologie in Erziehung und Unterricht, 49*, 172–183.

Bower, T. G. R. (1974). *Development in infancy*. San Francisco: Freeman.

Bransford, J. D., Brown, A. L. & Cocking, R. R. (1999). *How people learn. Brain, mind, experience, and school*. Washington, DC: National Academy Press.

Bransford, J. D. & Stein, B. S. (1993). *The IDEAL problem solver* (2nd ed.). New York: Freeman.

Bredekamp, S. (Ed.). (1987). *Developmentally appropriate practice in early childhood programs serving children from birth through age 8*. Washington, DC: National Association for the Education of Young Children.

Bredekamp S. & Copple, C. (Eds.). (1997). *Developmentally appropriate practice in early childhood programs* (revised ed.). Washington, DC: National Association for the Education of Young Children.

Bredekamp, S. & Rosegrant, T. (Eds.). (1992). *Reaching potentials: Appropriate curriculum and assessment for young children* (Vol. 1). Washington, DC: National Association for the Education of Young Children.

Bredekamp, S. & Rosegrant, T. (Eds.). (1995). *Reaching potentials: Transforming early childhood curriculum and assessment* (Vol. 2). Washington, DC: National Association for the Education of Young Children.

Broström, S. (1998). Kindergarten in Denmark and the USA. *Scandinavian Journal of Educational Research, 42*, 109–122.

Brown, A. L. (1978). Knowing when, where and how to remember: A problem of metacognition. In R. Glaser (Ed.), *Advances in instructional psychology* (Vol. 1) (pp. 77–165). Hillsdale, NJ: Erlbaum.

Brown, A. L. (1987). Metacognition, executive control, self-regulation, and other more mysterious mechanisms. In F. E. Weinert and R. H. Kluwe (Eds.), *Metacognition, motivation and understanding* (pp. 65–116). Hillsdale, NJ: Erlbaum.

Brown, A. L. (1997). Transforming schools into communities of thinking and learning about serious matters. *American Psychologist, 52*, 399–413.

Brown, A. L. & Campione, J. C. (1986). Psychological learning theory and the design of innovative learning environments: On procedures, principles, and systems. In L. Schauble & R. Glaser (Eds.), *Contributing of instructional innovation to understanding learning* (pp. 289–325). Hillsdale, NJ: Erlbaum.

Brown, A. L. & Campione, J. C. (1994). Guided discovery in a community of learners. In K. McGilly (Ed.), *Classroom lessons: Integrating cognitive theory and classroom practice* (pp. 229–227) Cambridge, MA: MIT Press.

Brown, A. L. Campione, J. C., Webber, L. S. & McGilly, K. (1992). Interactive learning environments – a new look at assessment and instruction. In. B. R. Gifford & M. C. O'Connor (Eds.), *Changing assessment: Alternative views of aptitude, achievement and instruction* (pp. 121–211). Boston: Kluwer.

Brown, A. L. & DeLoache, J. S. (1978). Skills, plans, and self-regulation. In R. S. Siegler (Ed.), *Children's thinking: What develops?* (pp. 3–36). Hillsdale, NJ: Erlbaum.

Brown, A. L. & Kane, M. J. (1988). Preschool children can learn to transfer: Learning to learn and learning from example. *Cognitive Psychology, 20,* 493–523.

Brown, A. L., Metz, K. E. & Campione, J. C. (1996). Social interaction and individual understanding in a community of learners: The influence of Piaget and Vygotsky. In A. Tryphon & J. Vonèche (Eds.), *The social genesis of thought* (pp. 145–170. East Sussex, UK: Psychology Press.

Brown, A. L. & Palincsar, A. S. (1989). Guided, cooperative learning and individual knowledge acquisition. L. B. Resnick (Ed.), *Knowing, learning, and instruction: Essays in honor of Robert Glaser* (pp. 393–451). Hillsdale, NJ: Erlbaum.

Bruner, J. (1970). *Der Prozess der Erziehung* (A. Harttung, Übers.). Berlin: Berlin Verlag. (Original erschienen 1960: The process of education)

Bruner, J. (1974). *Entwurf einer Unterrichtstheorie* (A. Harttung, Übers.). Berlin: Berlin Verlag. (Original erschienen 1966: Toward a theory of instruction)

Bruner, J. (1975 a). From communication to language. *Cognition, 3,* 255–287.

Bruner, J. (1975 b). The ontogenesis of speech acts. *Journal of Child Language, 2,* 1–19.

Bruner, J. (1981). *Under five in Britain*. Ypsilanti, MI: High Scope.

Bruner, J. (1983). *Child's talk: Learning to use language*. New York: Norton.

Bruner, J. (1985). On teaching thinking: An afterthought. In S. F. Chipman, J. W. Segal & R. Glaser (Eds.), *Thinking and learning skills (Vol. 2): Research and open questions* (pp. 597–608). Hillsdale, NJ: Erlbaum.

Bruner, J. (1987). *Wie das Kind sprechen lernt*. Göttingen: Huber.

Bruner, J. (1996). *The culture of education*. Cambridge, MA: Harvard University Press.

Bruner, J. E. & Haste, H. (1987). *Introduction*. In J. E. Bruner & H. Haste (Eds.), *Making sense. The child's construction of the world* (p. 1–25). London: Methuen.

Bryant, D. M. Burchinal, M., Lau, L. B. & Spaling, J. J. (1994). Family and classroom correlates of Head Start children's developmental outcomes. *Early Childhood Research Quarterly, 9*, 289–309.

Bryant, D. M., Peisner-Feinberg, E. S. & Clifford, R. M. (1993). *Evaluation of public preschool programs in North Carolina*. Chapel Hill, NC: Frank Porter Graham Child Development Center, University of North Carolina at Chapel Hill.

Bullock, M., Gelman, R. & Baillargeon, R. (1982). The development of causal reasoning. In W. J. Friedman (Ed.), *The developmental psychology of time* (pp. 209–254). New York: Academic Press.

Bundesministerium für Bildung und Forschung (1998 a). *Delphi-Befragung 1996/1998. Abschlußbericht zum „Bildungsdelphi"*. Bonn: Bundesministerium für Bildung und Forschung.

Bundesministerium für Bildung und Forschung (1998 b). *Delphi-Befragung 1996/1998. Integrierter Abschlußbericht. Zusammenfassung von Delphi I „Wissensdelphi" und Delphi II „Bildungsdelphi"*. Bonn: Bundesministerium für Bildung und Forschung.

Bundesministerium für Familie, Senioren, Frauen und Jugend (Hrsg.). (1998). *Bericht über die Lebenssituation von Kindern und die Leistungen der Kinderhilfen in Deutschland – Zehnter Kinder- und Jugendbericht – mit der Stellungnahme der Bundesregierung*. Bonn: Unterrichtung durch die Bundesregierung, Drucksache 11368.

Burts, D. C., Hart, C. H., Charlesworth, R., Fleege, P. O., Mosley, J. & Thomasson, R. H. (1992). Observed activities and stress behaviors of children in developmentally appropriate kindergarten classrooms. *Early Childhood Research Quarterly, 7*, 297–318.

Canfield , R. & Smith, E. G. (1996). Number based expectations and sequential enumeration by 5-month-old infants. *Developmental Psychology, 32*, 269–279.

Carew, J. V. (1980). Experience and the development of intelligence in young children at home and in day care. *Monographs of the Society for Research in Child Development, 45* (6–7, Serial No. 187).

Carey, S. (1985). *Conceptual change in childhood*. Cambridge, MA: MIT Press.

Carey, S. (1991). Knowledge acquisition: Enrichment or conceptual change? In S. Carey & R. Gelman (Eds.), *The epigenesis of mind. Essays on biology and cognition* (pp. 57–291). Hillsdale, NJ: Erlbaum.

Carey, S. & Gelman, R. (1991). *The epigenesis of mind. Essays on biology and cognition*. Hillsdale, NJ: Erlbaum.

Charlesworth, R. (1989). Behind before they start? *Young Children, 44* (3), 5–13.

Charlesworth, R. (1998). Developmentally appropriate practice is for everyone. *Childhood Education, 74*, 274–282.

Chi, M. T. H. (1978). Knowledge structure and memory development. In R. S. Siegler (Ed.), *Children's thinking. What develops?* (pp. 73–96). Hillsdale, NJ: Erlbaum.

Chi, M. T. H. & Klar, D. (1975). Span and rate of apprehension in children and adults. *Journal of Experimental Child Psychology, 19*, 434–439.

Chomsky, N. (1959). Review of B. B. Skinner: Verbal behavior. *Language, 35*, 26–58.

Chomsky, N. (1965). *Aspects of the theory of syntax*. Cambridge, MA: MIT Press.

Clarke-Stewart, K. A. (1987). Predicting child development from child care forms and features: The Chicago Study. In D. Phillips (Ed.), Quality in child care: What does the research tell us? (pp. 21–41). Washington, DC: National Association for the Education of Young Children.

Clarke-Stewart, K. A. & Gruber, C. P. (1984). Day care forms and features. In R. C. Ainslie (Ed.), The child and the day care setting (pp. 35–62). New York: Praeger.

Cobb, P. & Yackel, E. (1996). Constructivist, emergent, and sociocultural perspectives in the context of developmental research. *Educational Psychologist, 31*, 175–190.

Cognition and Technology Group at Vanderbilt [CTGV]. (1994). From visual word problems to learning communities: Changing conceptions of cognitive research. In K. McGilly (Ed.), *Classroom lessons: Integrating cognitive theory and classroom practice* (pp. 229–227) Cambridge, MA: MIT Press.

Cooley, C. H. (1970) *Human nature and the social order*. New York: Schocken. (Original erschienen 1902)

Cooper, R. G., Jr., Campbell, R. L. & Blevins, B. (1983). Numerical representation from infancy to middle childhood: What develops? In D. L. Rogers & J. A. Sloboda (Eds.), *The acquisition of symbolic skills* (pp. 523–533). New York: Plenum.

Cooper, R. P. & Aslin, R. N. (1990). Preference for infant directed speech in the first month after birth. *Child Development, 61*, 1584–1595.

Cowan, R. (1979). Performance in number conservation tasks as a function of the number of items. *British Journal of Psychology, 70-* 77–81.

CTGV (1990). Anchored instruction and its relationship to situated cognition. *Educational Researcher*, 19, 2–10.

CTGV (1993). Anchored instruction and situated cognition revisted. *Educational Technology, 33*, 52–70.

Cummings, E. H. (1980). Caregiver stability and day care. *Developmental Psychology, 16*, 31–37.

Dahrendorf, R. (1956). Industrielle Fertigkeiten und soziale Schichtung. *Kölner Zeitschrift für Soziologie und Sozialpsychologie, 8*, 540–568.

De Casper, A. J. & Fifer, W. P. (1980). Of human bonding: Newborns prefer their mother's voices. *Science, 208*, 1174–1176.

DeLoache, J. S. (1987). Rapid change in the symbolic functioning of very young children. *Science, 238*, 1556–1557.

DeLoache, J. S. (1991). Symbolic functioning in very young children: Understanding of pictures and models. *Child Development, 62*, 736–752.

DeLoache, J. S. (1995). Early understanding and use of symbols: The model model. Current *Directions in Psychological Science, 4*, 109–113.

DeLoache, J. S. & Brown, A. L. (1987). The early emergence of planning skills in children. In J. Bruner & H. Haste (Eds.), *Making sense: The child's construction of the world* (pp. 108–130). London: Methuen.

DeLoache, J. S. & Brown, A. L. (1997). Looking for Big Bird: Studies of memory in very young children. M. Cole, Y. Engestroem & O. Vasquez (Eds.), *Mind, culture, and activity: Seminal papers from the Laboratory of Comparative Human Cognition.* (pp. 79–89). Cambridge, UK: Cambridge University Press.

DeLoache, J. S. & Burns, N. M. (1994). Early understanding of the representational function of pictures. *Cognition, 52*, 83–110.

DeLoache, J. S., Kolstad, V. & Anderson, K. N. (1991). Physical similarity and young children's understanding of scale models. *Child-Development, 62*, 111–126.

DeLoache, J. S., Miller, K. F. & Pierroutsakos, S. L. (1998). Reasoning and problem solving. In R. S. Siegler & D. Kuhn (Eds.), *Handbook of child psychology, Vol. 2: Cognition, perception and language* (pp. 801–850). New York: Wiley.

DeLoache, J. S., Miller, K. F., Rosengren, K. S. (1997). The credible shrinking room: Very young children's performance with symbolic and nonsymbolic relations. *Psychological Science, 8*, 308–313.

DeLoache, J. S., Sugarman, S. & Brown, A. L. (1985). The development of error correction strategies in young children's manipulative play. *Child Development, 56*, 928–939.

Deutsches PISA-Konsortium (2000). *Schülerleistungen im internationalen Vergleich. Eine neue Rahmenkonzeption für die Erfassung von Wissen und Fähigkeiten.* Berlin: Max-Planck-Institut für Bildungsforschung.

Deutsches PISA-Konsortium (Hrsg.) (2001). *PISA 2000. Basiskompetenzen von Schülerinnen und Schülern im internationalen Vergleich.* Opladen: Leske & Budrich.

Dewey, J. (1993). Demokratie und Erziehung (E. Hylla, Übers.). Weinheim: Beltz. (Original erschienen 1916: Democracy and education)

Diaz, R.M. & Lowe, J.R. (1987). The private speech of young children at risk: A test of three deficit hypotheses. *Early Childhood Research Quarterly, 2,* 181–194.

Diaz, R.M., Neal, C. J & Vachio, A. (1991). Maternal teaching in the zone of proximal development: A comparison of low- and high-risk dyads. *Merrill Palmer Quarterly, 37,* 83–107.

Didi, H.J., Fay, E., Kloft, C. & Vogt, H. (1993). Einschätzungen von Schlüsselqualifikationen aus psychologischer Perspektive. Unveröffentlichtes Gutachten im Auftrag des Bundesinstituts für Berufsbildung. Bonn: Institut für Bildungsforschung.

Die Zeit (11/2001). Susanne Mayer: Eia und Popeia ist nicht genug. Verfügbar über http://www.zeit.de/2001/11/Kultur/200111_sm-kindheit.html [Zugriff: 01.07.2002].

Doherty, G. (1991). *Factors related to quality in child care: A review of the literature.* Ontario: Ontario Ministry of Community and Social Services, Child Care Branch.

Doherty, G. (1997). *Zero to six: The basis for school readiness.* Ottawa: Applied Research Branch, Human Resources Development Canada.

Doherty-Derkowski, G. (1995). *Quality matters: Excellence in early childhood programs.* Don Mills, Ontario: Addison-Weseley.

Dornes, M. (1993). *Der kompetente Säugling. Die präverbale Entwicklung des Menschen.* Frankfurt: Fischer.

Doverberg, E. & Pramling, I. (1993). *To understand children's thinking. Methods for interviewing children.* Reports from Department of Methodology, No. 5. University of Göteborg, Göteborg, Sweden.

Doverberg, E. & Pramling, I. (1996). *Learning and development in early childhood education.* Stockholm, Sweden: Liber.

Duffy, G.G., Roehler, L.R., Meloth, M.S., Vavrus, L.G., Book, C., Putnam, J. & Wesselman, R. (1986). The relationship between explicit verbal explanations during reading skill instruction and student awareness and achievement: A study of reading teacher effects. *Reading Research Quarterly, 21,* 237–252.

Dunn, J. (1988). *The beginnings of social understanding.* Cambridge, MA: Harvard University Press.

Dunn, J. (1993). Proximal and distal features of day care quality and children's development. *Early Childhood Research Quarterly, 8,* 167–192.

Dünow, T. (2000). Bericht aus der Arbeitsgruppe „Lernen des Lernens". In Arbeitsstab Forum Bildung (Hrsg.), *Erster Kongress des Forum Bildung am 14. und 15. Juli in Berlin* (S. 144–147). Bonn: Forum Bildung.

Dweck, C.S. (1991). Self-theories and goals: Their role in motivation, personality, and development. In R. Dienstbier (Ed.), *Nebraska Symposium on Motivation, 1990* (pp. 199–235). Lincoln: University of Nebraska Press.

Dyson, A. H, (1993). *Social worlds of children learning to write an urban primary school*. New York: Teachers College Press.

Elgas, P. M., Lynch, E., Hieronymus, B. & Moomaw, S. (1998). Inquiry learning and child development. In L. J. Johnson, M. J. LaMontagne, P. M. Elgas & A. M. Bauer (Eds.), *Early childhood education. Blending theory, blending practice* (pp. 135–148). Baltimore: Brookes.

Elgas, P. M., Rioux, K., Struewing, N. & Corkwell, C. (1998). Inquiry learning and curriculum planning. In L. J. Johnson, M. J. LaMontagne, P. M. Elgas & A. M. Bauer (Eds.), *Early childhood education. Blending theory, blending practice* (pp. 149–172). Baltimore: Brookes.

Elkind, D. (1986). Formal education and early childhood education: An essential difference. *Phi Delta Kappan, 67*, 631–636.

Elkind, D. (1989). Developmentally appropriate practice: Philosophical and practical limitations. *Phi Delta Kappan, 71*, 113–117.

Elkind, D. (2001). *Much too early*. Verfügbar über http://www.educationnext. org/20012/8elkind.html [Zugriff: 01.08.2002].

Elschenbroich, D. (2000). „Strahlende Intelligenz". Der Kindergarten als basale Bildungseinrichtung. In Arbeitsstab Forum Bildung (Hrsg.), *Erster Kongress des Forum Bildung am 14. und 15. Juli in Berlin* (S. 117–126). Bonn: Forum Bildung.

Elschenbroich, D. (2001). *Weltwissen der Siebenjährigen. Wie Kinder die Welt entdecken können*. München: Kunstmann.

Elschenbroich, D. & Schweitzer, O. (1999). *Das Rad erfinden. Kinder auf dem Weg in die Wissensgesellschaft*. Frankfurt: DJI-Filmproduktion.

Estes, D., Wellman, H. M. & Woolley, J. D. (1989). Children's understanding of mental phenomena. *Advances in Child Development and Behaviour, 22*, 41–87.

Fahrmeier, E. D. (1978). The development of concrete operations among the Hausa. *Journal of Cross-cultural Psychology, 9*, 23–44.

Feigenbau, P. (1992). Development of the syntactic and discourse structures of private speech. In R. M. Diaz & L. E. Berk (Eds.), *Private speech. From social interaction to self-regulation* (pp. 181–198). Hillsdale, NJ: Erlbaum.

Flavell, J. H. (1976). Metacognitive aspects of problem solving. In L. B. Resnick (Ed.), *The nature of intelligence* (pp. 231–235). Hillsdale, NJ: Erlbaum.

Flavell, J. H. (1979). Metacognition and cognitive monitoring: A new area of cognitive-developmental inquiry. *American Psychologist, 34*, 906–911.

Flavell, J. H., Everett, B. A., Croft, K. & Flavell, E. R. (1981). Young children's knowledge about visual perception: Further evidence for the Level 1 – Level 2 distinction. *Developmental Psychology, 17*, 99–103.

Flavell, J. H., Flavell, E. R., Green, F. L. & Moses, L, J. (1990). Young children's understanding of false beliefs versus value beliefs. *Child Development, 61,* 915–928.

Foerster, H. von (1996). *Wissen und Gewissen: Versuch einer Brücke*. Frankfurt am Main: Suhrkamp.

Forum Bildung (2000). *Kinder wissen, was sie wollen. Abschied von der klassischen Erziehung im Kindergarten*. Verfügbar über http://www.forumbildung.de/themen/tpl_t18.php3 [Zugriff: 25.5.2002].

Friesen, B. K. (1992). *A sociological examination of the effects of auspice on day care quality*. Calgary, Alberta: Department of Sociology, University of Calgary.

Fthenakis, W. E. (2000). Kommentar: Die (gekonnte) Inszenierung einer Abrechnung – zum Beitrag von Jürgen Zimmer. In W. E. Fthenakis & M. R. Textor (Hrsg.). *Pädagogische Ansätze im Kindergarten* (S. 115–131). Weinheim: Beltz.

Fthenakis, W. E. (2001). Viel Lärm um nichts? *Klein und Groß,* Heft 2, 7–14, 32–36.

Fthenakis, W. E. (2002). Der Bildungsauftrag in Kindertageseinrichtungen: ein umstrittenes Terrain. *Klein und Groß*, Heft 1, 24–27.

Fthenakis, W. E. & Eirich, H. (Hrsg.). (1998). *Erziehungsqualität im Kindergarten. Forschungsergebnisse und Erfahrungen*. Freiburg i. Br.: Lambertus.

Fthenakis, W. E. & Oberhuemer, P. (Hrsg.). (im Druck). *Curriculum International – Bildungsqualität im internationalen Vergleich*. Opladen: Leske & Budrich.

Fthenakis, W. E. & Textor, M. (Hrsg.). (2000). *Pädagogische Ansätze im Kindergarten*. Weinheim: Beltz.

Galinsky, E., Howes, C., Kontos, S. & Shinn, M. (1994). The study of children in family child care and relative care: Highlights of findings. New York: Families and Work Institute.

Gardner, H. (1991). *Abschied vom IQ: Die Rahmentheorie der vielfachen Intelligenzen*. Stuttgart: Klett-Cotta (Original erschienen 1983: Frames of Mind: The Theory of Multiple Intelligences).

Garvey, C. (1986). Peer relations and the growth of communication. In E. C. Mueller & C. R. Cooper (Eds.), *Process and outcome in peer relationships* (pp. 329–344). San Diego, CA: Academic Press.

Geary, D. C. (1995). Reflections of evolution and culture in children's cognition. *American Psychologist, 50,* 24–37.

Geertz, C. (1999). *Dichte Beschreibung. Beiträge zum Verstehen kultureller Systeme*. Frankfurt am Main: Suhrkamp.

Gelman, R. (1979). Preschool thought. *American Psychologist, 34,* 900–905.

Gelman, R. (1990). First principles organize attention to and learning about relevant data: Number and the animate-inanimate distinction as examples. *Cognitive Science, 14*, 79–106.

Gelman, R. & Cohen, M. (1988). Qualitative differences in the way Down's Syndrome and normal children solve a novel counting problem. In L. Nadel (Ed.), *The psychobiology of Down's Syndrome* (pp. 51–99). Cambridge, MA: MIT-Press.

Gelman, R. & Meck, E. (1986). The notion of principle: the case of counting. In J. Hiebert (Ed.), *Conceptual and procedural knowledge: The case of mathematics* (pp. 29–57). Hillsdale, NJ: Erlbaum.

Gelman, R. & Opfer, J. E. (in press). Development of the animate-inanimate distinction. In U. Goswami (Ed.), *Blackwell handbook of childhood cognitive development*. Malden, MA: Blackwell.

Gelman, R. (1972). Logical capacity of very young children: Number invariance rules. *Child Development, 43*, 75–90.

Gergely, G., Bekkering, H. & Kiraly, I. (2002). Developmental psychology: Rational imitation in preverbal infants. *Nature, 415*, 755.

Gerstenmaier, J. & Mandl, H. (1995). Wissenserwerb unter konstruktivistischer Perspektive. *Zeitschrift für Pädagogik, 41*, 867–888.

Gerstenmaier, J. & Mandl, H. (2000). *Konstruktivistische Ansätze in der Psychologie* (Forschungsbericht Nr. 123). München: Ludwig-Maximilians-Universität, Lehrstuhl für Empirische Pädagogik und Pädagogische Psychologie.

Gestwicki, C. (1995). *Developmentally appropriate practice: Curriculum and development in early education*. Albany: Delmar.

Gestwicki, C. (1999). *Developmentally appropriate practice: Curriculum and development in early education* (2nd ed.). Albany: Delmar.

Glasersfeld, E. von (1996). *Radikaler Konstruktivismus. Ideen, Ergebnisse, Probleme*. Frankfurt am Main: Suhrkamp.

Goehlman, H. & Pence, A. (1987). Some aspects of the relationships between family structure and child language development in three types of day care. In D. Peters & S. Kontos (Eds.), Annual advances in applied developmental psychology, Vol. 2: Continuity and discontinuity in child care (pp. 129–146). Norwood, NJ: Ablex.

Golden, M., Rosenbluth, L., Grossi, M. T., Policare, H. J., Freeman, H. Jr. & Brownlee, E. M. (1978). *The New York City Infant Day Care Study*. New York: Medical and Health Research Association of New York City.

Greeno, J. G., Smith, D. R. & Moore, C. (1993). Transfer of situated learning. In D. K. Detterman & R. J. Sternberg (Eds.), *Transfer on trial: Intelligence, cognition, and instruction* (pp. 1–24. Norwod, NJ: Ablex.

Griffin, S. A., Case, R., Siegler, R. S. (1994). Rightstart: Providing the central conceptual prerequisites for first formal learning of arithmetic to students at risk for school failure. McGilly, K. (Ed), *Classroom lessons: Integrating cognitive theory and classroom practice* (pp. 25–49). Cambridge, MA: MIT Press.

Harms, T. & Clifford, R. M. (1980). The early childhood environment rating scale. New York: Teachers College Press.

Harms, T. & Clifford, R. M. (1982). The day care home environment rating scale. New York: Teachers College Press.

Hart, C. H., Burts, D. C. & Charlesworth, R. (1997). Integrated developmentally appropriate curriculum: From theory and research to practice. In C. H. Hart, D. C. Burts & R. Charlesworth (Eds.), *Integrated curriculum and developmentally appropriate practice* (pp. 1–27). New York: State University of New York Press.

Hartmann, W., Stoll, M., Chisté, N., Hajscan, M. (2000). *Bildungsqualität im Kindergarten. Transaktionale Prozesse, Methoden, Modelle.* Wien: öbv&hpt.

Hasselhorn, M. (1998). Metakognition. In D. H. Rost (Hrsg.), *Handwörterbuch Pädagogische Psychologie* (S. 348–351). Weinheim: Psychologie Verlags Union.

Hasselhorn, M. (1992). Metakognition und Lernen. In G. Nold (Hrsg.), *Lernbedingungen und Lernstrategien. Welche Rolle spielen kognitive Verstehensstrukturen* (S. 35–63). Tübingen: Narr.

Hasselhorn, M., Hager, W. & Baving, L. (1989). Zur Konfundierung metakognitiver und motivationaler Aspekte im Prädiktionsverfahren. *Zeitschrift für experimentelle und angewandte Psychologie*, 36, 31–41.

Hatano, G. & Inagaki, K. (1994). Young children's naive theory of biology. *Cognition, 50*, 171–188.

Hatano, G., Siegler, R. S., Richards, D. D., Inagaki, K., Stavy, R. & Wax, N. (1993). The development of biological knowledge: A multi-national study. *Cognitive Development, 8*, 47–62.

Helburn, S. (1995). (Ed.). *Cost, quality and child outcomes in child care centres.* Technical report. Denver, Colorado: Department of Economics, Center for Research in Economics, University of Colorado at Denver.

Heller, E. (1998). Kindersituationen. In W. E. Fthenakis & H. Eirich (Hrsg.), *Erziehungsqualität im Kindergarten* (S. 60–64). Freiburg/Br.: Lambertus.

Helm, J. H., Beneke, S. & Steinheimer, K. (1998). *Windows on learning. Documenting young children's work.* New York: Teachers College Press.

Hirschfeld, L. A. & Gelman, S. A. (1994). Mapping the mind: Domain specificity in cognition and culture. New York: Cambridge University Press.

Hirsh-Pasek, K., Hyson, M. & Rescoria, L. (1990). Academic environments in preschool: Do they pressure of challenge young children? *Early Education and Development, 1*, 401–423.

Holloway, S. D. & Reichhart-Erikson, M. (1988). The relationship of day care quality to children's free-play behavior and social problem-solving skills. *Early Childhood Research Quarterly, 3*, 39–53.

Howes, C. (1990). Can the age of entry into child care and the quality of child care predict adjustment in kindergarten? *Developmental Psychology, 26*, 292–303.

Howes, C. & Hamilton, C. E. (1993). The changing experience of child care. Changes in teachers and teacher-child relationships. *Early Childhood Research Quarterly, 8*, 15–32.

Howes, C., Smith, E. & Galinsky, E. (1995). *The Florida Child Care Improvement Study*. New York: Families and Work Institute.

Howes, C. & Stewart, P. (1987). Child's play with adults, toys and peers: An examination of family and child care influences. *Developmental Psychology, 23*, 423–430.

Hughes, M. & Donaldson, M. (1979). The use of hiding games for studying the co-ordination of viewpoints. *Educational Review, 31*, 133–140.

Huppertz, N. (1995). Situationsansatz – Zauberformel oder mehr? *Kindergarten heute, 25*, Heft, 1, 50–51.

Inagaki, K. & Hatano, G. (1996). Young children's recognition of commonalities between animals and plants. *Child Development, 67*, 2823–2840.

Isenberg, J. & Quisenberry, N. (1988). Play. A necessity for all children. *Childhood Education, 64* (3), 138–145.

Jipson, J. (1991). Developmentally appropriate practice: Culture, curriculum, connections. *Early Education and Development, 2*, 120–136.

John-Steiner, V. (1992). Private speech among adults. In R. M. Diaz & L. E. Berk (Eds.), *Private speech. From social interaction to self-regulation* (pp. 285–296). Hillsdale, NJ: Erlbaum.

John-Steiner, V. & Mahn, H. (1996). *Sociocultural approaches to learning and development*. Educational Psychologist, 31, 191–206.

Jonassen, D. H. (1994). Thinking technology: Toward a constructivist design model. *Educational Technology, 34* (4) 34–37.

Jusczyk, P. W., Cutler, A. & Redanz, J. J. (1993). Infants' preference for the predominant stress patterns of English words. *Child Development, 64*, 675–687.

Jusczyk, P. W., Hirsch-Pasek, K., Kemler Nelson, D., Kennedy, L. J., Woodward, A. & Piwoz, J. (1992). Perception of acoustic correlates of major phrasal units by young infants. *Cognitive-Psychology, 24*, 252–293.

Kagan, S. L. & Cohen, N. E. (Eds.). (1996). *Reinventing early care and education: A vision for a quality system*. San Francisco: Jossey-Bass.

Kagitcibasi, C. (1996). *Family and human development across cultures: A view from the other side*. London: Erlbaum.

Karmiloff-Smith, A. (1979).Problem solving construction and representations of closed railway circuits. *Archives of Psychology, 47*, 37–59.

Karmiloff-Smith, A. (1992). *Beyond modularity*. Cambridge, MA: MIT Press.

Katz, L. (1984, July). The professional early childhood teacher. *Young Children*, 39 (5), 3–10.

Katz, L. (1996). Child development knowledge and teacher preparation: Confronting assumptions. *Early Childhood Research Quarterly, 11*, 135–146.

Katz, L. G. & Chard, S. C. (2000). Der Projekt-Ansatz. In F. E. Fthenakis & M. R. Textor (Hrsg.), *Pädagogische Ansätze im Kindergarten* (S. 209–223). Weinheim: Beltz.

Kessler, S. A. (1991). Early childhood education as development. *Early Childhood Research Quarterly. 2*, 137–152.

Kister, M. C. & Patterson, C. J. (1980). Children's conceptions of the causes of illness: Understanding of contagion and use of immanent justice. *Child Development, 51*, 839–849.

Klafki, W. (1959). *Das pädagogische Problem des Elementaren und die Theorie der kategorialen Bildung*. Weinheim: Beltz.

Klahr, D. & Wallace, J. G. (1976). *Cognitive development: An information processing view*. Hillsdale, NJ: Erlbaum.

Knauf, H. (2002). Das Konzept der Schlüsselqualifikationen und seine Bedeutung für die Hochschule. Universität Bielefeld, unveröffentlichtes Manuskript.

Kohlberg, L., Yaeger, J, Hjertholm, E. (1968). Private speech: Four studies and a review of theories. *Child Development, 39*, 691–736.

Kontos, S. & Fiene, R. (1987). Quality, compliance with regulations and children's development: The Pennsylvania Study. In D. Phillips (Ed.), *Quality in child care: What does the research tell us?* (pp. 57–59). Washington, DC: National Association for the Education of Young Children.

Kostelnik, M. J. (1993). Recognizing the essentials of developmentally appropriate practice. *Child Care Information Exchange*, 90, 73–77.

Krappmann, L. (1995). Reicht der Situationsansatz? Nachträgliche und vorbereitende Gedanken zu Förderkonzepten im Elementarbereich. *Neue Sammlung, 35*, Heft 4, 109–124.

Krappmann, L. (1999). Die Lebenssituation von Kindern. *Welt des Kindes, Nr. 3*, 29–31.

Krenz, A. (1992). *Der „Situationsorientierte Ansatz" im Kindergarten. Grundlagen und Praxis*. Freiburg: Herder.

Krenz, A. (1995). Der „Situationsorientierte Ansatz" setzt sich für eine kindorientierte Partizipationspädagogik ein. *Kindergarten heute, 25*, Heft 3, 44–46.

Kretcher, M. (1977). *Die Bedeutung Henriette Schrader-Breymanns für die Entwicklung des Volkskindergartens*. Berlin: Volk und Wissen.

Krogh, S. L. (1997). How children develop and why it matters. The Foundation for the developmentally appropriate integrated early childhood curriculum. In C. H. Hart, D. C. Burts & R. Charlesworth (Eds.), *Integrated curriculum and developmentally appropriate practice* (pp. 29–48). New York: State University of New York Press.

Küppers, H. (1995). Die Umsetzung des Situationsansatzes ist schwierig. *Kindergarten heute, 25*, Heft 3, 47.

Laewen, H.-J. (1999). Zum Bildungsauftrag von Kindertageseinrichtungen. In Ministerium für Bildung, Jugend und Sport des Landes Brandenburg (Hrsg.), *Auf dem Weg zu einem Bildungsauftrag von Kindertageseinrichtungen*. Potsdam.

Laewen, H.-J. (2000). Referat zur Abschlußtagung des Projekts. *Fachtagung INFANS Berlin und Brandenburg*, Berlin, 2. und 3. Mai 2000.

Laewen, H.-J. (2002). Die Selbstbildung des Kindes fördern. Zum Verhältnis von Bildung und Erziehung in Kindertageseinrichtungen. *Klein und Groß*, Heft 1, 16–23.

Laewen, H.-J. & Andres, B. (2002 a). *Bildung und Erziehung in der frühen Kindheit. Bausteine zum Bildungsauftrag von Kindertageseinrichtungen*. Weinheim: Beltz.

Laewen, H.-J. & Andres, B. (2002 b). *Forscher, Künstler, Konstrukteure. Werkstattbuch zum Bildungsauftrag von Kindertageseinrichtungen*. Neuwied: Luchterhand.

Laewen, H.-J. & Andres, B. (2002 c). Arbeitsblätter. In H.-J. Laewen & B. Andres (2002 b). *Forscher, Künstler, Konstrukteure. Werkstattbuch zum Bildungsauftrag von Kindertageseinrichtungen* (S. 109–197). Neuwied: Luchterhand.

Lagerstee, M., Pomerleau, A., Malcuit, G. & Feider, H. (1987). The development of infants' response to people and a doll: Implications for research in communication. *Infant Behavior and Development, 10*, 81–95.

Lankes, E.-M. (2000). Lebenslanges Lernen in der Grundschule. In Arbeitsstab Forum Bildung (Hrsg.), *Erster Kongress des Forum Bildung am 14. und 15. Juli in Berlin* (S. 138–143). Bonn: Forum Bildung.

Lempers, J. D., Flavell, E. R. & Flavell, J. H. (1977). The development in very young children of tacit knowledge concerning visual perception. *Genetic Psychology Monographs, 95*, 3–53.

Light, P. & Perret-Clermont, A. (1989). Social context effects in learning and testing. In A. R. H. Gellatly, D. Rogers & J. Sloboda (Eds.), *Cognition and social worlds* (pp. 99–112). Oxford: Clarendon.

Lubeck, S. (1996). Deconstructing „child development knowledge" and „teacher preparation". *Early Childhood Research Quarterly, 11*, 147–167.

Lück, G. (2000). Naturwissenschaften im frühen Kindesalter: Untersuchungen zur Primärbegegnung von Kindern im Vorschulalter mit Phänomenen der unbelebten Natur. Münster: Lit.

Lück, G. (2001). Leichte Experimente für Eltern und Kinder (2. Aufl.). Freiburg i. Br.: Herder.

Mähler, C. (1999). Naive Theorien im kindlichen Denken. *Zeitschrift für Entwicklungspsychologie und Pädagogische Psychologie, 31*, 53–66.

Mandler, J. M. & McDonough, L. (1993). Concept formation in infancy. *Cognitive Development, 8*, 291–318.

Manning, B. H. & White, C. S. (1990). Task-relevant private speech as a function of age and sociability. *Psychology in the Schools, 27*, 365–372.

Manning, B. H., White, C. S. & Daugherty, M. (1994). Young children's private speech as a precursor to metacognitive strategy use during task engagement. *Discourse Processes, 17*, 191–211.

Markl, H. (1998). Bildung für die Welt von morgen. In Bayerisches Staatsministerium für Unterricht, Kultus, Wissenschaft und Kunst (Hrsg.), *Wissen und Werte für die Welt von morgen*. Dokumentation zum Bildungskongress des Bayerischen Staatsministeriums für Unterricht, Kultus, Wissenschaft und Kunst, 29./30. April 1998 in der Ludwig-Maximilians-Universität, München (S. 39 – 65). München.

Markman, E. M. & Seibert, J. (1976). Classes and collections: Internal organization and resulting holistic properties. *Cognitive Psychology, 8*, 561–577.

Marton, F. & Booth, S. (1996). The learner's experience of learning. In D. R. Olson & N. Torrance (Eds.), *The handbook of education and human development* (pp. 534–564). Malden, MA: Blackwell.

Masangkay, Z. S., McCluskey, K. A., McIntyre, C. W., Sims-Knight, J., Vaughn, B. E. & Flavell, J. H. (1974). The early development of inferences about the visual percepts of others. *Child Development, 45*, 357–366.

Maslach, C. & Pines, A. (1977). The burn-out syndrome in the day care setting. *Child Care Quarterly, 6*, 100–113.

Massey, C. & Gelman, R. (1988). Preschoolers decide whether pictured unfamiliar objects can move themselves. *Developmental Psychology, 24*, 307–317.

Matas, L., Arend, R. A. & Sroufe, L. A. (1978). Continuity of adaption in the second year: The relationship between quality of attachment and later competence. *Child Development, 49*, 547–556.

Maturana, H. & Varela, F. (1987). *Der Baum der Erkenntnis. Die biologischen Wurzeln des menschlichen Erkennens*. Bern: Scherz.

McCartney, K. (1984). Effect of quality of day care environment on children's language development. *Developmental Psychology, 20*, 244–260.

McGarrigle, J. & Donaldson, M. (1974–1975). Conservation accidents. *Cognition, 3*, 341–350.

Mead, G. H. (1974). *Mind, self, and society. From the standpoint of a social behaviorist*. Chicago: Chicago University Press. (Original erschienen 1934).

Mehler, J. & Christophe, A. (1995). Maturation and learning of language in the first year of life. In M. S. Gazzaniga (Ed.), *The cognitive neurosciences*. (pp. 943–954). New York: Norton.

Mehler, J., Jusczyk, P., Lambertz, G., Halsted, N., Bertoncini, J. & Amiel-Tison, C. (1988). A precursor of language acquisition in young infants. *Cognition, 29*, 143–178.

Meins, E. & Fernyhough, C. (1999). Linguistic acquisitional style and mentalising development: The role of maternal mind-mindedness. *Cognitive Development, 14*, 363–380.

Melhuish, E. C., Mooney, A., Martin, S. & Lloyd, E. (1990). Types of childcare at 18 months: Differences in interactional experience. *Journal of Child Psychology and Psychiatry*, 31, 849–859.

Meltzoff, A. N. (1988). Infant imitation after a 1-week delay. Long-term memory for novel acts and multiple stimuli. *Developmental Psychology, 24*, 470–476.

Meltzoff, A. N. (1999). Born to learn: What infants learn from watching us. In N. Fox & J. G. Worhol (Eds.), *The role of early experience in infant development* (pp. 145–164). Skillman, NJ. Pediatric Institute Publications.

Meltzoff, A. N. & Moore, M. K. (1977). Imitation of facial an manual gestures by human neonates. *Science, 198*, 75–78.

Meltzoff, A. N. & Moore, M. K. (1983). Newborn infants imitate adult facial gestures. *Child Development, 54*, 702–709.

Meltzoff, A. N. & Moore, M. K. (1989). Imitation in newborn infants: Exploring the range of gestures imitated and the underlying mechanisms. *Developmental Psychology, 25*, 954–962.

Meltzoff, A. N. & Moore, M. K. (1997). Explaining facial imitation: A theoretical model. *Early Development and Parenting, 6*, 179–192.

Mertens, D. (1991). Schlüsselqualifikationen. Thesen zur Schulung für eine moderne Gesellschaft In F. Buttler & L. Reyher (Hrsg.): *Wirtschaft – Arbeit – Beruf – Bildung. Dieter Mertens: Schriften und Vorträge 1968 bis1987* (Beiträge zur Arbeitsmarkt- und Berufsforschung, 110, 559–572). Nürnberg: Institut für Arbeitsmarkt- und Berufsforschung der Bundesanstalt für Arbeit. (Original erschienen 1974).

Miegel, M. (2001). Von der Arbeitskraft zum Wissen. Merkmale einer gesellschaftlichen Revolution. Merkur, *55 (3), 203–210*.

Miller, P. (1993). Theorien der Entwicklungspsychologie (A. Hildebrandt-Essig, Übers.). Heidelberg: Spektrum. (Original erschienen 1983: Theories of developmental psychology).

Moss, P. & Pence, A. R. (Eds.). (1994). Valuing quality in early childhood services, New York: Teachers College Press.

NAESP. (1990). *Early childhood education and the elementary school principal: Standards for quality programs for young children. Alexandria*, VA: NAESP.

NAEYC Position Statement. (1997). Developmentally appropriate practice in early childhood programs serving children from birth through age 8. In S. Bredekamp & C. Copple (Eds.). (1997). *Developmentally appropriate practice in early childhood programs* (revised ed.) (pp. 3–30). Washington, DC: National Association for the Education of Young Children.

Nelson, K. (1985). *Making sense. The acquisition of shared meaning*. Orlando: Academic Press.

Nelson, K. (1986). *Event knowledge. Structure and function in development*. Hillsdale, NJ: Erlbaum.

Nelson, K. (1996). *Language in cognitive development. Emergence of the mediated mind*. Cambridge, MA: Cambridge University Press.

Neuman, D. (1987). *The origin of arithmetic skills*. Göteborg, Sweden: Acta Universitatis Gothoburgensis.

Ninio, A. & Bruner, J. (1978). The achievement and antecedents of labelling. *Journal of Child Language, 5*, 1–15.

Nsamenang, A. B. (1992). *Human development in cultural context*. London: Sage.

O'Connor, M. C. (1998). Can we trace the „efficacy of social constructivism"? *Review of Research in Education, 23*, 25–71.

Oberhuemer, P. (im Druck). Bildungskonzepte für die frühe Kindheit in internationaler Perspektive. In: W. E. Fthenakis & P. Oberhuemer (Hrsg.), *Curriculum International – Bildungsqualität im internationalen Vergleich*. Leske & Budrich: Opladen.

Oberhuemer, P. & Ulich, M. (1997). *Kinderbetreuung in Europa. Tageseinrichtungen und pädagogisches Personal* (IFP Handbuch). Weinheim: Beltz.

OECD (2001). *Starting Strong. Early Childhood Education and Care*. Paris: OECD.

OECD/CERI (1973). *Recurrent Education: A Strategy for Lifelong Learning*. Paris: OECD.

Oerter, R. & Noam, G. (1999). Der konstruktivistische Ansatz. In R. Oerter, C. von Hagen, G. Röper & G. Noam (Hrsg.). *Klinische Entwicklungspsychologie. Ein Lehrbuch* (S. 45–78). Weinheim: Psychologie Verlags Union.

Oerter, R. (2001). Der Weg des Konstruktivismus in der Entwicklungspsychologie und Pädagogischen Psychologie. *Zeitschrift für Psychologie, 209,* 69–91.

Olson, D. R. & Bruner, J. (1996). Folk psychology and folk pedagogy. In D. R. Olson & N. Torrance (Eds.), *The handbook of education and human development* (pp. 9–27). Malden, MA: Blackwell.

Olson, S. L., Bates, J. E. & Bayles, K. (1984). Mother-infant interaction and the development of individual differences in children's cognitive competence. *Developmental Psychology, 20,* 166–179.

Orth, H. (1999). *Schlüsselqualifikationen an deutschen Hochschulen. Konzepte, Standpunkte und Perspektiven.* Neuwied: Luchterhand.

Palincsar, A. S. (1998). Social constructivist perspectives on teaching and learning. *Annual Review of Psychology, 49,* 345–375.

Palincsar, A. S. & Brown, A. L. (1984). Reciprocal teaching of comprehension-fostering and monitoring activities. *Cognition and Instruction, 1,* 117–175

Palincsar, A. S. & Brown, A. L. (1986). Interactive teaching to promote independent learning from text. *The Reading Teacher, 39,* 771–777.

Palincsar, A. S. & Brown, A. L. (1989). Classroom dialogues to promote self-regulated comprehension. In J. Brophy (Ed.), *Advances in research on teaching* (pp. 35–72). Greenwich: JAI.

Papousek, M. & Papousek, H. (1989). Stimmliche Kommunikation im frühen Säuglingsalter als Wegbereiter der Sprachenentwicklung. In H. Keller (Hrsg.), *Handbuch der Kleinkindforschung* (S. 465–490). Berlin. Springer.

Pauen, S. (1996 a). Wie klassifizieren Kinder Lebewesen und Artefakte? Zur Rolle des Aussehens und der Funktion von Komponenten. *Zeitschrift für Entwicklungspsychologie und Pädagogische Psychologie, 28,* 20–32.

Pauen, S. (1996 b). Kategorisierung im Säuglingsalter: die Unterscheidung globaler Objektklassen. *Zeitschrift für Experimentelle Psychologie, 43,* 600–624.

Pauen, S. (1997). Überlebt der Animismus? *Zeitschrift für Entwicklungspsychologie und Pädagogische Psychologie, 29,* 97–118.

Peisner-Feinberg, E. S. & Burchinal, M. R. (1997). Relations between preschool children's child care experiences and concurrent development: The Cost, Quality, and Outcomes Study. *Merrill-Palmer Quarterly, 43,* 451–477.

Perlmutter, M., Behrend, S. D., Kuo, F. & Muller, A. (1989). Social influences on children's problem solving. *Developmental Psychology, 25,* 744–755.

Perner, J. (1991). *Understanding the representational mind.* Cambridge, MA: Bradford/MIT-Press.

Perner, J., Leekam, S. R. & Wimmer, H. (1987). Three-year-old's difficulty with false belief: the case for a conceptual deficit. *British Journal of Developmental Psychology, 5*, 125–137.

Perner, J. & Wimmer, H. (1985). „John thinks that Mary thinks that …". Attribution of second-order beliefs by 5- to 10-year-old children. *Journal of Experimental Child Psychology, 39*, 437–471.

Phillips, D. (1995). *Reconsidering quality in early care and education*. New Haven, Conn: Quality 2000, Yale University.

Phillips, D., Howes, C. & Whitebook, M. (1991). Child care as an adult work environment. *Journal of Social Issues, 47*, 49–70.

Phillips, D., McCartney, K. & Scarr, S. (1987). Child care quality and children's social development. *Developmental Psychology, 23*, 537–543.

Piaget, J. (1962). *The language and thought of the child* (M. Gabain, Trans.). Cleveland, OH: Meridian. (Original erschienen 1923).

Piaget, J. (1969). *Nachahmung, Spiel und Traum. Die Entwicklung der Symbolfunktion beim Kindes* (L. Montada, Übers.). Stuttgart: Klett-Cotta. (Original erschienen 1959).

Piaget, J. (1978). *Das Weltbild des Kindes* (L. Bernard, Übers.). Stuttgart: Klett-Cotta. (Original erschienen 1926).

Piaget, J. (1995). *Intelligenz und Affektivität in der Entwicklung des Kindes* (A. Leber, Übers.). Frankfurt am Main: Suhrkamp. (Original erschienen 1954).

Piaget, J. (1999). *Über Pädagogik* (I. Kuhn & R. Stamm, Übers.). Weinheim: Beltz . (Original erschienen 1998).

Piaget, J. & Inhelder, B. (1972). *Die Psychologie des Kindes. Eine Zusammenfassung der experimentalpsychologischen Forschungsergebnisse über die Entwicklung der Intelligenz im Kindes- und Jugendalter* (L. Häflinger, Übers.). Freiburg i. Br.: Walter. (Original erschienen 1966).

Piaget, J. & Inhelder, B. (1979). *Die Entwicklung des inneren Bildes beim Kinde* (A. Roellenbleck, Übers.). Frankfurt am Main: Suhrkamp. (Original erschienen 1966).

Piaget, J. & Szeminska A. (1969). *Die Entwicklung des Zahlbegriffs beim Kinde* (H. K. Weinert, Übers.). Stuttgart: Klett. (Original erschienen 1937).

Pramling, I. (1986). The origin of the child's idea of learning through practice. *European Journal of Psychology of Education, 1*, No. 3, 31–46.

Pramling, I. (1990). *Learning to learn. A study of Swedish preschool children*. New York: Springer.

Pramling, I. (1996). Understanding and empowering the child as a learner. In D. R. Olson & N. Torrance (Eds.), *The handbook of education and human development* (pp. 565–592). Malden, MA: Blackwell.

Pratt, M. W., Kerig, P., Cowan, P. A. & Cowan, C. P. (1988). Mothers and fathers teaching 3-year olds: Authoritative parents and adult scaffolding of young children's learning. *Developmental Psychology, 24*, 832–839.

Prawat, R. S. (1996). Constructivism, modern and postmodern. *Educational Psychologist, 31*, 215–225.

Premack, D. (1990). The infant's theory of self-propelled objects. *Cognition, 36*, 1–16.

Pressley, M. J., El-Dinary, P. B., Marks, M. B., Brown, R. & Stein, S. (1992). Good strategy instruction is motivating and interesting. In K. A. Renninger, S. Hidi & A. Krapp (Eds.), *The role of interest in learning and development* (pp. 333–385). Hilldale, NJ: Erlbaum.

Radziszewska, B. & Rogoff, B. (1988). Influence of adult and peer collaboration on the development of children's planning skills. *Developmental Psychology, 24*, 840–848.

Ratner, N. B. & Bruner, J. (1978). Games, social exchange, and the acquisition of language. *Journal of Child Language, 5*, 391–401.

Raue, R. (1995). Der „Situationsorientierte Ansatz" als Fundament kindorientierten Arbeitens. *Kindergarten heute, 25*, Heft 3, 46–47.

Renkl, A. (2001). Träges Wissen. In D. H. Rost. (Hrsg.), *Handwörterbuch Pädagogische Psychologie* (S. 717–730). Weinheim. Beltz.

Reutzel, D. R. (1997). Integration literacy learning for young children. A balanced literacy perspective. In C. H. Hart, D. C. Burts & R. Charlesworth (Eds.), *Integrated curriculum and developmentally appropriate practice* (pp. 225–254). New York: State University of New York Press.

Richards, D. D. & Siegler, R. S. (1984). The effects of task requirements on children's life judgements. *Child Development, 55*, 1687–1696.

Richards, D. D. & Siegler, R. S. (1986). Children's understandings of the attributes of life. *Journal of Experimental Child Psychology, 42*, 1–22.

Roberts, R. N. & Barnes, M. L. (1992). „Let momma show you how": Maternal-child interactions and their effects on children's cognitive performance. *Journal of Applied Developmental Psychology, 13*, 363–376.

Robinsohn, S. B. (1971). *Bildungsreform als Revision des Curriculum und ein Strukturkonzept für Curriculumentwicklung*. Neuwied: Luchterhand.

Rogoff, B. (1997). Cognition as a collaborative process. In R. S. Siegler & D. Kuhn (Eds.), *Handbook of child psychology, Vol. 2: Cognition, perception and language* (pp. 679–744). New York: Wiley.

Rogoff, B. & Gardner, W. (1984). Adult guidance of cognitive development. In B. Rogoff & J. Lave (Eds.) *Everyday cognition. Development in social context* (pp. 95–116), Cambridge, MA: Harvard University Press.

Rogoff, B., Mistry, J., Göncü, A. & Mosier, C. (1993). Guided participation in cultural activity by toddlers and caregivers. *Monographs of the Society for Research in Child Development, Vol. 58*.

Rosengren, K. S., Gelman, S. A., Kalish, C. W. & McCormick, M. (1991). As time goes by: Children's early understanding of growth in animals. *Child Development, 62*, 1302–1320.

Rosenshine, B. & Meister, C. (1994). Reciprocal teaching: A review of the research. *Review of Educational Research, 64*, 479–530.

Rubenstein, J. & Howes, C. (1983). Social-emotional development of toddlers in day care: The role of peers and individual differences. In S. Kilmer (Ed.), *Advances in early education and day care. Volume III* (pp. 13–45). Grenwich, Connecticut: JAI Press.

Ruopp, R., Travers, J., Glantz, R. & Coelen, C. (1979). *Children at the centre. Final report of the National Day Care Study*. Cambridge, MA: Abt Associates.

Salomon, G. & Perkins, D. N. (1998). Individual and social aspects of learning. *Review of Research in Education*, 23, 1–24.

Schäfer, G. (1995 a). *Bildungsprozesse im Kindesalter. Selbstbildung, Erfahrung und Lernen in der frühen Kindheit*. Weinheim: Juventa.

Schäfer, G. (1995 b). Bemerkungen zur Bildungstheorie des Situationsansatzes. *Neue Sammlung, 35*, Heft 4, 79–98.

Schäfer, G. (2001). Frühkindliche Bildung. *Klein und Groß*, Heft 9, 6–11.

Schäfer, G. (2002). Bildung beginnt mit der Geburt. *Klein und Groß*, Heft 1, 10–15.

Schelten, A. (1998). Schlüsselqualifikationen/Vorbereitung auf die Arbeitswelt/Lebenslanges Lernen. In Bayerisches Staatsministerium für Unterricht, Kultus, Wissenschaft und Kunst (Hrsg.), *Wissen und Werte für die Welt von morgen. Dokumentation zum Bildungskongress* (S. 283–293). München: Bayerisches Staatsministerium für Unterricht, Kultus, Wissenschaft und Kunst.

Schneider, C. M. (1990). *Wilhelm Wundts Völkerpsychologie : Entstehung und Entwicklung eines in Vergessenheit geratenen, wissenschaftshistorisch relevanten Fachgebietes*. Bonn: Bouvier.

Schoenfeld A. H. (1987). What's all the fuss about metacognition? In A. H. Schoenfeld (Ed.), *Cognitive science and mathematics education* (pp. 189–215). Hillsdale, NJ: Erlbaum.

Schwanenflugel, P. J. & Fabricius, W. V. (1994). The older child's theory of mind. In A. Demetriou & A. Efklides (Eds.), *Intelligence, mind, and reasoning: Structure and development* (pp. 111–132). Amsterdam, Netherlands: North-Holland/Elsevier.

Schwanenflugel, P. J., Fabricius, W. V. & Alexander, J. (1994). Developing theories of mind: Understanding concepts and relations between mental activities. *Child-Development, 65*, 1546–1563.

Schwanenflugel, P. J., Fabricius, W. V. & Noyes, C. R. (1996). Developing organization of mental verbs: Evidence for the development of a constructivist theory of mind in middle childhood. *Cognitive-Development, 11*, 265–294.

Schweinhard, L. J. & Weikart, D. P. (1988). Education for young children living in poverty: Child-initiated learning or teacher-directed instruction? *Elementary School Journal, 89*, 213–225.

Siegal, M. (1988). Children's knowledge of contagion and contamination as causes of illness. *Child Development, 59*, 1353–1359.

Siegel, I. E. (1990). Journeys in serendipity: The development of the distancing model. In I. Sigel & G. Brody (Eds.), *Methods of family research: Biographies of research projects* (Vol. 1): *Normal families* (pp. 165–178). Hillsdale, NJ: Erlbaum.

Siegel, I. E., Stinson, E. T. & Kim, M. I. (1993). Socialization of cognition: The distancing model. In Wozniak, R. H. & Fischer, K. W. (Eds.), *Development in context: Acting and thinking in specific environments.* (pp. 211–224). Hillsdale, NJ: Erlbaum.

Smith, A. B. & Hubbard, P. M. (1988). The relationship between parent/staff communication and children's behavior in early childhood settings. *Early Child Development and Care, 35*, 13–28.

Smith, L. B., Thelen, E., Titzer, R. & McLin, D. (1999). Knowing in the context of acting: The task dynamics of the A-not-B error. *Psychological Review, 106*, 235–260.

Smith, P. K. & Connolly, K. J. (1986). Experimental studies of the preschool environment: The Sheffield Project. In S. Kilmer (Ed.), *Advances in early education and day care. Volume IV* (pp. 27–67). Greenwich, Connecticut: JAI Press.

Sodian, B. (1998). Der Beitrag nativistischer Ansätze zur entwicklungspsychologischen Theoriebildung. *Zeitschrift für Entwicklungspsychologie und Pädagogische Psychologie, 30*, 174–178.

Spelke, E. S., Breinlinger, K., Macomber, J. & Jacobson, K. (1992). Origins of knowledge. *Psychological Review, 99*, 605–632.

Spelke, E. S. (1991). Physical knowledge in infancy: Reflections on Piaget's theory. In S. Carey & R. Gelman (Eds.) *The epigenesis of mind: Essays on biology and cognition* (pp. 133–169). Hillsdale, NJ: Erlbaum.

Spodek, B. (1999). Early childhood curriculum and cultural definitions of knowledge. In B. Spodek & O. N. Saracho (Eds.), *Issues in early childhood curriculum* (pp. 1–20). Troy, NY: Educator's International Press.

Spodek, B. & Brown, P. C. (1993). Curriculum alternatives in early childhood education. A historical perspective. In B. Spodek (Ed.), *Handbook of research on the education of young children* (pp. 91–104). New York: Macmillan.

Springer, K. & Keil, F. C. (1989). On the development of biologically specific beliefs: The case of inheritance. *Child Development, 60*, 637–648.

Sroufe, L. A. (1985). Attachment classification from the perspective of infant-caregiver relationships and infant temperament. *Child Development, 56*, 1–14.

Starkey, P., Spelke, E. S. & Gelman, R. (1990). Numerical abstraction by human infants. *Cognition, 36*, 97–127.

Stehr, N. (1994). *Arbeit, Eigentum und Wissen: Zur Theorie von Wissensgesellschaften*. Frankfurt a. M.: Suhrkamp.

Stern, E. (1998). *Die Entwicklung des mathematischen Verständnisses im Kindesalter*. Lengerich: Pabst.

Sternberg, R. J. (1984). *The triarchic mind. A new theory of human intelligence*. New York: Penguin.

Stockholm Conference Report (2001). Verfügbar über http://www1.oecd.org/els/pdfs/EDSECECDOCA021.pdf [Zugriff: 30.04.2002].

Stott, F. & Bowman, B. (1996). Child development knowledge: A slippery base for practice. *Early Childhood Research Quarterly, 11*, 169–183.

Stremmel, A. J. (1991). Predictors of intention to leave child care work. *Early Childhood Research Quarterly, 6*, 285–298.

Süddeutsche Zeitung (5.12.2001). Jeanne Rubner: Trödeln im Spielparadies. (S. 4).

Sylva, K., Bruner, J. S. & Genova, P. (1976). The role of play in the problem-solving of children 3–5 years old. In J. S. Bruner, A. Jolly & K. Sylva, (1976). *Play. Its role in development and evolution* (pp. 245–257). Harmondsworth, GB: Penguin.

Sylva, K., Roy, C. & Painter, M. (1981). *Child watching at playgroup and nursery school*. Ypsilanti, MI: High Scope.

Thelen, E. & Smith, L. B. (1997). Dynamic systems theories. In R. M. Lerner (Ed.), *Handbook of child psychology: Vol. 1. Theoretical models of human development* (5th ed., pp. 563–633). New York: Wiley.

Tietze, W. (Hrsg.). (1998). *Wie gut sind unsere Kindergärten?* Neuwied: Luchterhand.

Tietze, W. & Roßbach, H.-G. (1996). Die Qualität des Kindergartens und ihre Auswirkungen auf die Entwicklung der Kinder. Eine internationale Vergleichsstudie. In E. Engelhard et al. (Hrsg.), *Handbuch der Elementarerziehung. Pädagogische Hilfen zur Arbeit in Tageseinrichtungen für Kinder* (1.14, Ergänzungslieferung März 1996). Seelze/Velber: Kallmeyer'sche.

Tizard, B. & Hughes, M. (1984). *Young children learning*. Cambridge: Harvard University Press.

Tomasello, M. (1995). Joint attention as social cognition. In C. Moore & P. Dunham (Eds.), *Joint attention: Its origins and role in development* (pp. 103–139). Hillsdale, NJ: Erlbaum.

Tomasello, M. (1999). *The cultural origins of human cognition*. Cambridge, MA: Harvard University Press.

Troseth, G. L. & DeLoache, J. S. (1998). The medium can obscure the message: Young children's understanding of video. *Child Development, 69*, 950–965.

UNESCO (1996). International Commission on Education for the Twenty-first Century. Learning: The treasure within. Report to UNESCO. Paris.

van der Veer, R. & Valsiner, J. (1991). *Understanding Vygotsky: A quest for synthesis*. Cambridge, MA: Blackwell.

Voss, J. F., Wiley, J. & Carretero, M. (1995). Acquiring intellectual skills. *Annual Review of Psychology, 46*, 155–181.

Wasik, B. A. & Bond, M. A. (2001). Beyond the pages of a book: Interactive book reading and language development in preschool classrooms. *Journal of Educational Psychology, 93*, 243–250.

Weikart, D. P. & Schweinhart, L. J. (1991). Disadvantaged children and curriculum effects. New Directions For Child Development, 53, 57–64,

Weinert, F. E. (1998). Neue Unterrichtskonzepte zwischen gesellschaftlichen Notwendigkeiten, pädagogischen Visionen und psychologischen Möglichkeiten. In Bayerisches Staatsministerium für Unterricht, Kultus, Wissenschaft und Kunst (Hrsg.), Wissen und Werte für die Welt von morgen. Dokumentation zum Bildungskongress des Bayerischen Staatsministeriums für Unterricht, Kultus, Wissenschaft und Kunst, 29./30. April 1998 in der Ludwig-Maximilians-Universität, München (S.101–125). München.

Weinert, F. E. (2000). Lernen des Lernens. In Arbeitsstab Forum Bildung (Hrsg.), *Erster Kongress des Forum Bildung am 14. und 15. Juli in Berlin* (S. 96–100). Bonn: Forum Bildung.

Wellman, H. M. (1990). *The child's theory of mind*. Cambridge, MA: Bradford/MIT-Press.

Wellman, H. M. & Estes, E. (1986). Early understanding of mental entities: A reexamination of childhood realism. *Child Development, 57*, 910–923.

Wellman, H. M. & Gelman, S. A. (1992). Cognitive development: Foundational theories of core domains. *Annual Review of Psychology, 43*, 337–375.

Wellman, H. M. & Gelman, S. A. (1998). Knowledge acquisition in foundational domains. In W. Damon (Ed.) *Handbook of child* psychology, *Vol. 2: Cognition, perception, and language* (5th ed., pp. 523–573). New York: Wiley

Wellman, H. M., Hickling, A. & Schult, C. A. (1997). Young children's psychological, physical, and biological explanations. In H. M. Wellman & K. Inagaki (Eds.), *The emergence of core domains of thought* (p. 7–25). San Francisco: Jossey-Bass.

Whitebook, M., Howes, C., Darrah, R. & Friedman, J. (1982). Caring for the caregivers; Staff burnout in child care. In L. Katz (Ed.), *Current topics in early childhood education*, Vol. IV (pp. 211–235). Norwood, NJ: Ablex Publishing.

Whitebook, M., Howes, C. & Phillips, D. (1990). *Who cares? Child care teachers and the quality of care in America*. Final report of the National Child Care Staffing Study. Oakland, CA: Child Care Employee Project.

Wimmer, H. & Perner, J. (1983). Beliefs about beliefs: Representation and constraining function of wrong beliefs in young children's understanding of deception. *Cognition, 13*, 103–128.

Wolf, B. (1998). Extern Empirische Evaluation des Modellvorhabens „Kindersituationen". In W. E. Fthenakis & H. Eirich (Hrsg.), *Erziehungsqualität im Kindergarten* (S. 65–69). Freiburg/Br.: Lambertus.

Wolf, B., Becker, P., Conrad, S. & Jäger, R. S. (1998). Macht sich „Kindersituationen" bei Kindern bemerkbar? Der Situationsansatz in der Evaluation. *Empirische Pädagogik, 12*, Heft 3, 271–195.

Wood, D., Bruner, J. S. & Ross, G. (1976). The role of tutoring in problem solving. *Journal of Child Psychology and Psychiatry*, 17, 89–100.

Wood, D. J. (1989). Social interaction as tutoring. In M. H. Bornstein & J. S. Bruner (1989). Interaction in human development (pp. 59–80). Hillsdale, NJ: Erlbaum.

Wood, D. J. & Middleton, D. (1975). A study of assisted problem solving. *British Journal of Psychology, 66*, 181–191.

Wygotski, L. S. (1979). *Denken und Sprechen* (G. Sewekow, Übers.). Frankfurt a. M.: Fischer. (Original erschienen 1034).

Wygotski, L. S. (Vygotskij) (1992). *Geschichte der höheren psychischen Funktionen* (A. Metraux, Übers.). Münster: Lit. (Original erschienen 1930–1935 [Moskau: 1960]).

Wynn, K. (1990). Children's understanding of counting. *Cognition, 36*, 155–193.

Wynn, K. (1992). Addition and subtraction by human infants. *Nature, 358*, 749–750.

Wynn, K. (1995). Infants possess a system of numerical knowledge. *Current Directions in Psychological Science, 4*, 172–177.

Wynn, K. (1996). Infants' individuation and enumeration of actions. *Psychological Science, 7*, 164–169.

Zimmer, J. (2000 a). Der Situationsansatz in der Diskussion und Weiterentwicklung. In W. E. Fthenakis & M. R. Textor (Hrsg.). *Pädagogische Ansätze im Kindergarten* (S. 94–114). Weinheim: Beltz.

Zimmer, J. (2000 b). *Das kleine Handbuch zum Situationsansatz*. Weinheim: Beltz.

Beiträge zur Bildungsqualität

Herausgegeben von Prof. Dr. Wassilios E. Fthenakis

Nicht selten wachsen Kinder unter Bedingungen auf, die sie in besonderer Weise herausfordern. Elterliche Trennung, Scheidung und Wiederheirat führen zu strukturellen Veränderungen im Familiensystem und stellen ebenso wie Armut, Arbeitslosigkeit der Eltern oder Migration eine große Belastung für die Kinder dar. Das Bildungskonzept hat heute darauf zu reagieren und die Kinder zu stärken, damit sie nicht daran zerbrechen. Wie kindliche Stärken gefördert und Kinder in Tageseinrichtungen Widerstandsfähigkeit entwickeln können, wird erstmalig mit einer fachlich fundierten Arbeit erläutert. Zudem enthält das Buch viele Hinweise für die praktische Umsetzung im Alltag.

Corina Wustmann
Resilienz
Widerstandsfähigkeit von Kindern
in Tageseinrichtungen fördern
Beiträge zur Bildungsqualität
Ca. 200 Seiten
ISBN 3-407-56243-8

Kinder wachsen heute in einer Gesellschaft auf, die ständigen Veränderungen unterworfen ist. Sie müssen sich auf ein Leben einstellen, das vom Einzelnen ein hohes Maß an Selbstvertrauen, Selbstsicherheit, Entscheidungsfreude und Flexibilität verlangt und in dem es gilt, die vielen Übergänge erfolgreich zu bewältigen. Dies gilt insbesondere auch für die Übergänge von der Familie in den Kindergarten und vom Kindergarten in die Grundschule. Sie stellen eine pädagogische Herausforderung und eine bisher wenig befriedigend gelöste Aufgabe im Bildungsverlauf dar. In diesem Begleitbuch zum Bayerischen Bildungs- und Erziehungsplan werden die bisherigen Ansätze der Ausgestaltung solcher Übergänge kritisch beleuchtet. Zudem weist es auf der Grundlage eines neuen Konzeptes Wege auf, wie Eltern, ErzieherInnen und GrundschullehrerInnen solche Übergänge unter Berücksichtigung der kindlichen Bedürfnisse aktiv gestalten können.

Renate Niesel, Wilfried Griebel
Transitionen
Fähigkeit von Kindern in Tageseinrichtungen
fördern, Veränderungen erfolgreich zu bewältigen
Beiträge zur Bildungsqualität
Ca. 144 Seiten
ISBN 3-407-56244-6

www.beltz.de